Student Activities Manual to accompany

Impresiones

Rafael Salaberry

Rice University

Catherine M. Barrette

Wayne State University

Phillip Elliott

Southern University

Marisol Fernández-García

Northeastern University

PEARSON

Prentice Hall

Upper Saddle River, NJ 07458

Sr. Acquisitions Editor: Bob Hemmer
Editorial Assistant: Pete Ramsey
Sr. Director of Market Development: Kristine Suárez
Sr. Development Editor: Julia Caballero
Sr. Production Editor: Nancy Stevenson
Asst. Director of Production: Mary Rottino
Asst. Editor: Meriel Martínez Moctezuma
Media Editor: Samantha Alducin
Media Production Manager: Roberto Fernandez
Prepress and Manufacturing Buyer: Christine Helder
Prepress and Manufacturing Asst. Manager: Mary Ann Gloriande
Art Manager: Maria Piper
Illustrator: Chris Reed
Electronic Art: SIREN Design/Communications
Executive Marketing Manager: Eileen Bernadette Moran
Publisher: Phil Miller

© 2004 by Pearson Education, Inc.
Upper Saddle River, NJ 07458

This book was set in New Baskerville 12/14 by Interactive Composition Corporation
and was printed and bound by Bradford & Bigelow. The cover was printed by Bradford & Bigelow.

Printed in the United States of America
10 9 8 7 6 5 4 3 2 1

ISBN 0-13-092916-6

Pearson Education LTD., *London*
Pearson Education Australia PTY, Limited, *Sydney*
Pearson Education Singapore, Pte. Ltd.
Pearson Education North Asia Ltd., *Hong Kong*
Pearson Education Canada, Ltd., *Toronto*
Pearson Educación de México, S.A. de C.V.
Pearson Education—Japan, *Tokyo*
Pearson Education Malaysia, Pte. Ltd.
Pearson Education, *Upper Saddle River,* New Jersey

Contents

1 Introducción al español 1

2 Primeras experiencias 23

3 Las universidades y la educación 57

4 Las rutinas y las profesiones 87

5 Las fiestas y las tradiciones 115

6 Las comidas y la conversación 139

7 Las artes y los deportes 171

8 La familia y la sociedad 197

9 Los viajes y la cultura 225

10 La comida y la dieta 251

11 Las compras y el consumismo 279

12 La cultura y los medios de comunicación 305

13 La medicina y la salud 333

14 El medio ambiente y la calidad de vida 359

1 Introducción al español

Vocabulario en contexto

1-1. Presentaciones y saludos

Paso 1. AUDIO Listen to the dialogues and mark the time(s) of day during which each takes place. Remember that some greetings can be used at more than one time of day.

	MAÑANA	TARDE	NOCHE
MODELO:	_____	__X__	_____
1.	_____	_____	_____
2.	_____	_____	_____
3.	_____	_____	_____
4.	_____	_____	_____

Paso 2. AUDIO Listen to each of the dialogues again and indicate whether each is formal or informal based on the greetings and introductions. Circle **F** for formal or **I** for informal.

MODELO: Ⓕ   I

1. F   I   3. F   I
2. F   I   4. F   I

Paso 3. Which expressions did you hear? Write down all the expressions for each category that you can remember from the dialogues.

Saludos: _____

Presentaciones: _____

Despedidas: (Modelo: *hasta luego*) _____

1-2. Tú/usted

Who should use **tú** and who **usted** in each of the pairings below? Complete each sentence by writing **tú** if the person speaking would address the other person informally, or **usted** if the person speaking would address the other person formally. Use the descriptions of each person to make your decision.

Mario es un estudiante de la universidad.

El Dr. Torres es un profesor de francés.

Liliana es una señora argentina.

Beatriz es una niña de 7 años.

La Dra. Palermo es una médica y es la madre del Dr. Torres.

Evangelina es una estudiante de la universidad.

MODELO: Evangelina usa ____*tú*____ con Mario.

1. Evangelina usa _____ con el doctor Torres.

2. La Dra. Palermo usa _____ con Beatriz.

3. Beatriz usa _____ con Liliana.

4. Liliana usa _____ con la Dra. Palermo.

5. Mario usa _____ con la Dra. Palermo.

6. El Dr. Torres usa _____ con Evangelina.

1-3. Descripciones

Paso 1. Which sentences describe each picture? Next to each sentence, write the number of the drawing each describes.

a. _____ Los dos hombres son aficionados al fútbol americano.

b. _____ Los dos hombres prefieren ver un rodeo en la televisión.

c. _____ Un hombre lleva una chaqueta porque tiene frío.

d. _____ Sólo un hombre está sentado en el sofá.

e. _____ Un hombre es optimista, pero el otro es pesimista.

f. _____ La muchacha tiene un libro de geografía.

g. _____ La muchacha usa la calculadora para completar su tarea de matemáticas.

h. _____ La muchacha está escuchando música en la radio.

i. _____ En la pared hay dos obras de arte; son pinturas de un jardín y una casa.

j. _____ En la pared hay un mapa del mundo.

Paso 2. Use the context of the pictures and the sentences in Paso 1 to guess the meaning of the following words or phrases from the sentences you've just read. Give an English translation of as many as possible.

1. lleva una chaqueta: _____

2. tiene frío: _____

3. tiene un libro: _____

4. completar: _____

5. tarea de matemáticas: _____

6. está escuchando: _____

7. en la pared: _____

8. son pinturas de un jardín y una casa: _____

Paso 3. How many of the following items can you find in the first picture for this activity? Write out the number of each item.

MODELO: ¿Cuántos hombres hay en el dibujo? *Hay dos hombres.*

1. ¿Cuántos teléfonos hay? _____

2. ¿Cuántos sofás hay? _____

3. ¿Cuántos libros hay? _____

4. ¿Cuántas computadoras hay? _____

5. ¿Cuántos lápices hay? _____

6. ¿Cuántos cuadernos hay? _____

7. ¿Cuántos cestos hay? _____

8. ¿Cuántas ventanas hay? _____

1-4. Cognados

Paso 1. Match the following words with their Spanish cognates.

1. _____ sincerely   a. unidad

2. _____ collective   b. autor

3. _____ unity   c. colectivo

4. _____ author   d. sinceramente

Paso 2. Study the endings, or suffixes, of the English and Spanish words in Paso 1. Then, match the English suffixes with their Spanish counterparts below.

English suffixes   *Spanish suffixes*

1. _____ -ive   a. -dad

2. _____ -ly   b. -ivo

3. _____ -ty   c. -mente

4. _____ -or (*also* -er)   d. -or

Paso 3. Complete the following Spanish words by adding the correct Spanish suffix from Paso 2. (Base your answer on the suffix of the English word.)

1. feliz __ __ __ __ __   (happily)

2. pensat __ __ __   (pensive)

3. trabajad __ __   (worker)

4. universi __ __ __   (university)

Paso 4. AUDIO Listen to the following four Spanish words. The suffix of each word is given. Complete the rest of the word, then mark whether you can understand what the word means (*Sí, comprendo*) or not (*No, no comprendo*).

Spanish word	Sí, comprendo	No, no comprendo
1. _ _ _ _ _ _ -dad	_____	_____
2. _ _ _ _ _ _ -or	_____	_____
3. _ _ _ _ _ _ _ -ivo	_____	_____
4. _ _ _ _ _ _ -mente	_____	_____

1-5. Palabras prestadas

Paso 1. In addition to Spanish words that have a historical link to English words by way of French and Latin, there are also Spanish words that have a more contemporary link to English. When these contemporary words are borrowed into Spanish from English, they are often changed to conform to Spanish word patterns. Can you guess the meanings of the borrowed words that are in bold in the following sentences? Underline all of those whose meaning you can guess.

1. Juan es un jugador (*player*) de béisbol. Tiene (*has*) un **jonrón** y tres dobles.
2. Susana tiene el **chance** de ganar (*to win*) mucho dinero.
3. El profesor no quiere (*doesn't want*) **cachar** a los estudiantes copiando durante el examen.
4. Necesito (*I need*) **chequear** mi horario (*schedule*) de clases.

Paso 2. The Spanish words in bold in Paso 1 have synonyms; that is, words that have a similar meaning. In many instances, their synonyms are considered more standard usage in Spanish. The sentences of Paso 1 have been rewritten below, and the words in bold have been deleted. From the following list, choose the word which you believe is the synonym of the deleted word to complete the sentence.

consultar	pillar	oportunidad	cuadrangular

1. Juan es un jugador de béisbol. Tiene un _____ y tres dobles.
2. Susana tiene la _____ de ganar mucho dinero.
3. El profesor no quiere _____ a los estudiantes copiando durante el examen.
4. Necesito _____ mi horario de clases.

Paso 3. `AUDIO` Now listen to the sentences of Paso 2. Based on what you hear, verify your answers for Paso 2, and correct any if necessary.

Paso 4. Answer the following questions and prepare to discuss them in class.

1. Why do you think languages like English and Spanish borrow words from one another?

_____

_____

_____.

2. What do the terms *standard language* and *nonstandard language* mean and how do they relate to the words you have learned in this chapter?

_____

_____

_____.

3. Why is it useful to study cognates when learning Spanish?

_____

_____

_____.

1-6. El abecedario

When learning a new language it is often difficult to recognize what you hear even when it is actually familiar information because words don't sound the way you expect them to. Listening to a new language is often difficult for this reason, but hearing the spelling of the words will make them recognizable.

Paso 1. First read the phrases below and guess at what type of word you will hear for each blank. For example, it might be a verb, a descriptive word (an adjective), a name of a person, a place, a thing, or a greeting. Having an idea of what kind of word to expect will help you understand what you hear.

Hola, Fred. Te (1) _____ a mi amigo, (2) _____.

Él es (3) _____ al fútbol americano, como tú, y es

(4) _____ de matemáticas en tu universidad. En su clase hay

(5) _____ mujeres; no (6) _____ hombres. Estas

(7) _____ son muy (8) _____, pero para ellas la

clase es (9) _____ porque hay mucha (10) _____.

Paso 2. AUDIO Listen to the sentences in Paso 1 being read aloud and fill in as many of the blanks as you can. Don't worry if you don't get all of the missing words. They will be spelled for you in Paso 3 of this activity.

Paso 3. AUDIO A strategy for understanding what you hear is to ask how a word you missed is spelled. Listen to the next segment of the recording as Fred asks Angela how the words he didn't understand are spelled using the phrase **¿Cómo se escribe?** Check the spelling of your own answers from Paso 2 and fill in any others that you missed.

1-7. Palabras interrogativas

Fill in the blanks in each sentence with the appropriate question word: **¿Cómo?** **¿Qué?** or **¿Cuántos?**

1. —Buenos días, profesora. ¿ _____ está Ud.?
   —Muy bien, gracias.

2. —Hola. Me llamo Aníbal. ¿ _____ te llamas tú?
   —Me llamo Teresa, y soy de Guatemala. Mucho gusto.

3. —¿ _____ tienes en tu mochila?
   —Tengo libros, una pluma, una calculadora y un diccionario.

4. —¿ _____ libros tienes en tu mochila?
   —Tengo seis.

1-8. El salón de clase

Paso 1. What can you find in your Spanish classroom when you and your classmates are there? Mark the items that are usually in your classroom, and add at least three others that are not on the list.

_____ un escritorio

_____ ventanas

_____ una puerta

_____ tiza

_____ estudiantes

_____ un policía

_____ luces

_____ un reloj

_____ un mapa

_____ un baño

_____ computadoras

_____ un teléfono

_____ una calculadora

_____ libros de biología, historia, y filosofía

_____ ? _____

_____ ? _____

_____ ? _____

Paso 2. Write out how many of each of the items that you marked in Paso 1 you typically find in your classroom.

MODELO: __X__ estudiantes: _Hay veintiocho estudiantes en mi clase._

Paso 3. AUDIO Listen to Mariolina describe what the classroom she teaches in looks like. As you listen, write down the things she describes next to the number of each item in the list below. (Some numbers have more than one thing associated with them.)

MODELO: 4. _____ _ventanas_ _____

1. uno/a _____

2. dos _____

3. tres _____

4. cuatro _____

5. cinco _____

6. siete _____

7. dieciséis _____

8. treinta _____

1-9. Nacionalidades

There are different ways to form nationality adjectives, such as adding **-no** to the names of countries that end in a vowel (**Italia: italiano**), but not all follow the same rule. Can you complete the paragraph correctly with country names and nationalities using the pattern seen in the first example in each section?

Si un hombre de **Bolivia** es **boliviano** y una mujer es **boliviana,** entonces:

un hombre de Chile es (1) _____ y una mujer es

(2) _____, un hombre de Cuba es (3) _____ y una

mujer es (4) _____, un hombre de (5) _____ es

(6) _____ y una mujer es colombiana, un hombre de (7)

_____ es mexicano y una mujer es (8) _____,

un hombre de (9) _____ es peruano y una mujer es (10)

_____, y un hombre de la República Dominicana es

(11) _____ y una mujer es dominicana.

Si un hombre de **Argentina** es **argentino** y una mujer es **argentina,** entonces:

un hombre de China es (12) _____ y una mujer es

(13) _____, un hombre de Paraguay es paraguayo y una mujer es

(14) _____, y un hombre de Uruguay es (15) _____

y una mujer es (16) _____.

Si un hombre de Panamá es **panameño** y una mujer es **panameña,** entonces:

un hombre de Honduras es (17) _____ y una mujer es

hondureña, un hombre de El Salvador es salvadoreño y una mujer es

(18) _____, un hombre de (19) _____ es

puertorriqueño y una mujer es (20) _____, y un hombre de

(21) _____ es brasileño y una mujer es brasileña.

Si un hombre de los **Estados Unidos** es **estadounidense** y una mujer es

estadounidense también, entonces: un hombre o una mujer de

(22) _____ es nicaragüense, y un hombre o una mujer de

(23) _____ es costarricense.

Pero hay excepciones:

Un hombre de (24) _____ es guatemalteco y una mujer es

(25) _____.

Un hombre de Venezuela es (26) _____ y una mujer es venezolana.

Un hombre de Ecuador es ecuatoriano y una mujer es (27) _____.

Un hombre de (28) _____ es español y una mujer es española.

1-10. Diálogo

Write a short dialogue between two people of your choice. Include an appropriate greeting for the time of day, have the people introduce themselves, and ask each other where they are from. Remember to pay attention to whether the people would use **tú** or **usted**.

_____

_____

_____

_____

_____

_____

_____

Intercambios comunicativos

1-11. AUDIO Pidiendo ayuda

Read the questions a–d below. As you listen to the recording, you will hear four statements that are possible answers to those questions. Write the letter of the question that would most logically precede each statement you hear next to the number of the corresponding statement.

a. ¿Cómo se dice en inglés?

b. ¿Qué quiere decir "tiza"?

c. ¿Se puede entrar?

d. ¿Cómo se escribe?

MODELO: ___d___

1. _____   3. _____

2. _____   4. _____

1-12. Las instrucciones en el salón de clase

Paso 1. Look at the pictures in Paso 2 of this activity. Each represents one or more instructions that a teacher is likely to give in a Spanish class. Using the commands you know, write under each picture at least one instruction (e.g., **presten atención, trabajen en grupos, escriban, escuchen,** etc.) pertinent to the drawing.

Paso 2. AUDIO Listen to Professor Velásquez as she gives instructions to her students. As you listen, number the pictures in the order in which you hear the instruction(s) each picture represents.

_____   _____   _____   _____

_____   _____   _____

Enfoque cultural

1-13. Los hispanos en los Estados Unidos

Paso 1. The U.S. 2000 census recorded 32.8 million Hispanics residing in the United States. Based on your best guess, match the major groups of Hispanics listed below with their percentage of the total Hispanic population, as given by the census.

1. _____ los mexicanos   a. 6,40%

2. _____ los centroamericanos y los sudamericanos   b. 66,10%

3. _____ los puertorriqueños   c. 14,50%

4. _____ los cubanos   d. 9,00%

5. _____ los hispanos de otros orígenes   e. 4,00%

Paso 2. AUDIO Listen to the following paragraph being read. Fill in the missing percentages, then verify or correct your responses to Paso 1.

De los 32,8 millones de hispanos que viven en los Estados Unidos, el grupo más grande son los mexicanos, que representan el (1) _____ por ciento de la población hispana. Los centroamericanos y los sudamericanos representan el (2) _____ por ciento mientras que (*while*) los puertorriqueños y los cubanos representan el (3) _____ % y el (4) _____ %, respectivamente. El (5) _____ % de la población hispana en EE.UU. es de otros orígenes.

1-14. WWW Hispanos famosos

Log on to the *Impresiones* Web site (**www.prenhall.com/impresiones**). Follow the links to *Famous Hispanics in the USA*. Learn about three famous Hispanic individuals that reside in the United States. Write their names, then spell them out using the Spanish alphabet. Also, write down an interesting fact about them which you learned. (Write this fact in Spanish, if you can.)

MODELO: Nombre: *Antonia Novello* _____
           Nombre deletreado: *a-ene-te-o-ene-i-a, ene-o-ve-e-doble ele-o* _____
           Dato: *Former U.S. Surgeon General (Ex Directora General de Salud Pública)*

1. Nombre: _____

   Nombre deletreado: _____

   Dato: _____

2. Nombre: _____

   Nombre deletreado: _____

   Dato: _____

3. Nombre: _____

   Nombre deletreado: _____

   Dato: _____

Gramática en contexto

I and II. Subject and optional pronouns

Reminder: yo = I, **tú** = you (singular, informal), **él** = he, **ella** = she, **usted (Ud.)** = you (singular, formal), **nosotros/nosotras** = we, **ellos/ellas** = they, **ustedes (Uds.)** = you (plural)

1-15. Subject pronouns

As you know by now, Spanish doesn't always require a subject pronoun in an overt fashion; the subject can be clear from the verb form without actually using a subject. That means that native English speakers must learn to pick up on other cues to know who the subject is in Spanish. For practice, in the dialog below write the correct subject pronoun (**yo, tú, Ud., él, ella, nosotros, nosotras, Uds., ellos, ellas**) above each verb that is in bold type. Use the context to figure out who the subject in each case is when you are not familiar with the words.

MODELO: _yo_
       Le **presento** a mi amigo Eugenio.

ANDRÉS: Buenas tardes, Profesora Alonso. ¿Cómo **está** (1)?

PROFESORA: Muy bien, Andrés, gracias. ¿Y tú? ¿Cómo **estás** (2) esta mañana?

ANDRÉS: Muy bien. Profesora, le **presento** (3) a mi amigo Eugenio.

EUGENIO: Mucho gusto, profesora.

PROFESORA: Mucho gusto, Eugenio. ¿**Eres** (4) de Miami?

EUGENIO: No, no **soy** (5) de Miami. Andrés y yo **somos** (6) de San Antonio originalmente.

ANDRÉS: Eugenio, la profesora y su esposo **son** (7) de San Antonio también.

EUGENIO: ¿Verdad?

PROFESORA: Sí, pero mi padre **es** (8) de México y mi madre **es** (9) de Guatemala.

1-16. More subject pronouns

Paso 1. Which words in the paragraph below are subject pronouns? Underline each.

MODELO: Mis amigos se llaman Miguel y Roberto. Ellos son bolivianos.

Yo soy Amanda Ortiz. Soy de Uruguay, un país de Sudamérica, pero mi amigo Miguel no es uruguayo. Él es boliviano. Mi amiga Carla no es uruguaya tampoco; ella es de la República Dominicana. Ellos son estudiantes universitarios, como yo. Miguel, Carla y yo no somos del mismo país, pero sí somos amigos. ¡Es obvio que no es tan importante la nacionalidad si todos nosotros hablamos español!

Paso 2. To whom does each subject pronoun refer? Read the paragraph again, and for each subject pronoun that you underlined, write the names of the people to whom the pronoun corresponds. There are 5 subject pronouns for you to identify.

MODELO: Ellos: Miguel y Roberto

_____   _____

_____   _____

_____

III and IV. The verb _ser_ (singular and plural)

> **Reminder:** yo **soy**, tú **eres**, él/ella/Ud. **es**, nosotros/as **somos**, vosotros/as **sois**, ellos/ellas/Uds. **son**

1-17. Origins and nationalities

Where are the following people from?

MODELO: John F. Kennedy y Marilyn Monroe
   Son de los Estados Unidos. or _Son estadounidenses._

1. Tú y tu familia _____

2. Tus abuelos _____

3. Fidel Castro _____

4. Miguel de Cervantes _____

5. Juan y Evita Perón _____

1-18. Negative + verb

> **Reminder:** To change an affirmative statement into a negative one in Spanish, simply place the word **no** before the verb.

Answer the following questions about yourself and the people you know.

MODELO: ¿Eres de Venezuela?

No, no soy de Venezuela, soy de Perú.

1. ¿Eres una persona pesimista?

    _____

2. ¿Hay muchas personas en tu familia? ¿Cuántas hay?

    _____

3. ¿Es hispano tu padre? Y tu madre, ¿es hispana?

    _____

4. ¿Son estudiantes de español todos tus amigos?

    _____

5. ¿Son tú y tus amigos aficionados al toreo (*bullfighting*)?

    _____

V. Articles

> **Reminder:** Indefinite articles (*a* boy, *some* boys; **un** muchacho, **unos** muchachos) and definite articles (*the* boy, *the* boys; **el** muchacho, **los** muchachos) are used in essentially the same contexts you would use indefinite and definite articles in English. One important use of indefinite articles is to refer to new information, whereas definite articles can be used to mark information already known to the speaker.

1-19. Definite vs. indefinite articles

Complete the two paragraphs with the appropriate article (**un/el, unos/los, una/la, unas/las**).

a. Tengo (1) _____ amigo chileno que se llama Ricardo, y Ricardo tiene

    (2) _____ amigo chileno también. (3) _____ amigo de Ricardo se llama

    Francisco.

b. (4) _____ profesora de mi clase de español es (5) _____ persona muy simpática.

(6) _____ estudiantes de mi clase de biología son muy inteligentes. Hay (7)

_____ hombre en (8) _____ clase que habla cinco lenguas: español, inglés, francés,

árabe, y japonés. (9) _____ español no es (10) _____ lengua muy difícil.

Integración comunicativa

1-20. El estudio de lenguas extranjeras

Paso 1. `AUDIO` The statements below are taken from a dialogue between José and Mónica. Read them and then listen to these two Hispanic students discuss their learning of English. Identify which student makes the following remarks, José (**J**) or Mónica (**M**).

1. _____ Es importante estudiar inglés.

2. _____ Mucha gente habla inglés.

3. _____ Es difícil aprender inglés.

4. _____ Hay muchos cognados en inglés.

5. _____ Estudiar inglés no tiene utilidad práctica.

Paso 2. `AUDIO` For one of her classes, Marta, a Spanish major, conducted a brief survey (*una encuesta*) of college students, asking them if they study Spanish and, if so, why. Listen as she reads a summary of her survey to her class, then, complete the chart below with the number of students who expressed each opinion.

	ES FÁCIL	ES UN REQUISITO	ES INTERESANTE	ES IMPORTANTE
Número de estudiantes	_____	_____	_____	_____

1-21. Una carta

Paso 1. The following is the beginning of a pen pal letter, written by someone living in a Hispanic country to a student of Spanish in the United States. Choose among the words below to best complete the short letter.

interesante   Querido   inglés   estadounidense   bien   estás   argentino

(1) _____ Mark:

¡Hola! ¿Cómo (2) _____? Espero que estés muy (3) _____. Me llamo Fernando y soy de Argentina. Soy (4) _____. Como tú eres de los Estados Unidos, eres (5) _____, ¿verdad? Bueno, hoy es lunes (*Monday*). Mi clase de (6) _____ es a las once. (*My English class is at eleven.*) ¿Estudias español todos los días? ¡Espero que sí! (*I hope so!*) Estudiar inglés es muy (7) _____ para mí. Me gusta mucho (*I like it a lot!*). . . .

Paso 2. Pretend that you are Mark and that you have received the pen pal letter from Paso 1. Begin a letter to your Spanish friend, Fernando. You may use the letter written by him as a model for your own letter. Write at least five sentences in Spanish (and others in English, if you wish, since Fernando is studying English).

_____:

_____

_____

_____

_____

_____

_____

_____

_____

_____

_____

_____

1-22. Los países hispanos y la geografía

Paso 1. AUDIO Someone will say the names of ten Spanish-speaking countries. Listen carefully and write down the names of the countries. Then, identify the country as being either in Central America or South America.

PAÍS	CENTROAMÉRICA	SUDAMÉRICA
1. _____	_____	_____
2. _____	_____	_____
3. _____	_____	_____
4. _____	_____	_____
5. _____	_____	_____
6. _____	_____	_____
7. _____	_____	_____
8. _____	_____	_____
9. _____	_____	_____
10. _____	_____	_____

Paso 2. Verify and correct your answers in Paso 1 by consulting the maps in your main textbook.

Paso 3. Choose a Spanish-speaking country you would like to get to know more about. Find out the following information on your chosen country, and then use the information to write a brief paragraph about your country in Spanish.

1. ¿Cómo se llama el país? _____

2. ¿Dónde está el país? _____

3. ¿Cuál es la capital del país? _____

4. ¿Cuántas personas viven (*live*) en el país y en la capital? _____

_____

5. ¿Por qué te gusta (*you like*) el país? _____

_____.

6. Si (*If*) eres turista, ¿qué visitas (*you visit*) y qué haces (*you do*) en el país?

_____

_____

_____

Name: _____ Date: _____

1-23. El uso de los números

Paso 1. Traditionally in Spanish, a comma (**una coma**) is used to separate decimals while a period (**un punto**) is used to separate thousands (as in **mil**—one thousand—which is written as 1.000). This is, of course, the opposite of what is done in English. Write the following Spanish numbers in numeric form, making sure to use the comma and period correctly.

1. diez coma cuatro: _____
2. ocho mil: _____
3. tres coma nueve: _____
4. veintisiete mil: _____
5. dos mil: _____

Paso 2. While there are no strict rules, phone numbers in Spanish are sometimes divided differently from those in English. For example, in Spanish you may find numbers paired, from right to left.

MODELO: 292-1664 → 2-92-16-64

Complete the following sentences, making sure to write the phone numbers in the Spanish manner.

1. Mi número de teléfono es el _____.
2. El número de teléfono del departamento de español es el _____.
3. El número de teléfono de la biblioteca es el _____.

Paso 3. In Spanish, the order of items in a mailing address is different from what an English speaker might be used to. For instance, street numbers tend to follow street names: 221 Londonderry Drive → Londonderry Drive 221. Rewrite the following addresses to conform to the Spanish format and include them in a sentence that begins with **Yo vivo en** (I live in).

MODELO: 221 Calle San Miguel
Yo vivo en la Calle San Miguel, número 221.

1. 5255 Avenida Ramírez _____
2. 12801 Calle Arenal _____
3. 249 Carretera Luz _____

Paso 4. AUDIO Listen as María asks Pablo for personal information. Write down the street address and phone number mentioned.

1. La dirección es _____.
2. El número de teléfono es el _ – _ _ – _ – _ _ – _ _.

1-24. [AUDIO] ¿Cómo lo dicen en tu país?

You have learned in Chapter 1 that there are regional variations of a language. For instance, in English, people living in the north of the United States may say *pot roast* while those living in the south may say *roast beef*, referring to the same food item. Such regional variations also exist in Spanish. Listen as someone asks questions about vocabulary words in different parts of the Spanish-speaking world. Complete the following chart with either the vocabulary word asked about or the name of the country where it is used. Then, in the line provided to the right, place an **A** next to two of the words with the same meaning and a **B** next to the other pair of words which share the same meaning.

PALABRA	PAÍS	A o B
1. _____	Colombia	_____
2. Caraotas	_____	_____
3. _____	España	_____
4. Popote	_____	_____

Las impresiones de Guadalupe: Actividades para el video

1-25. [VIDEO] ¿Quiénes son los personajes de la historia?

Paso 1. Can you write short turns for each of the main characters of *Las impresiones de Guadalupe* as if they were introducing themselves to the class?

MODELO: *Me llamo Guadalupe Fernández. Soy de Guadalajara, México.*

Jordi: _____

Camille: _____

Pablo: _____

Connie: _____

Prof. Parra: _____

Paso 2. Without looking up the names, try to write the name of each character next to his or her nationality.

MODELO: Es mexicana. *Guadalupe* _____

1. Es puertorriqueño. _____   4. Es español. _____

2. Es cubana-americana. _____   5. Es argentino. _____

3. Es colombiana. _____

1-26. ¡A revisar la información sobre el curso!

Paso 1. Watch the first episode of the video. Professor Parra gives a lengthy description of the course at the beginning of the scene. Listen to him in order to help Guadalupe complete her notes. You can use the following words and expressions.

> comunidad hispana   curso   radiodifusión   promoción
> producción de programas de radio local y de Internet

1. El título del curso en español es _____.

2. El _____ es en español.

3. El tema principal del curso es el análisis de la _____.

4. El objetivo específico del curso es el análisis de la influencia de la radiodifusión

    en nuestra _____.

5. También vamos a estudiar _____ de programas de radio
    y televisión.

Paso 2. The participants in Professor Parra's class use many English cognates in this episode. Circle in the list below the cognates used in the video.

atención	familia	producción	supervisor
catálogo	información	programas	técnicas
curso	momento	proyecto	título
estación	perdón	semestre	variedad
experiencias	persona		

Paso 3. Watch the video again. As you watch, listen for at least three more English cognates and write them below.

_____   _____   _____

Paso 4. Two questions about the video follow. Answer them briefly in English.

1. At what time of the day does the class take place? What greeting do Professor
   Parra and the students use that supports your answer? _____

   _____

2. Why does Pablo say "*Perdón, profesor. ¿Se puede entrar?*" and "*Con permiso*"?

   _____

   _____

1-27. Las reacciones de los estudiantes

Paso 1. The course taught by Professor Parra includes actual work at the radio station of the university where he is the programming supervisor. The students are thrilled. Match the following reactions with the person who expressed them.

1. ¡Ay qué padre!   a. Consuelo
2. ¡Ay, cheverísimo!   b. Guadalupe

Paso 2. People from different regions of the Hispanic world do not always express their reactions using the same words. Think about a similar situation in the English-speaking world. How would you and other people from North America react in Paso 1? Would young and older people use the same expressions? What about people from different geographical locations? Do you know expressions that people from other English-speaking countries would use? Give as many examples as you can think of.

1. North American expressions: _____

2. young vs. older people: _____

3. geographical differences: _____

4. expressions from other English-speaking countries: _____

_____

Paso 3. Compare your experiences in a college class with the class shown in the video regarding:

1. the amount of interaction between teacher and students: _____

_____

2. the arrangement and items in the classroom: _____

_____

Primeras experiencias

Vocabulario en contexto

2-1. Los colores

Paso 1. In science classes in the United States, students learn about the color spectrum in English with the mnemonic expression ROY G. BIV, for red-orange-yellow-green-blue-indigo-violet. Put the following Spanish color names in the right order according to what you know of the color spectrum: amarillo, anaranjado, azul, índigo, morado (violeta), rojo, verde.

Paso 2. Do you remember anything else from your science classes? See if you can answer the following two questions:

1. ¿Qué color resulta de la presencia de todos los otros colores?

2. ¿Qué color resulta de la ausencia (*absence*) de todos los otros colores?

2-2. Las banderas y los colores

Paso 1. Using the flags in your textbook, complete the chart below by filling in the names of the missing countries or by placing a √ under the colors found in the flags for countries in bold.

PAÍSES	ROJO	BLANCO	AZUL	AMARILLO	VERDE	MORADO
Modelo: México	√	√	___	___	√	___
1. ¿_____?	√	___	___	√	___	___
de Sudamérica:						
Argentina	___	√	√	___	___	___
2. Bolivia	___	___	___	___	___	___
Chile	√	√	√	___	___	___
3. Colombia	___	___	___	___	___	___

PAÍSES	ROJO	BLANCO	AZUL	AMARILLO	VERDE	MORADO
4. ¿_____?	√	√	___	√	___	___
Paraguay	√	√	√	___	___	___
Perú	√	√	___	___	___	___
Uruguay	___	√	√	√	___	___
5. ¿_____?	√	___	___	√	√	___
de Centroamérica:						
6. El Salvador	___	___	___	___	___	___
Guatemala	___	√	√	___	___	___
Honduras	___	√	√	___	___	___
7. Nicaragua	___	___	___	___	___	___
8. ¿_____?	√	√	√	___	___	___
del Caribe:						
9. Costa Rica	___	___	___	___	___	___
Cuba	√	√	√	___	___	___
Puerto Rico	√	√	√	___	___	___
10. República Dominicana	___	___	___	___	___	___

Paso 2. Look back through the chart you've just completed. What similarities are there in the colors of the flags by region? Are there other similarities in color schemes among neighboring countries? See how many you can find.

MODELO: *En el Caribe, hay muchas banderas con rojo, blanco y azul.*

Paso 3. Think about why the similarities in flag colors might exist. Brainstorm a couple of ideas in English and write them down. As you learn more about the Hispanic world, come back to your answers here and see if you were right and if you can add some other ideas.

MODELO: *Maybe the Caribbean nations with red, white, and blue flags were all conquered by the same country at some point in the past, and that country's flag had those colors in it.*

2-3. Los colores favoritos y la personalidad

Paso 1. In your text you read the opinions of Dr. Castillo with respect to the relationship between favorite colors and personality. Based on what you read, match the personality traits in column B with the colors in column A. Write the letter from column B next to the appropriate color.

Columna A

1. _____ amarillo
2. _____ anaranjado o rojo
3. _____ negro
4. _____ rosado o blanco
5. _____ violeta o morado

Columna B

a. expresivo, activo, enérgico, agresivo
b. ingenuo, creativo, optimista
c. independiente, soñador
d. romántico, apasionado, egoísta
e. serio, elegante, pesimista

Paso 2. Look back at the chart in 2-2. According to Dr. Castillo's opinion, people who like the color of their country's flag should have similar personalities. Describe what the people from four countries might be like based on the colors of their flag.

MODELO: *Yo creo que una persona puertorriqueña a quien le gusta su bandera es optimista, apasionada, y expresiva.*

1. _____
2. _____
3. _____
4. _____

2-4. El cuerpo humano

Paso 1. In Spanish many body parts can be called by many different names, just like in English when we call hands "paws" or a head a "noggin." Spanish speakers not only have different words for body parts, but they also use different words to talk about animals as compared to people (e.g., paws vs. feet). Based on the pictures, write a short definition of the alternate words for body parts below.

MODELO: La pata: *La pata de un animal es el pie o la pierna de un ser humano./La pata es otra palabra para el pie o la pierna.*

el coco

la trompa

el cuero

el pico

la barriga

la pata

el pescuezo

1. el coco: _____

2. la barriga: _____

3. el pescuezo: _____

4. la trompa: _____

5. el pico: _____

6. el cuero: _____

Paso 2. Answer the questions below in Spanish by giving the name of the appropriate animal from the list below. You should be able to recognize all of the animals by guessing and reading the questions.

la cebra   el cocodrilo   el elefante   el hipopótamo   la jirafa   el orangután

MODELO: ¿Qué animal tiene el pescuezo muy largo? *la jirafa*_____

1. ¿Qué animal tiene orejas enormes? _____

2. ¿Qué animal tiene brazos muy largos? _____

3. ¿Qué animal tiene muchos dientes? _____

4. ¿Qué animal tiene un estómago enorme? _____

5. ¿Qué animal tiene el pelo blanco y negro? _____

2-5. Números: 30–un millón

Paso 1. WWW How much do you know about the animal kingdom? Choose the letter that best answers each question. You can look up the answers online (**www.prenhall.com/impresiones**).

1. La cebra de Grevy mide _____ centímetros de longitud.

    a. doscientos a doscientos cuarenta
    b. ciento setenta a ciento noventa
    c. doscientos veinte a doscientos cincuenta
    d. doscientos cuarenta a doscientos ochenta

2. La jirafa mide _____ centímetros de longitud y hasta seis metros de altura.

    a. cuatrocientos cincuenta a cuatrocientos noventa
    b. trescientos ochenta a cuatrocientos setenta
    c. treinta y ocho a cuarenta y siete
    d. cuarenta y cinco a cuarenta y nueve

3. El elefante asiático promedio (*average*) pesa _____ kilos.

    a. dos mil quinientos a tres mil setecientos
    b. cinco mil a seis mil seiscientos
    c. tres mil quinientos a cinco mil
    d. mil cuatrocientos a dos mil novecientos

4. El cocodrilo de estuario pesa hasta (*up to*) ____ kilos.

   a. cuarenta
   b. cien
   c. mil
   d. ochocientos

5. Existen sólo ____ elefantes asiáticos en libertad.

   a. ochocientos mil
   b. cinco mil
   c. quinientos
   d. cincuenta mil

Paso 2. Write the next number in each sequence.

1. veintitrés, veintisiete, veintinueve, treinta y uno, _____, treinta y

   siete, _____.

2. tres mil trescientos treinta y tres, cuatro mil cuatrocientos cuarenta y cuatro

   _____.

3. ciento veintisiete, ciento diecisiete, ciento seis, noventa y nueve,

   _____, setenta y dos.

4. un millón, quinientos mil, doscientos cincuenta mil, _____,

   sesenta y dos mil quinientos.

5. setecientos, novecientos, mil setecientos, tres mil, _____, nueve

   mil quinientos veinticinco.

2-6.   Más palabras interrogativas

Chat rooms in which people communicate in Spanish can be intimidating for non-native speakers. It can be easier to get involved in a conversation if you have some phrases and questions prepared in advance.

Paso 1. Chat conversations start similarly to any other conversation, with a greeting, and oftentimes a few questions and answers to get to know each other. Brainstorm a list of at least two informal greetings and seven questions that you might use to get to know someone new. Use as many of the question words in the list below as possible.

¿Cómo. . .?	¿Dónde. . .?	¿Por qué. . .?
¿Cuál(es). . .?	¿De dónde. . .?	¿De qué. . .?
¿Cuándo?	¿Adónde . . .?	¿Quién(es). . .?
¿Cuánto/a(s)?	¿Qué. . .?	¿De quién(es). . .?

MODELO: Saludos: *Hola. ¿Qué hubo?*

Preguntas: *¿De dónde eres?*

Saludos: 1. _____

2. _____

Preguntas: 1. _____

2. _____

3. _____

4. _____

5. _____

6. _____

7. _____

Paso 2. It's pretty common for someone to ask you the same thing you've just asked them about, so prepare for that eventuality by answering the seven questions you wrote in Paso 1.

Respuestas: 1. _____

2. _____

3. _____

4. _____

5. _____

6. _____

7. _____

Paso 3. WWW Go to **http://www.prenhall.com/impresiones** and follow the links to find a chat room in Spanish. Try out your greetings, questions, and answers with real native speakers. Remember that you can log on under a made-up name, so nobody will know who you are. That way you don't need to worry about any problems you might have in understanding or expressing yourself! Also be sure not to give out any personal information about yourself that you wouldn't share with a stranger.

Name: _____   Date: _____

Intercambios comunicativos

2-7. Diálogos cortos

Paso 1. Complete the dialogues with the proper responses, chosen from the following list. In some instances, there may be more than one possible answer.

Lo siento	De nada	Te molestaría	Claro	Muchas gracias

1. ¿Quieres usar mi libro?

    _____.

2. Gracias por ayudarme con la tarea.

    _____.

3. Mi madre está enferma.

    _____.

4. ¿Me puedes hacer un favor?

    _____.

5. ¿_____ decirme tu número de teléfono?

    Es el 2-92-16-64.

Paso 2. Write two new dialogue exchanges, making sure to use some of the above responses.

1. _____.

    _____.

2. _____.

    _____.

Paso 3. The following is a telephone conversation between a customer and a telephone operator. After reading the conversation, answer the questions that follow in Spanish.

OPERADOR: NTT. ¿Cómo le puedo servir?

CLIENTE: Necesito hacer una llamada a Puerto Rico pero no sé el prefijo de Puerto Rico.

OPERADOR: Es el setecientos ochenta y siete, señor.

CLIENTE: Gracias. ¿Cómo marco el número que quiero llamar?

OPERADOR: Primero marca usted el número uno, luego el prefijo del país y entonces el número que quiere llamar.

CLIENTE: Muchísimas gracias.

OPERADOR: Con mucho gusto. Gracias por usar los servicios de NTT.

1. ¿Con quién habla el cliente?

   _____

2. ¿Qué quiere hacer el cliente?

   _____

3. ¿Cuál es el prefijo de Puerto Rico?

   _____

4. ¿Cómo marca el cliente el número que quiere llamar?

   _____

5. ¿Cómo se llama la compañía telefónica que usa el cliente?

   _____

Paso 4. Write a similar dialogue to the one in Paso 3, replacing the information about Puerto Rico with information about another Spanish-speaking country. You may find this information in the customer guide of your local telephone directory. In addition, in your dialogue, have the customer ask the operator what the local time is in the country you chose.

Operador/a: _____

Cliente: _____

Operador/a: _____

Cliente: _____

Operador/a: _____

Cliente: _____

Operador/a: _____

Cliente: _____

Enfoque cultural

2-8.   La herencia hispanohablante en los Estados Unidos

You have learned about the major Hispanic groups living in the United States. This activity introduces you to a lesser-known Hispanic group that resides in Louisiana. They are called **los isleños**, meaning *the islanders,* and they originally came from the Canary Islands (*las Islas Canarias*).

Paso 1. AUDIO First, read the following passage about **los isleños**, familiarizing yourself with the basic topic and the vocabulary. Next, listen to the passage and fill in the blanks with the missing words.

Mientras que (*While*) la influencia de los (1) _____ en Luisiana es

bien conocida, la influencia de los (2) _____ es menos apreciada.

Entre los años 1778 y (3) _____, dos mil habitantes (*inhabitants*)

de las Islas (4) _____, territorio español que está a 65

(5) _____ al oeste (*west*) de Marruecos (*Morocco*), en África

Occidental, salen de su tierra patria (*homeland*) para ir a Luisiana. España se

(6) _____ para una guerra (*war*) contra Gran Bretaña (*Great

Britain*) y los isleños van a Luisiana para (7) _____ y proteger ese

nuevo territorio de España. El gobernador (*governor*) español del territorio,

Bernardo de Gálvez, da la bienvenida a los primeros isleños que

(8) _____. De las cuatro colonias (*settlements*) que fundan los

isleños, la colonia de San Bernardo es la más (9) _____

(*successful*). Hoy día la Parroquía de San Bernardo (*Saint Bernard Parish*) es un

(10) _____ de Nueva Orleans con una (11) _____

de aproximadamente noventa mil personas. Los descendientes de los isleños

aún (*still*) (12) _____ en Luisiana y preservan su herencia

española a través de sus (*their*) (13) _____ (*museums*), sus

sociedades, su comida y sus presentaciones (14) _____ de

artesanía (*crafts*), arte, danza y música.

Paso 2. Based on the recording in Paso 1, answer in Spanish the following questions about **los isleños**.

1. ¿Cuál es la ubicación (*location*) geográfica de las Islas Canarias en relación con África?

   _____

2. ¿Cuántas personas salen de las Islas Canarias para ir a Luisiana entre 1778 y 1783?

   _____

3. ¿Quién da la bienvenida a los primeros isleños que llegan a Luisiana?

   _____

4. ¿Por qué van los isleños a Luisiana?

   _____

5. ¿Cómo se llama la colonia más exitosa?

   _____

6. ¿Qué hacen los descendientes de los primeros isleños para preservar su herencia cultural?

   _____

Paso 3. WWW Log on to the *Impresiones* Web site: **www.prenhall.com/impresiones**. Choose the web link titled *Los Isleños*, which will take you to a Web site about **los isleños**. After reviewing the Web site, write below four new facts you learned about **los isleños**.

1. _____
2. _____
3. _____
4. _____

Gramática en contexto

I. Grammatical gender and articles

> **Reminder:** Masculine nouns generally end in **-o** and feminine nouns end in -**a** (**niño–niña**). If an animate noun ends in a consonant but has a masculine gender, add **-a** when making reference to females (**profesor–profesora**).

2-9. Género y número gramatical

Place the appropriate article (**el**, **la**, **los**, or **las**) in the blanks in the paragraphs. Look for clues in the nouns themselves (e.g., in their endings) and in the context (e.g., meanings of the words, such as "mother," endings of related adjectives, etc.) if you're not sure which article is correct. Remember that some nouns are misleading, so review the rules in your text before beginning.

A. En (1) _____ libro de la clase de español, hay una actividad sobre (2) _____

género (*gender*) y (3) _____ número de (4) _____ sustantivos (*nouns*).

(5) _____ cantidad de preguntas es enorme, pero (6) _____ concepto no es

difícil. Por eso es posible terminar (7) _____ actividad rápidamente. Antes de

asignar (8) _____ tarea, (9) _____ profesora explica (10) _____ reglas.

(11) _____ estudiantes practican (12) _____ condiciones para (13) _____

uso de **el**, **la**, **los** y **las**. Por suerte (14) _____ idioma es fácil y (15) _____

sistema es simple.

B. Hay una artista en mi residencia estudiantil. (16) _____ artista tiene una

pintura de una mujer y un hombre muy interesantes. En (17) _____ pintura,

(18) _____ pestañas de (19) _____ mujer son verdes, (20) _____ ojos son

rojos, (21) _____ nariz es azul y muy larga, y (22) _____ dientes son

anaranjados. (23) _____ manos del hombre son muy grandes, (24) _____ piel

es transparente, y (25) _____ pies están en (26) _____ cabeza.

2-10. AUDIO Género biológico

Listen to Paco's descriptions of some people he knows. After you hear each description, write down which person from the list you associate with the information given below. Be sure to use the correct gender for each person. Some people from the list may be repeated, others may never be used.

el atleta	la atleta	el doctor	la doctora
el estudiante	la estudiante	el ingeniero	la ingeniera
el periodista	la periodista	el profesor	la profesora

MODELO: Escribe muchos artículos sobre deportes. *La periodista* _____

1. Tiene oportunidad de conversar con muchas personas diferentes.

   _____

2. Conversa con otros muchachos. _____

3. Trabaja en una escuela secundaria. _____

4. Quiere diseñar un lugar que muchos turistas visitan como la Basílica de San

   Agustín en la Florida. _____

5. Usualmente trabaja en el hospital. _____

II. Plurals

> **Reminder:** To form the plural add **-s** to nouns that end in a vowel (libr**o**–libr**os**). Add **-es** to nouns that end in a consonant (activida**d**–activida**des**). In nouns that end in the letter **-z**, change the **-z** to **-c** (lápi**z**–lápi**ces**). Family names do not change (**los Rodríguez, los Peralta**).

2-11. Los plurales

Paso 1. AUDIO Luisa and Constanza are taking over an office vacated by a previous employee. They want to get rid of the extra things left behind and to be sure they have enough of the things they will need. As you listen to Luisa and Constanza talking, make a list of the items they mention, and include how many of each they have in the office.

MODELO: Luisa y Constanza tienen una computadora, cuatro diccionarios, . . .

_____

_____

_____

Paso 2. AUDIO Listen to the conversation again and take note of how many of each item Luisa and Constanza actually need to have.

MODELO: Necesitan dos computadoras, . . .

_____

_____

_____

Paso 3. Based on your answers to Pasos 1 and 2, write a shopping list in Spanish for Luisa and Constanza of the items they need to buy and how many of each.

_____   _____

_____   _____

_____   _____

_____   _____

III. Adjectives

> **Reminder:** Spanish adjectives agree in number and gender with the nouns they modify: **un hombre alto, una mujer alta, muchos hombres altos, muchas mujeres altas.**

2-12. Los adjetivos

Answer the questions by stating *whether* or *how many* of the people mentioned can be described using the adjectives given. You may want to use the words **muchos**, **pocos**, **algún**, and **ningún** to describe how many, making sure to use agreement with the nouns.

MODELO: Hombres: idealista

Algunos/Muchos/Pocos hombres son idealistas. or

Los hombres no son idealistas./ Ningún hombre es idealista.

1. Tú: cómico

   _____

2. Tus padres: paciente

   _____

3. Tu profesora de español: trabajador

   _____

4. Tu mejor amigo: ambicioso

   _____

5. Tu mejor amiga: creativo

   _____

6. Tus abuelas: tranquilo

   _____

7. Los psicólogos: atlético

   _____

8. Los presidentes: liberal

   _____

9. Los actores: egoísta

   _____

10. Las secretarias: antipático

2-13. Más adjetivos

Paso 1. While it's not uncommon to talk about stereotypes of ethnic groups, it is somewhat less common to focus on stereotypes of other groups of people. Think about the stereotypes that are sometimes associated with the following groups. Write at least two adjectives that are frequently associated with each group as a stereotype (not necessarily your personal opinion).

Según los estereotipos, . . .

1. los profesores son _____

2. los hombres son _____

3. las mujeres son _____

4. los estudiantes son _____

5. los europeos son _____

6. los estadounidenses son _____

7. los hispanos son _____

Paso 2. AUDIO Now listen to David, who has a tendency to stereotype people. Listen to his opinions and write the adjective he uses to describe each group.

MODELO: David cree que (*thinks that*) los políticos son: *antipáticos*

David cree que. . .

1. los profesores son _____

2. los hombres son _____

3. las mujeres son _____

4. los europeos son _____

5. los estadounidenses son _____

6. los hispanos son _____

Paso 3. Do you agree with David's opinions? Write a sentence stating to what extent you are in agreement that each group could be generally characterized as David described them. You may want to use the words **muchos**, **pocos**, **algún**, and **ningún** in your answers. Follow the model.

MODELO: *Sí, muchos políticos son antipáticos, pero algunos son sinceros y simpáticos./*
No, los políticos no son antipáticos. Algunos son bruscos y demasiado orgullosos,
pero simpáticos.

1. los profesores _____

_____

2. los hombres _____

_____

3. las mujeres _____

_____

4. los estudiantes _____

_____

5. los europeos _____

_____

6. los estadounidenses _____

_____

7. los hispanos _____

_____

IV. The verb *estar*

> **Reminder: Estar** is typically used to mark (1) location, and (2) the current state of health/emotions.

2-14. ¿Dónde y cómo están?

How do think the following people feel in the places mentioned?

MODELO: Mis amigos y yo: en la biblioteca *Cuando mis amigos y yo estamos en la biblioteca, estamos ocupados.*

1. Tú/en el gimnasio

_____

2. Tú y tus compañeros de la clase de español/en la clase

_____

3. Tus mejores amigas/en el cine

_____

4. Tus profesores de la escuela secundaria/en casa

_____

5. Julio César/en el coliseo

_____

6. Abraham Lincoln/en el teatro

_____

7. Cristóbal Colón/en un barco en el océano

_____

8. La reina Isabel de Inglaterra/en el palacio

_____

9. El psicólogo, Dr. Castillo/en el laboratorio de ciencias

_____

V. Present tense (Regular verbs, singular)

Reminder:	SUBJECT PRONOUNS	-AR	-ER	-IR
		estudiar	**comer**	**escribir**
	yo	estudio	como	escribo
	tú	estudias	comes	escribes
	él/ella/Ud.	estudia	come	escribe

2-15. El presente

Paso 1. Match the questions in column A with the responses in column B. Write the letter of the response next to the appropriate question.

A

1. _____ ¿Todavía (*still*) tocas la guitarra?

2. _____ ¿Cómo estás?

3. _____ ¿Y tu hermana todavía baila contigo?

B

a. No, ella vive en San José ahora, y está muy lejos.

b. No, ya no (*not any more*). Ahora toco el violín.

c. Estoy agotado, pero muy contento.

Paso 2. Arturo and Magdalí have run into each other after not having seen each other for a couple of years. Use the questions and responses from Paso 1 to complete the dialogue between Arturo and Magdalí.

MAGDALÍ: Hola, Arturo, (1) _____

ARTURO: (2) _____ Las vacaciones de primavera comienzan el lunes. ¿Y tú?

MAGDALÍ: Muy bien, gracias. Oye, (3) _____ Este semestre yo estudio piano, y creo que es importante tocar con otras personas y otros instrumentos.

ARTURO: (4) _____ Pero todavía (*still*) bailo salsa y merengue.

MAGDALÍ: ¡Ah! Yo también. (5) _____

ARTURO: (6) _____

MAGDALÍ: ¡Qué lástima! Salúdamela por favor. (*Say "hi" to her for me, please.*) Adiós.

2-16. Las partes del cuerpo

Paso 1. What activities do you do with the following body parts? Choose from the list of verbs to make a sentence for each body part. Use your knowledge of cognates to recognize the words you haven't already studied.

caminar	estudiar	tocar el piano	comer
respirar	ver la televisión	escuchar música	saltar

MODELO: las manos: *Escribo las respuestas de los exámenes con las manos.*

1. la boca _____
2. la cabeza _____
3. los dedos _____
4. la nariz _____
5. los ojos _____
6. las orejas _____
7. las piernas _____
8. los pies _____
9. los pulmones _____

Paso 2. Imagine that you are teaching the body parts and activities in Spanish to a group of young children. To help them remember and understand, label the drawing below with the body parts from Paso 1, then write a sentence saying what the boy or girl does with each.

MODELO: La cabeza: *El niño estudia con la cabeza.*

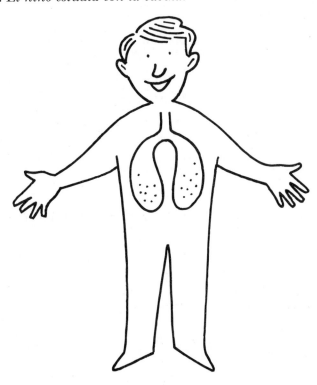

VI. *Gustar* (with nouns and infinitives)

> **Reminder:** Use **gusta** with singular nouns and infinitives, and **gustan** with plural nouns. Combine gustar with **me**, **te**, or **le** according to who likes the item mentioned.

2-17. ¿Te gusta o no?

What do you like to do or have when you feel certain ways? Answer the questions using your personal opinions.

MODELO: Cuando estás relajada, ¿te gusta estudiar?
> *No, no me gusta estudiar cuando estoy relajada.*

1. Cuando estás cansado/a, ¿te gusta caminar mucho?
2. Cuando estás contento/a, ¿te gusta salir con tus amigos?
3. Cuando estás ansioso/a, ¿te gusta tomar exámenes?
4. Cuando estás agotado/a, ¿te gusta tomar café?
5. Cuando estás triste, ¿te gusta comer chocolate?
6. Cuando estás alegre, ¿te gusta ver películas trágicas?

2-18. A mí me gusta. . .

Paso 1. Make a list of at least four things you like or activities you like to do.

MODELO: Me gusta bailar salsa y merengue. Me gustan las películas cómicas.

_____

_____

_____

_____

Paso 2. Create an interview using the activities you like to do by changing your statements from Paso 1 into questions for another person.

MODELO: ¿A ti te gusta bailar salsa y merengue? ¿Te gustan las películas cómicas?

_____

_____

_____

Paso 3. Imagine that you've interviewed your favorite famous person. Report on the results of your interview.

MODELO: A Gloria Estefan le gusta bailar salsa y merengue, pero no le gustan las películas cómicas.

_____

_____

_____

VII. Accent marks

> **Reminder:** For words that end in a vowel, or the consonants **n** or **s**, if the stress falls on the next-to-last syllable, no written accent is necessary (**oreja**, **escuchas** vs. **Panamá**, **inglés**). For words that end in a consonant (except **n** or **s**), if the stress falls on the last syllable, no written accent is necessary (**escuchar** vs. **lápiz**). In any other case, a written accent must be used.

2-19. Los acentos

Paso 1. AUDIO Listen to the following sentences which talk about humorous names for parts of the body, such as *noggin* for *head* in English. As you listen, underline the stressed syllable in each of the words in bold.

1. La **ca-be-za** también se llama el **co-co**.
2. Los pies **gran-des** se llaman **pa-tas**.
3. Una persona con **na-riz** grande se llama **na-ri-zón**.
4. La **bo-ca** a veces se llama el **pi-co**, la **trom-pa**, o el **o-ce-a-no**.
5. Otras palabras para el **es-tó-ma-go** son la **ba-rri-ga** y la **pan-za** (como en Sancho Panza de "Don Quijote de la Mancha").

Paso 2. Using the rules that you've learned for written accents, write accents on the bold words in Paso 1 where they are needed.

Integración comunicativa

2-20. Fechas famosas

Paso 1. AUDIO Listen to the professor explain important dates in history for different Hispanics. Then, match the date with the Hispanic group with which it is associated.

1. _____ los mexicanos
2. _____ los puertorriqueños
3. _____ los cubanos
4. _____ los dominicanos

a. 1898
b. el 1° de enero
c. el cinco de mayo
d. 1844

Paso 2. AUDIO Listen to the professor again. Then, match the following columns.

1. _____ Juan Pablo Duarte
2. _____ Fidel Castro
3. _____ William McKinley
4. _____ Puebla

a. una ciudad de México y el lugar de la famosa batalla
b. el presidente de los EE.UU. en 1898
c. el libertador dominicano
d. el líder de la revolución cubana

2-21. ¿Cómo son los hispanos?

Paso 1. AUDIO Listen to Ramón describe some of his Hispanic friends. Then, write the names of his friends next to their descriptions.

Los amigos de Ramón son: Eugenia, Rufino, Pablo y Mercedes.

morena (*dark skinned*)	rizado (*curly*)	fuerte (*strong*)	regordete (*plump*)
aficionada (*fan*)	el cine (*cinema*)	los lentes (*glasses*)	

1. _____ es alta, morena, con pelo negro, largo y rizado y es estudiosa.

2. _____ es alto, blanco, con pelo rubio y ojos azules y es entusiasta del cine.

3. _____ es de estatura mediana, regordeta, lleva lentes y es aficionada a la música pop.

4. _____ es bajo, fuerte, con ojos grandes y de color café y es atlético.

Paso 2. AUDIO Listen to the recording again and choose the correct ending for the following statements:

1. _____ Mercedes y Rufino son de. . .

    a. Puerto Rico.   b. Cuba.   c. México.

2. _____ Eugenia es. . .

    a. puertorriqueña.   b. isleña.   c. dominicana.

3. _____ Este semestre Pablo estudia en. . .

    a. Francia.   b. Costa Rica.   c. España.

4. _____ A Ramón le gusta estudiar con Mercedes porque ella es. . .

    a. muy estudiosa.   b. muy bonita.   c. muy alta.

Paso 3. Change the following false statements about Hispanics so that they reflect reality more accurately.

MODELO: Los hispanos siempre llevan ponchos y sombreros.

   Los hispanos llevan ropa tradicional y también llevan ropa moderna.

1. Los hispanos son de un solo grupo étnico.

   _____.

2. Los hispanos solamente saben hablar español.

   _____.

3. Los hispanos viven solamente en países hispánicos.

   _____.

Comparaciones culturales

2-22. ¿Qué significa ser hispano o latino?

You've learned in Chapter 2 that the terms *hispano* and *latino* do not refer to any specific race: Hispanics and Latinos come from a variety of races and origins. For instance, the African heritage of many of the Spanish-speaking people of the Caribbean islands is well known. Less well known, however, is the African heritage of Mexicans who are called *afromexicanos*. This activity will introduce you to these Hispanics of African heritage.

Paso 1. AUDIO A professor of history is talking with a student about the Afro-Mexicans. Listen in on the conversation and use the information you hear to choose the response that correctly completes the statement.

1. Los primeros africanos llegan a México con los _____.
   a. trabajadores
   b. conquistadores
   c. instructores

2. Durante la conquista de México mueren muchas personas _____ de México.
   a. viejas
   b. ricas
   c. indígenas

3. Los bozales son los _____ nacidos (*born*) en África.
   a. esclavos
   b. príncipes
   c. militares

4. En el siglo XVI, hay aproximadamente _____ mil africanos en México.
   a. veinte
   b. veintisiete
   c. veintiún

5. Hoy día (*Nowadays*) en México, las regiones con el mayor número de comunidades afro-mexicanas son el estado de _____ y la región de Costa Chica.
   a. Durango
   b. Veracruz
   c. Aguascalientes

Paso 2. Based on the correct answer to number 5 in Paso 1, locate on the map the two regions in Mexico where a large number of Afro-Mexican communities can be found.

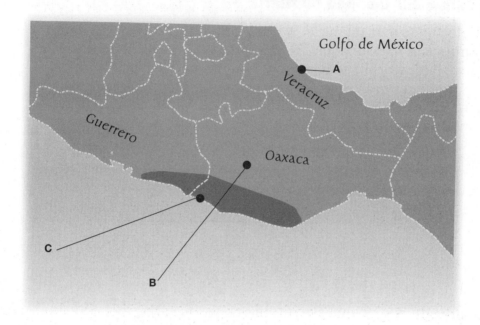

Paso 3. WWW Log on to the *Impresiones* Web site: **www.prenhall.com/impresiones**. Choose the web link titled *Los afromexicanos*. You will be taken to a Web site about Afro-Mexicans. After reviewing the site, write below four statements revealing new information you have learned about these people.

1. _____

2. _____

3. _____

4. _____

2-23. Los sistemas educativos

Paso 1. AUDIO Other countries may have educational systems that differ from our own. Listen as a Cuban professor of Spanish in the United States talks about the educational system in her country. Then, based on what you hear, decide whether the following statements are true (**Cierto**) or false (**Falso**).

1. _____ En Cuba es obligatorio asistir a la escuela hasta el duodécimo (*twelfth*) grado.

2. _____ Muchos estudiantes cubanos que viven en áreas rurales asisten a las escuelas internas (*boarding schools*).

3. _____ Los colegios (*high schools*) en Cuba se llaman institutos preescolares y abarcan del grado 10 al 12.

4. _____ Antes de entrar en la universidad, el campo de estudio del estudiante, o su especialización, se determina por la nota que saca en un examen de ingreso (*entrance exam*).

5. _____ En muchas escuelas de Cuba, los estudiantes necesitan tocar un instrumento musical como parte de sus actividades complementarias.

Paso 2. Rewrite the three false statements of Paso 1 so that they read correctly. The first one is done for you as a model.

a. *En Cuba es necesario asistir a la escuela hasta el noveno* (ninth*) grado.* _____

b. _____

c. _____

Paso 3. AUDIO There are different kinds of institutes in Cuba for students with different aptitudes. Listen again to the professor and complete the blanks in the following paragraph. The missing words are listed below.

deportiva	arte	pedagógica	exactas

En Cuba hay centros preuniversitarios para diferentes vocaciones. Por

ejemplo, existen centros para estudiantes con vocación _____

(*teacher training institutes*), hay centros para las ciencias _____

(*technical and science-oriented institutes*) y también hay escuelas de iniciación

_____ para los estudiantes atléticos y escuelas vocacionales de

_____ para los estudiantes artísticos.

Paso 4. Based on what the professor has said about education in Cuba, what differences and similarities do you note between the educational system in Cuba and the one you are familiar with? Make a list of similarities and differences below.

Similitudes:

1. _____

2. _____

Diferencias:

1. _____

2. _____

3. _____

4. _____

Las impresiones de Guadalupe: Actividades para el video

2-24. Guadalupe y Camille conversan

Paso 1. `VIDEO` Number the following descriptions of scenes from the video according to the order in which they appear. Then, watch the video to confirm your predictions.

_____ Guadalupe le cuenta a Camille sobre su novio y le dice que lo extraña mucho.

_____ Camille le pregunta a Guadalupe si ya tiene un proyecto para la clase del profesor Parra.

_____ Camille le pregunta a Guadalupe si la puede llamar Lupe o Lupita.

_____ Camille le pregunta a Guadalupe cuánto tiempo va a estar en los Estados Unidos.

_____ Camille invita a Guadalupe a tomar un café.

Paso 2. In most first encounters people exchange a lot of information. Read these four exchanges in which Guadalupe and Camille ask for specific information. Complete each exchange with the appropriate interrogative word.

cómo	cuál	dónde	qué

A. GUADALUPE: Y tú, ¿de (1) _____ eres? Tu nombre parece una mezcla de francés, español e inglés. . .

   CAMILLE: ¿De verdad? Soy de Miami. Mi madre es de Cuba y. . .

B. CAMILLE: Cuéntame, ¿(2) _____ es?

   GUADALUPE: Bueno, es moreno. . . sus ojos. . . tan azules. . .

C. CAMILLE: Bueno, ¡ya no más de novios! ¿(3) _____ te parece la clase del profesor Parra?

   GUADALUPE: Me gusta mucho. ¿Y a ti?

D. CAMILLE: Y, ¿(4) _____ tema tienes para el proyecto de la clase?

   GUADALUPE: ¡No tengo ni idea!

Paso 3. Later on, Guadalupe phones Camille. She lost the syllabus for Profesor Parra's class and wants to find out some information about the course. Select the appropriate interrogative word she would have to use.

cuál	cuándo	dónde	qué

GUADALUPE: Hola Camille. Soy Guadalupe, ¿recuerdas? Esta mañana platicamos en la universidad.

CAMILLE: ¡Ah! Hola Lupita, ¿cómo estás?

GUADALUPE: Muy bien, gracias. Mira, no encuentro (*I can't find*) el programa del curso del profesor Parra. ¿Puedo hacerte (*May I ask you*) algunas preguntas?

CAMILLE: Sure, por supuesto. Un momento. Aquí está mi programa.

GUADALUPE: ¿(1) _____ días hay clase?

CAMILLE: Hay clase tres días: los lunes, los miércoles y los viernes.

GUADALUPE: No recuerdo (*I don't remember*) el nombre del edificio, ¿(2) _____ es la clase?

CAMILLE: Es en el edificio Holmes y el número del aula es el 244.

GUADALUPE: Y, ¿(3) _____ hay que decirle (*tell*) al profesor el tema de nuestro proyecto?

CAMILLE: Let me see, a ver, ah, acá está, en la página 2. Hay que decirle el tema en un mes (*month*).

GUADALUPE: Perfecto. . . y, ¿(4) _____ es la dirección de correo electrónico del profesor?

CAMILLE: A ver. . . sí, acá está. Es parrar@tsf.edu.

2-25.   ¿Qué haces durante un primer encuentro?

Paso 1. Mark the statements that are true based on the video.

1. _____ Guadalupe habla con otra estudiante en una librería.

2. _____ Guadalupe conoce (*knows*) a la otra estudiante muy bien.

3. _____ Guadalupe conversa con Camille por un tiempo.

4. _____ Guadalupe se sienta para conversar.

5. _____ Guadalupe habla de su familia con Camille.

6. _____ Guadalupe habla sobre su novio con Camille.

7. _____ Guadalupe habla de sus clases.

8. _____ Guadalupe habla de sus trabajos.

9. _____ Guadalupe toma un café con Camille.

10. _____ Guadalupe intercambia su número telefónico con Camille.

Grammar

In the following chapter you are going to study the verbal endings for the **nosotros/as** pronoun (*we*). In general, the pronoun **nosotros/as** is marked with the verb ending **-mos**. This is a preview of the form that only requires you to recognize the ending for future use.

Paso 2. Imagine that you are a student under the same circumstances as the students in the video segment. How likely are the statements to be true for you?

	MUY PROBABLE	PROBABLE	POCO PROBABLE
1. Hablo con otro/a estudiante en la universidad.	_____	_____	_____
2. El otro/La otra estudiante y yo nos conocemos muy bien.	_____	_____	_____
3. Conversamos por unos minutos	_____	_____	_____
4. Nos sentamos para conversar.	_____	_____	_____
5. Hablamos de nuestras familias.	_____	_____	_____
6. Hablamos de nuestros/as novios/as.	_____	_____	_____
7. Hablamos de nuestras clases.	_____	_____	_____
8. Hablamos de nuestros trabajos.	_____	_____	_____
9. Tomamos un café.	_____	_____	_____
10. Intercambiamos números telefónicos.	_____	_____	_____

Paso 3. What are the differences between what you are likely to do and what Camille and Guadalupe did in their interactions? Why would you do things differently? Explain your reasons in three to five sentences in English.

MODELO: Camille and Guadalupe chatted for a few minutes even though they don't really know each other well; I wouldn't do that because I'm shy.

_____

_____

_____

_____

_____

Grammar

In the following chapter you are going to study the verbal endings for the **ellos/as** pronoun (*they*). In general, the pronoun **ellos/as** is marked with the verb endings **-an** and **-en**. This is a preview of the forms that only requires you to recognize the endings for future use.

2-26. ¿Qué hacen cuando hablan?

Paso 1. Watch the video again and see how Camille and Guadalupe carry out the following activities. Which of these activities are likely to be done the same way (*igual*) on your campus, and which would probably be done differently or not at all (*diferente*)? Mark the appropriate column to indicate your perception.

Dos estudiantes que no se conocen muy bien *(know each other well). . .*

	IGUAL	DIFERENTE
1. conversan por unos minutos.	_____	_____
2. se sientan para conversar.	_____	_____
3. mantienen poca distancia entre ellos cuando hablan.	_____	_____
4. usan palabras de una lengua mientras hablan otra.	_____	_____
5. hablan de temas personales (familia, novios).	_____	_____
6. intercambian números telefónicos.	_____	_____
7. se tocan *(touch each other)* cuando se hablan.	_____	_____

Paso 2. Imagine that Camille and Guadalupe are men instead of women. Would men in the same circumstances on your campus behave in the same or different ways?

Dos estudiantes (hombres) que no se conocen muy bien. . .

	IGUAL	DIFERENTE
1. conversan por unos minutos.	_____	_____
2. se sientan para conversar.	_____	_____
3. mantienen poca distancia entre ellos cuando hablan.	_____	_____
4. usan palabras de una lengua mientras hablan otra.	_____	_____
5. hablan de temas personales (familia, novios).	_____	_____
6. intercambian números telefónicos.	_____	_____
7. se tocan *(touch each other)* cuando se hablan.	_____	_____

Paso 3. What do you normally do when you interact with students you just met on campus? Check off the description that apply for each column.

CON UN/A ESTUDIANTE	HOMBRE	MUJER
1. Converso por unos minutos.	_____	_____
2. Me siento para conversar.	_____	_____
3. Mantengo poca distancia con la otra persona.	_____	_____
4. Uso palabras de una lengua mientras hablo en otra lengua.	_____	_____
5. Hablo de temas personales (familia, novios).	_____	_____
6. Intercambio números telefónicos.	_____	_____
7. Lo/la toco (*touch him/her*) cuando hablo con él/ella.	_____	_____

3 Las universidades y la educación

Vocabulario en contexto

3-1. AUDIO La hora

Detective Sarmiento has been following a group of students for several days; he suspects they will be the next victims of a textbook theft racket. Complete his transcript by listening to the detective's recorded notes and filling in the missing times that correspond to each point below.

MODELO: ___9:35___ Aquí están los estudiantes frente a la biblioteca.

1. _____ Llega un estudiante nuevo. Tiene pelo largo, moreno, y rizado. Es alto, delgado y parece ser tímido. No habla con nadie. Ahora hay cinco estudiantes en el grupo.

2. _____ Carla, la muchacha canadiense, habla con el muchacho nuevo.

3. _____ Los estudiantes entran en la biblioteca.

4. _____ Oscar y Elías salen de la biblioteca y van a la cafetería.

5. _____ Oscar y Elías regresan a la biblioteca.

6. _____ Los cinco estudiantes salen de la biblioteca con sus mochilas llenas de libros y comienzan a hablar.

7. _____ El profesor de matemáticas pasa y habla con los estudiantes.

8. _____ Todos van a la clase de matemáticas. Tal vez mañana pase algo interesante. . .

3-2. Las clases

Name at least one class from the list below that you associate with the statements that follow. Use your knowledge of cognates to understand the words in italics and to help you complete the sentences.

alemán	arte	astronomía	física
inglés	matemáticas	psicología	química

MODELO: Los estudiantes usan la calculadora en la clase de _matemáticas._ _____

1. Los estudiantes usan el _diccionario bilingüe_ en la clase de _____.

2. Los estudiantes usan productos _químicos_ en la clase de _____.

3. Los estudiantes hacen _experimentos_ en la clase de _____.

4. Los estudiantes estudian la _personalidad_ y la mente en la clase

   de _____.

5. Los estudiantes pintan, dibujan, o esculpen como Miguel Ángel en la clase de

   _____.

6. Los estudiantes estadounidenses, canadienses e ingleses aprenden _gramática_ y

   vocabulario en la clase de _____.

7. Los estudiantes miran las estrellas en la clase de _____.

3-3.   Las clases y la especialización

Paso 1. Depending upon your major, you're likely to take certain classes. Which of the students in the list are most likely to take the following classes? Place an X in the appropriate column to indicate the classes that each person would take.

Rajan: especialización en química

Diana: especialización en medicina

Erica: especialización en literatura española

Yoshiko: especialización en historia

CLASES	RAJAN	DIANA	ERICA	YOSHIKO
Geografía	_____	_____	_____	X _____
La novela moderna	_____	_____	_____	_____
Química	_____	_____	_____	_____
Español	_____	_____	_____	_____
Cálculo	_____	_____	_____	_____
Las guerras mundiales	_____	_____	_____	_____
Teoría crítica de la literatura	_____	_____	_____	_____

Paso 2. Complete each blank in the conversation between Yoshiko and Rajan with ¿**A qué hora**? or ¿**Qué hora es**? as appropriate.

MODELO: Yoshiko: *Rajan, ¿**A qué hora** tienes clase de química?*

Rajan: Tengo clase de química a las nueve de la mañana.

1. Yoshiko: ¿_____?

   Rajan: Son las tres en punto.

2. Rajan: Cuando vas a clase de francés, ¿_____?

   Yoshiko: Las once.

3. Rajan: Cuando tú y tus amigos están en la cafetería, ¿_____?

   Yoshiko: Generalmente es mediodía.

4. Rajan: ¿_____ tiene tu amiga historia del arte?

   Yoshiko: A las tres y media de la tarde.

3-4.   La universidad virtual

Paso 1. You've decided to study at a virtual university, one where there are no requirements and there is a wider variety of classes to take. Since it is a virtual university, everything (assignments, discussions, meetings) is done on line, and you get to arrange your own schedule with the instructor. Complete the dialogue below to reach an agreement about when you'll have your first class.

MODELO:

PROFESOR: Buenas tardes. ¿Qué días te gusta tener clase?

TÚ: *Me gusta tener clase los jueves.*

PROFESOR: Buenas tardes. ¿Hay algunos días de semana que prefieras para nuestra clase?

TÚ: _____

PROFESOR: ¡Qué lástima! Tengo que dar otras clases esos días. ¿Hay otra posibilidad?

TÚ: Sí, _____

PROFESOR: Está bien. No tengo nada en mi calendario. Hablemos de la hora. A mí me gustan las clases temprano por la mañana. ¿A qué hora te gusta tener clase a ti?

TÚ: _____

PROFESOR: Bien, hablamos la semana próxima entonces.

Paso 2. WWW What is your actual major? Find out which one of the major Mexican universities offers a program that matches your major by following the links at the *Impresiones* Web site: **www.prenhall.com/impresiones**. Which university has a

program for you? _____

3-5. La comunicación en clase

Paso 1. AUDIO This semester Mateo has to give several oral presentations in his classes, and he uses a number of strategies to prepare himself for each one. Listen and mark all the correct answers for each item according to the information Mateo gives.

1. Mateo tiene clases los. . .
   a. lunes.
   d. jueves.
   b. martes.
   e. viernes.
   c. miércoles.

2. Mateo tiene presentaciones orales en su clase de. . .
   a. arte.
   c. filosofía.
   b. historia.
   d. computación.

3. Según las presentaciones de Mateo, . . .
   a. Frida Kahlo es una artista.
   b. José Ortega y Gasset es un general español.
   c. Pablo Echevarría inventó la computadora en México.

4. Mateo no prepara las presentaciones de todas sus clases con la computadora porque. . .
   a. No hay computadora en el salón de clase.
   b. El profesor no permite (*doesn't allow/permit*) el uso de guías.
   c. Es difícil usar la computadora.

Paso 2. AUDIO Read the list of strategies below. Then, as you listen to Mateo again, mark with an X the strategies that he uses to prepare his presentations.

1. _____ Lee libros y artículos sobre el tema de cada presentación.

2. _____ Practica su conversación frente a un espejo (*mirror*).

3. _____ Aprende toda la presentación de memoria.

4. _____ Escribe una lista de los temas que trata en su conversación.

5. _____ Prepara tarjetas para recordar los temas que trata.

6. _____ Asiste a las mesas redondas de la universidad.

Intercambios comunicativos

3-6. Para mantener una conversación

Listen to a conversation between two college students, Javier and Rebeca. Pay attention to the filler words and to the expressions of interest that they use during their conversation.

Paso 1. AUDIO Next to each of the following words or expressions, indicate whether it is Javier (**J**) or Rebeca (**R**) who uses them in their conversation.

1. _____ pues

2. _____ este

3. _____ ¡No me digas!

4. _____ bueno

5. _____ ¡Ay!

6. _____ ¡Qué bien!

Paso 2. Read the following dialogue. Write an expression from Paso 1 in each of the spaces provided. There may be more than one appropriate place for some of the expressions.

JAVIER: Rebeca, ¿qué materias estudias el próximo semestre?

REBECA: _____, estudio inglés, biología, música y computación. ¿Y tú?

JAVIER: _____, estudio inglés y. . .

REBECA: _____. Los dos tenemos inglés.

JAVIER: Sí. Y tengo historia, matemáticas y _____. . . ciencias políticas.

REBECA: ¿Con la profesora Fruzzetti?

JAVIER: Sí.

REBECA: _____. Mi amiga Geneva está en la misma clase. Javier, Geneva dice que eres muy simpático y muy guapo.

JAVIER: _____, Rebeca. Tú sabes (*You know*) que tengo novia, ¿no?

REBECA: Lo sé (*I know it*), lo sé. De todos modos (*anyhow*), se pueden ayudar (*you can help one another*) con las tareas de la clase, ¿no?

JAVIER: Sí, claro.

Paso 3. Read the following short dialogues. Based on the context, try to guess the meaning of the phrases in bold. Underline all of those whose meaning you think you know. To assist you, here are the functions of the various phrases.

to express sadness or pity	to express amusement
to express agreement	to express surprise, shock, or disgust

1. —Primero estudiamos español y luego estudiamos biología. ¿**De acuerdo**?

   —Sí, **de acuerdo**.

2. —Mi mejor amiga no viene a visitarme porque está en el hospital. Estoy muy triste.

   —¡Ay, **qué pena**! Lo siento mucho.

3. —En su clase de álgebra, el profesor Galeano da dos exámenes cada semana.

   —¡**Qué barbaridad**! No es justo.

4. —Marcos, Juan acaba de decirme (*he has just told me*) un chiste en inglés.

   —¿Cómo es?

   —*Eh, how do you make an egg roll?*

   —No sé, ¿cómo?

   —*You push it.*

   —¡Ja! ¡**Qué chistoso**!

Paso 4. Choose two of the expressions in Paso 3 and use them in two short dialogues in Spanish.

MODELO: —Siempre estudio hasta las tres de la mañana.
        —¡Qué barbaridad!

DIÁLOGO 1: _____

           _____

DIÁLOGO 2: _____

           _____

Enfoque cultural

3-7. La educación en México

Paso 1. Below are key vocabulary terms related to education in general and to education in Mexico specifically. Because many of the terms are cognates, you should be fairly successful in guessing their meanings. Check each word or phrase whose meaning you feel you may know.

1. _____ la escuela primaria
2. _____ la escuela secundaria
3. _____ el grado
4. _____ el semestre
5. _____ anual
6. _____ la educación tecnológica

7. _____ las carreras
8. _____ educativo
9. _____ la preparatoria
10. _____ ingresar
11. _____ la enseñanza superior
12. _____ comprender

Paso 2. AUDIO You can now verify some of the answers you gave in Paso 1 by listening to two American students, Paul and Mary, as they quiz one another over their Spanish vocabulary. When studying Spanish, Paul calls himself *Pablo* and Mary calls herself *María*. The space provided below is for you to take notes or jot down ideas as you listen, so that you can make any necessary corrections to your answers of Paso 1.

Apuntes (*Notes*): _____

_____

_____

_____

Paso 3. AUDIO Professor Luz Farfán teaches Spanish in the United States but was raised and educated in Mexico. Listen to Professor Farfán speak about her country's educational system, and complete the following sentences with the appropriate response.

1. El sistema educativo en México se divide en _____ partes.
   a. dos   b. tres   c. cuatro
2. La enseñanza básica comprende _____ grados.
   a. nueve   b. ocho   c. doce
3. Hay seis grados anuales de _____.
   a. primaria   b. secundaria   c. educación superior
4. Hay tres grados anuales de _____.
   a. primaria   b. secundaria   c. educación superior
5. Cuando ingresan a la secundaria los alumnos normalmente tienen _____ años.
   a. seis   b. diez   c. doce

6. La preparatoria comprende seis grados _____.
   a. anuales   b. semestrales   c. trimestrales

7. La educación tecnológica también comprende _____ grados semestrales.
   a. tres   b. cinco   c. seis

8. Generalmente la última parte del sistema educativo comprende
   _____ grados semestrales.
   a. seis   b. cuatro   c. diez

9. En la educación superior los alumnos estudian sus _____ o disciplinas.
   a. carreras   b. pasatiempos   c. programas favoritos de televisión

10. Una de las más prestigiosas universidades de México se llama la Universidad
    Nacional _____ de México.
    a. Automática   b. Autónoma   c. Anatómica

Paso 4. AUDIO Listen to the recording once again, then mark each statement below as either true (**Cierto**) or false (**Falso**), according to what Professor Farfán says.

1. _____ Es necesario presentarse a un examen antes de poder ingresar a la escuela secundaria.

2. _____ La educación primaria no es obligatoria.

3. _____ La educación media comprende tres grados semestrales de preparatoria.

4. _____ Una de las más prestigiosas universidades de México se llama la UTEP.

Paso 5. For each false statement in Paso 3, rewrite it below so that it becomes true.

1. _____

2. _____

3. _____

Paso 6. Based on what you have learned from Professor Farfán, write a few sentences in Spanish comparing the educational system of Mexico to that of the United States.

MODELO: *La educación primaria es obligatoria en México y también es obligatoria en los Estados Unidos.*

1. _____

2. _____

3. _____

Gramática en contexto

I. Gustar (nos/les)

> Combine **gustar** with **nos** to indicate *we like* and with **les** to indicate *you (plural) like* or *they like*. For example: **Nos gusta bailar** (*We like to dance*); **Les gusta bailar a ustedes** (*You [plural] like to dance*); **Les gusta bailar a ellos** (*They like to dance*).

3-8. Sí, nos gusta

Paso 1. AUDIO Who likes to do the following activities? Listen to Florys describe what she and her friends **Rosa María**, **Guadalupe**, and **Raúl** like to do. Then, complete the sentences with the names of the people who like each activity. Also use the appropriate indirect object pronoun, **nos** or **les**.

MODELO: A *Guadalupe y a mí nos* gusta bailar.

1. A _____ _____ gusta practicar los deportes.

2. A _____ _____ gusta ver las películas en video.

3. A _____ _____ gusta comer o tomar un café en el parque.

4. A _____ _____ gustan los restaurantes elegantes.

5. A _____ _____ gusta escuchar música al aire libre.

Paso 2. AUDIO Listen again to Florys. Choose words or phrases from the list below to fill in the blanks with the appropriate information from Florys's description. You don't need to use all the items from the list.

activos	interesantes	el básquetbol	el fútbol
americanos	mexicanos	un café	el parque
de otros países	sociables	la casa	el vóleibol

1. Los amigos de Florys son _____ y _____.

2. Los deportes que practican las amigas de Florys son _____ y

   _____.

3. Los videos que ve Florys son _____. Habla de los videos cuando

   está en _____.

Paso 3. Based on Florys's description complete the sentences below using either **gusta** or **gustan** as appropriate.

1. A dos de los amigos de Florys les _____ practicar deportes.

2. A un amigo de Florys le _____ los videos.

Paso 4. Complete the following sentences to indicate what you and your friends like to do.

1. A mí me gusta _____.

2. A mis amigos les gusta _____.

3. A mis amigos y a mí nos gusta _____.

II. Present tense (regular verbs)

Reminder:

SUBJECT PRONOUNS	-AR	-ER	-IR
	estudiar	**comer**	**escribir**
yo	estudio	como	escribo
tú	estudias	comes	escribes
él/ella/Ud.	estudia	come	escribe
nosotros/as	estudiamos	comemos	escribimos
vosotros/as	estudiáis	coméis	escribís
ellos/ellas/Uds.	estudian	comen	escriben

3-9. Profesiones

Paso 1. AUDIO As a favor to his friend who teaches Spanish, Armando talks to his students about what he and three of his friends do during the week. What is each person's profession or occupation according to Armando? As you listen, write the appropriate occupation next to each person's name.

actor/actriz	atleta	cantante de ópera	chofer/taxista
doctor/a	estudiante	profesor/a	secretario/a

MODELO: Armando y sus amigos *son estudiantes.*

1. Felipe y Antonio _____

2. Roxana y su padre _____

Paso 2. AUDIO Listen to the recording again. Write two activities that each person does next to his/her name based on what Armando says.

MODELO: Armando y sus amigos: *estudian en la biblioteca, cenan con su familia*

1. Armando y sus amigos: _____

2. Felipe y Antonio: _____

3. Roxana y su padre: _____

Paso 3. Compare the information given by Armando to what you know about people who do what Armando and his friends do. Write two other activities that someone with the same occupations might do.

MODELO: Los estudiantes como Armando también *hablan con el profesor y hacen ejercicio.*

1. Los _____ (*occupation*) como Armando también _____

2. Los _____ (*occupation*) como Felipe y Antonio también _____

3. Los _____ (*occupation*) como Rosana y su padre también _____

3-10. Clases y horarios

Paso 1. Your best friend and his mother are taking classes at another university near yours. While you're waiting for your friend, you converse with his mother, asking her questions about what she and her classmates do. Write three questions that you could ask her.

MODELO: *Señora, ¿ustedes tienen mucha tarea en su clase de biología?*

1. _____

2. _____

3. _____

Paso 2. When your friend arrives, you ask him and his mother how they manage to fit their activities into their busy schedule. They answer your questions with a day of the week and/or a time when students usually do the activities mentioned.

MODELO: ¿Cuándo ven a sus amigos?

Vemos a nuestros amigos los sábados por la noche o los domingos por la tarde.

1. ¿Cuándo corren o hacen ejercicio?

   _____

2. ¿Cuándo bailan?

   _____

3. ¿A qué hora almuerzan?

   _____

4. ¿A qué hora leen el periódico o ven las noticias en la tele?

   _____

5. ¿Cuándo escriben cartas o correo electrónico?

   _____

6. ¿Cuándo lavan la ropa?

   _____

Paso 3. What do people typically do in each of the classes below? Find the activity in each description that doesn't fit, and replace it with a more logical one.

MODELO: En la clase de física, hacemos varios experimentos, hablamos por teléfono y usamos las matemáticas con frecuencia.

En la clase de física hacemos varios experimentos, hacemos muchas preguntas y usamos las matemáticas con frecuencia.

1. En la clase de español practicamos la pronunciación, escribimos cartas de recomendación y conversamos con los compañeros de clase.
2. En la clase de artes culinarias preparamos la comida, comemos y hacemos ejercicio.
3. En la clase de informática bailamos, escribimos programas y usamos la computadora.
4. En la clase de educación física leemos el periódico, jugamos al básquetbol y bebemos mucha agua.
5. En la clase de música, practicamos con los compañeros, escuchamos varios ritmos y compramos ropa.

III. Tener que. . ./tener ganas de. . .

> **Reminder:**
> **tener que** + **infinitive**   =   to have to + infinitive verb
> **tener ganas de** + **infinitive**   =   to feel like + *-ing* form of verb

3-11. ¡Tienen mucho que hacer!

Paso 1. [AUDIO] University students and professors have a lot to do to keep up with their work. As you listen to Professor Méndez and his son Eliud compare workloads, indicate who has to do each activity by marking an X in the appropriate column.

TIENE QUE. . .	PROF. MÉNDEZ	ELIUD
asistir a clase	_____	_____
asistir a una reunión	_____	_____
caminar a la universidad	_____	_____
dar una presentación	_____	_____
escribir un artículo	_____	_____
hacer un experimento	_____	_____

Paso 2. Based on the conversation from Paso 1, match the activity with the person who has to do it. Write the letter of the activity in column B next to the person in column A.

COLUMN A	COLUMN B
_____ 1. El profesor Méndez	a. tienen que prepararse para hacer un experimento.
_____ 2. Eliud	b. tienen que trabajar mucho.
_____ 3. Los colegas del profesor Méndez	c. tiene que hablar con su hijo mañana.
_____ 4. Los compañeros de clase de Eliud	d. tiene que estudiar esta noche.
_____ 5. El profesor Méndez y Eliud	e. tienen que escribir un artículo.

Paso 3. What do you and your classmates have to do for each of your classes this week? Write at least two assignments for each class.

MODELO: *Para mi clase de español, mis compañeros y yo tenemos que escribir una composición y completar unas actividades del cuaderno de trabajo.*

Primera clase: _____

Segunda clase: _____

Tercera clase: _____

3-12. ¿De qué tienen ganas?

Sometimes school gets a little boring. What do you think the following people have an urge to do to liven things up?

MODELO: La profesora: *Tiene ganas de escalar montañas, o por lo menos (at least) de poner música y bailar en la clase.*

1. Tú y tus compañeros: _____

2. Tú solo/a: _____

3. El/La profesor/a: _____

4. El/La jefe/a del departamento: _____

5. Los administradores: _____

IV. Introduction to reflexive verbs

Reminder: Reflexive verbs have two parts, the main verb and the reflexive personal pronoun. The pronoun comes before and is separate from the verb when the verb is conjugated, but is attached to the end of the verb when the verb is in the *infinitive* form.

	LAVARSE
yo	me lavo
tú	te lavas
él/ella/Ud.	se lava
nosotros/as	nos lavamos
vosotros/as	os laváis
ellos/ellas/Uds.	se lavan

Name: _____   Date: _____

3-13. Una pesadilla (*nightmare*)

Paso 1. Rosalía has a recurring bad dream whenever she's worried about school. In her dream she does things from her daily routine in the wrong order. Use the numbers on the drawings to put the statements in order according to the events in her dream.

1.

2.

3.

4.

5.

6.

7.

8.

9.

_____ Se peina.

_____ Se baña.

_____ Se viste.

_____ Desayuna.

_____ Se despierta.

_____ Se levanta.

_____ Se lava los dientes.

_____ Se despide de su familia.

_____ Se maquilla.

Paso 2. Hopefully your daily routine differs from Rosalía's dream sequence. Indicate with numbers the order in which you usually do the following activities. If you don't do an activity, mark it with an X.

MODELO: __*1*__ Me despierto.

_____ Me duermo.

_____ Ceno.

_____ Me peino.

_____ Me baño.

_____ Me visto.

_____ Desayuno.

_____ Me despido de mi familia.

_____ Me pongo el pijama.

_____ Me quito la ropa.

_____ Me levanto.

_____ Me lavo los dientes.

_____ Almuerzo.

3-14. Rutinas diferentes

Paso 1. You need a roommate to share your rent, and you want someone whose schedule doesn't conflict with yours. Prepare a set of four statements saying what your routine is, and parallel questions to ask potential roommates in an interview.

MODELO: A mí me gusta despertarme tarde. ¿A qué hora te despiertas tú? *or*

Yo me despierto tarde. ¿A qué hora te despiertas tú?

1. _____
2. _____
3. _____
4. _____

Paso 2. AUDIO Rosalía Garza saw the note you posted looking for a roommate. While you were out, she left a rather lengthy message on your answering machine. As you listen to her message, take notes on her schedule by completing the phrases below.

1. Rosalía es de _____.

2. Es una persona _____ y _____.

3. Estudia _____.

4. Su primera clase es a las _____.

5. Le gusta levantarse a las _____ para hacer ejercicio antes de su clase.

6. No _____ por la mañana porque no tiene tiempo.

7. Le gusta mucho la ropa nueva; nunca _____ igual.

8. Almuerza en _____, y por eso no está en casa mucho.

9. Regresa a la casa para cenar, luego _____ y _____ tarde.

10. Su número de teléfono es el _____-_____-_____.

Paso 3. Based on Rosalía's message and on your own answers in Paso 1, would you and Rosalía make good roommates? Write four sentences comparing your routine to hers.

MODELO: *Rosalía se despierta temprano, pero yo nunca me despierto antes de las once de la mañana.*

1. _____
2. _____
3. _____
4. _____

V. Introduction to the present progressive

> **Reminder:** The Spanish present progressive is used ONLY to refer to activities in which one is engaged in at a specific time. It is formed by using **estar** + the present participle which ends in **-ando** (**-ar** verbs) or **-iendo** (**-er** and **-ir** verbs).
>
> Examples: **hablar: habl** + **ando** = **hablando**; **comer: com** + **iendo** = **comiendo**; **vivir: viv** + **iendo** = **viviendo**

3-15. ¿Qué están haciendo?

Paso 1. How likely is it that these people are doing the following activities right now? Write down the time. Then, mark with an X to indicate whether it is **probable** or **poco probable**.

Ahora es/son la(s) _____.

	PROBABLE	POCO PROBABLE
El presidente se está despertando.	_____	_____
Tu profesor/a está durmiendo.	_____	_____
Gloria Estefan está cantando.	_____	_____
Laura Esquivel está escribiendo.	_____	_____
Un bebé está leyendo.	_____	_____
Tú estás pensando en español.	_____	_____

Paso 2. Write what you think the following people are doing right now.

1. Tu profesor/a de español. . .

2. Tu mejor amigo/a. . .

3. Tus padres. . .

4. Otra persona. . .

Integración comunicativa

3-16. Los estudios de una alumna hispana

Paso 1. AUDIO Camila López talks about her studies. Listen to what she has to say, then decide whether the following statements about her are true (**Cierto**) or false (**Falso**).

1. _____ Camila vive en la ciudad de México.

2. _____ Quiere especializarse en geografía.

3. _____ Este semestre tiene muy pocos cursos.

4. _____ Le gusta mucho estudiar idiomas.

5. _____ No habla bien ningún idioma.

Paso 2. AUDIO Rewrite each false statement in Paso 1 to make it true. You may wish to listen again to what Camila says.

MODELO: Camila vive en la ciudad de México. (*falso*)

Camila vive en Miami. (A true statement.)

1. _____

2. _____

3. _____

Paso 3. AUDIO Listen one more time to what Camila says, then write in Spanish two new, additional statements about her.

MODELO: Está en el primer año de la universidad.

1. _____

2. _____

Paso 4. Write your own introduction, using Camila's introduction as a model. Use the following questions as a guide.

¿Cómo te llamas?	¿En qué año de la carrera estás?
¿De dónde eres?	¿Qué materias estudias este semestre?
¿Dónde vive tu familia?	¿Qué materias te gusta estudiar?
¿Dónde vives tú?	¿Qué materias no te gusta estudiar?
¿Cuál es tu carrera en la universidad?	

_____

_____

_____

_____

_____

_____

_____

3-17. Cualidades de una universidad

Paso 1. `AUDIO` Listen to Sara Mazariegas discuss with a friend what she likes and dislikes about her university. Then write three qualities that Sara mentions about her university.

Buenas cualidades

MODELO: *Tiene pocos estudiantes*

1. _____

2. _____

3. _____

Malas cualidades

MODELO: *No está cerca de la casa de Sara*

1. _____

2. _____

3. _____

Paso 2. `AUDIO` Listen again to Sara, then answer the following questions about her.

1. ¿En qué ciudad está la universidad de Sara?

_____

2. ¿Cuál es la carrera de Sara?

_____

3. ¿Por qué está pensando Sara en asistir a otra universidad?

_____

Paso 3. Write a brief paragraph in Spanish mentioning what you like and dislike about your own university.

MODELO: *Me gustan los profesores de mi universidad, pero algo (something) que no me gusta es que en mi universidad no hay mucha tecnología avanzada.*

_____

_____

_____

_____

_____

_____

3-18. El sistema métrico

Paso 1. Most Hispanic countries use the metric system. Is the metric system more logical than the system used in the United States? Why or why not? The following text gives you some information to address the previous questions. Read it one paragraph at a time, pausing to write a summary after each paragraph.

1. En septiembre del año 1999 el explorador espacial *Mars Climate Orbiter* desaparece a causa de un error de programación. En efecto, un equipo (*a team*) de científicos (*scientists*) programa el explorador con el sistema métrico (kilogramos y metros), mientras (*while*) otro equipo utiliza unidades inglesas (libras y pies). Esta diferencia en los sistemas causa errores de cálculo, y por lo tanto (*therefore*), el explorador espacial desaparece. ¿Cómo se puede solucionar esta confusión para evitar problemas similares en el futuro?

   Notas: _____

   _____.

2. Una posible solución es obtener un acuerdo (*agreement*) internacional para utilizar un sistema de medidas único. Aunque el sistema oficial de medidas en los Estados Unidos es el sistema métrico y se enseña en las escuelas, los colegios y las universidades, la población está acostumbrada a emplear (*employ; use*) el sistema de medidas de Inglaterra. Sin embargo, es verdad que muchos lugares en los Estados Unidos, como los laboratorios científicos o los talleres de mecánica, ya adoptaron (*adopted*) el sistema métrico.

   Notas: _____

   _____.

3. El argumento a favor del uso del sistema métrico es que los múltiplos de diez (10) permiten una conversión matemática simple e intuitiva. Sin embargo (*however*), es importante notar que las palabras "simple" e "intuitivo" son términos relativos. Por ejemplo, para una persona que usa millas y galones no es intuitivo utilizar el sistema métrico. Por otro lado, la comunidad internacional usa el sistema métrico. Este factor constituye otro argumento a favor del sistema métrico. La solución de este problema no es fácil.

   Notas: _____

   _____.

Paso 2. Now combine your notes in a summary paragraph of the article you've just read.

_____

_____

_____

_____

_____

_____

_____

_____

_____

_____

Paso 3. Based on the above passage, decide whether the sentences that follow are true (**Cierto**) or false (**Falso**).

1. _____ En el año 1999, el explorador espacial *Mars Climate Orbiter* desaparece a causa de una confusión entre el sistema métrico y el sistema inglés de medidas.

2. _____ En las escuelas de EE.UU. no se enseña el sistema métrico.

3. _____ El sistema oficial de medidas en los Estados Unidos es el sistema inglés.

4. _____ El metro es una unidad de medida lógica porque utiliza múltiplos de diez.

5. _____ Solamente los científicos necesitan saber (*know*) el sistema métrico.

Paso 4. Do you think that the United States should use the metric system? Prepare a list of statements in Spanish in support of your position.

MODELO: *Es mejor usar el sistema métrico porque los cálculos matemáticos son más simples.*

1. _____

2. _____

3. _____

4. _____

Comparaciones culturales

3-19. El muralismo

Paso 1. Muralism is a popular art form in many countries. Read the following introductory article on muralism in Mexico and the United States, and complete the sentences that appear after each section.

El muralismo

Sección 1:

El muralismo es un arte respetado en México y en los Estados Unidos por su belleza (*beauty*), su dramatismo y su representación de la cultura y de la historia. En México, el movimiento muralista es el resultado cultural de la revolución mexicana. Los muralistas más famosos de México son Diego Rivera, David Alfaro Siqueiros y José Clemente Orozco.

1. El muralismo representa _____

2. El muralismo en México comienza _____

3. Diego Rivera es _____

Sección 2:

Diego Rivera, el más famoso de los tres grandes muralistas, presenta la historia de su país cronológicamente en murales gigantescos. Estos murales cubren (*cover*) las paredes (*walls*) del segundo piso del Palacio Nacional de México. La historia comienza en el lado izquierdo (*left side*) con los indígenas nativos, continúa con la conquista, la invasión norteamericana y el movimiento revolucionario, hasta los años 40. También hay murales de Rivera en los EE.UU. En Michigan, por ejemplo, el Instituto de Arte de Detroit tiene un mural de Rivera titulado *La industria de Detroit.*

1. Los murales de Diego Rivera son _____

2. La historia de su mural en el Palacio termina en los años _____

3. El mural de Diego Rivera en Michigan es sobre (*is about*) _____

Sección 3:

El arte muralista también existe en muchas regiones de los Estados Unidos. En Los Ángeles, por ejemplo, un mural de Yreina Cervantes, titulado *La ofrenda*, presenta a importantes defensores de los derechos de los obreros migratorios en los EE.UU.: Dolores Huerta, César Chávez y otros miembros del grupo *United Farm Workers* de California.

1. El mural *La ofrenda* está en _____

2. Dolores Huerta y otros defienden a los _____

3. La muralista de *La ofrenda* se llama _____

Paso 2. WWW Another area in the United States where murals are an important part of the community is in the Mission District of San Francisco. In fact, there is an Annual Mural Awareness Month in San Francisco, celebrating the importance of muralism in the area. Find out more about muralism in San Francisco by going to the *Impresiones* Web site **www.prenhall.com/impresiones**, and following the link to *Murales.* Then, write down three facts of interest to you which you discovered during your search. Some questions you may use to guide your search are: Who are some of the important muralists of the Bay area? When did the muralism movement get started there? What are some of the themes of the murals? What organizations promote muralism there?

1. _____
2. _____
3. _____

Paso 3. You've seen how many of the muralists describe important historical events in their murals. What themes would you depict if you were painting a mural to describe the history of the United States? List them below, then, create a mural on poster board, using whatever artistic techniques you wish: drawing, painting, collage, etc. Lastly, share your artwork with the class on a day scheduled by your instructor.

1. _____
2. _____
3. _____
4. _____
5. _____
6. _____
7. _____
8. _____
9. _____
10. _____

Name: _____   Date: _____

Las impresiones de Guadalupe:
Actividades para el video

3-20.   ¿Qué cursos llevas?

Paso 1. VIDEO Watch the conversation between Guadalupe, Pablo, and Camille to answer the questions below.

1. ¿Qué días tiene clase Camille?

_____

2. ¿Qué clases son difíciles para Camille?

_____

3. ¿Qué clase están tomando juntas Connie y Lupe: "Comunicación periodística en Internet" o "Noticias para televisión"?

_____

4. ¿En qué área quiere especializarse Lupe?

_____

Paso 2. Listen again to the same conversation and complete the chart with Pablo's class schedule.

lunes	martes	miércoles	jueves	viernes
_____	_____	_____	_____	_____
_____	_____			_____
_____	_____			_____
	seminario del Prof. Parra seminario de _____			

Paso 3. Write the name of the person, **Guadalupe, Pablo,** or **Camille,** who is described in the following statements.

1. _____ está muy ocupado/a porque está tomando muchos cursos.

2. A _____ le gusta tener buenos apuntes.

3. _____ cree que los cursos más difíciles que está siguiendo son química y francés.

4. _____ sigue el curso de "Noticias para televisión" con Connie.

5. _____ explica el sistema educativo en México.

6. A _____ le gusta mucho seguir cursos sobre comunicación.

Las universidades y la educación   **83**

3-21. ¡Qué casualidad!

Paso 1. Analyze the following exchange from the video to answer the questions below. Give your answers in English.

CAMILLE: . . .Lupe quiere conseguir un trabajo en la estación de radio de la universidad.

PABLO: ¿En serio? Mira. . . Yo también. Lupe, si querés podemos ir juntos a la oficina del profesor Parra. . . .

GUADALUPE: Este. . . no, gracias Pablo. Estoy muy ocupada ahorita.

1. What does Pablo suggest to Lupe? _____

_____

2. Why do you think Lupe declines Pablo's suggestion? _____

_____

Paso 2. Sometimes our faces express as much as we do with our words. Watch the video segment from Paso 1 again. Analyze Pablo's and Guadalupe's faces as they are speaking: What do their facial expressions convey? Rewrite their lines in the dialogue below to reflect what you think they are actually saying with their facial expressions. (Your new lines might not coincide with the spoken words in the video.)

CAMILLE: . . .Lupe quiere conseguir un trabajo en la estación de radio de la universidad.

PABLO: ¿En serio? Mira. . . Yo también. Lupe, si querés podemos ir juntos a la oficina del profesor Parra. . . .

PABLO: _____

GUADALUPE: Este. . . no, gracias Pablo. Estoy muy ocupada ahorita.

GUADALUPE: _____

3-22. ¡Qué padre!

Paso 1. Camille is learning some Mexican regional expressions. Match the expressions used by Guadalupe with the most likely description of its meaning.

1. ¡Qué buena/mala onda!   a. Interjección sin significado específico.

2. ¡Híjole!   b. ¡Qué bien/mal!

Paso 2. Do you know any native speaker from Mexico? If you do, you may want to interview the person and find out which expressions s/he would use to convey the meanings given in Paso 1. Does the person prefer some expressions over others in certain contexts, or when speaking with certain people? Why? Do young and older people use the same/different expressions? Is the situation similar/different in your own language? Why do you think that is the case?

_____

_____

_____

_____

_____

_____

3-23. ¿Cuándo se especializan?

To compare U.S. and Hispanic university systems answer the questions below based on your experience with university life in the U.S. and on the video. Answer in English.

1. At what point do students in U.S. universities begin their professional studies, such as law and medicine?

_____

_____

2. How does the Hispanic university system differ on this point?

_____

_____

4 *Las rutinas y las profesiones*

Vocabulario en contexto

4-1.   ¡Que se levante el verdadero profesional!

Each of the *concursantes* (contestants) below wants you to believe that they are the "real" member of the profession listed. Read the statement that each *concursante* makes about their daily activities, and put an X next to the one that qualifies as the true professional.

MODELO: ¿Quién es el verdadero arquitecto?

_____ 1: —En mi trabajo hago análisis estructurales de edificios y calles para ver si son seguros.

__X__ 2: —A mí me gusta mi trabajo porque diseño casas y edificios; es una combinación de ciencia y arte.

_____ 3: —Usualmente hago trabajos generales en una oficina para ayudar a mis colegas que diseñan edificios.

1. ¿Quién es el verdadero bombero?

_____ 1: —En un día típico en La Habana no extinguimos ningún incendio. Vamos a las escuelas para enseñar a los niños a prevenir los incendios o construimos casas para la gente pobre.

_____ 2: —En un viernes típico en La Habana extinguimos 10 incendios. No hay tiempo para dormir, pero sí, para comer rápidamente entre un incendio y otro. Los otros días de la semana son más calmados.

_____ 3: —En un día típico en La Habana extinguimos cuatro incendios. Dormimos o vemos televisión entre un incendio y otro. En ciudades más pequeñas, hay menos incendios, y los bomberos son voluntarios.

2. ¿Quién es el verdadero secretario?

_____ 1: —Buenas tardes. Yo soy Francisca Maldonado. Soy secretaria en una compañía de ingeniería. Típicamente escribo reportes a máquina, contesto el teléfono y mando documentos por fax. Trabajo de 8 a 5.

_____ 2: —Buenas tardes. Yo soy Alberto Rodriguez. Soy secretario en una oficina de abogados. Hago fotocopias, hablo por teléfono con mi familia y reparo problemas eléctricos. Trabajo de 7 a 6.

_____ 3: —¿Qué pasa? Soy Enrique Delgado, secretario en el consultorio de un médico. El médico y yo cuidamos a los enfermos, escribimos cartas y reportes, y yo contesto el teléfono. No trabajamos los lunes porque el médico juega al golf. De martes a viernes trabajo de 8:30 a 5:00.

3. ¿Quién es el verdadero juez?

_____ 1: —Mis días son interesantes. Trabajo con muchas personas diferentes: mis clientes, mis colegas, mi secretario. Me gusta tener la oportunidad de hablar con todos y defender a mis clientes.

_____ 2: —Es verdad que paso mucho tiempo en el tribunal, pero es porque no tengo un buen abogado. ¡No soy criminal!

_____ 3: —Estoy muy ocupada. Tengo que escuchar los argumentos y las defensas de múltiples acusados todos los días. Trabajo desde las 8 hasta las 6 en el tribunal, y luego en casa estudio los casos para el día siguiente.

4-2. La mejor carrera o profesión

Paso 1. `AUDIO` As you listen to four friends talking, fill in the table with the jobs they currently have (if mentioned), and the professions they would like to go into.

	TRABAJO ACTUAL	PROFESIÓN FUTURA
Elena	_____	_____
Marcos	_____	_____
Felipe	_____	_____
Mariolina	_____	_____

Paso 2. `AUDIO` Elena, Marcos, Felipe, and Mariolina mention some advantages and disadvantages of the jobs they have and the professions they might go into. Listen to the four friends again. Then, next to each statement below, write the name of the job or profession to which it refers.

MODELO: Es un trabajo de todas las noches. _cocinero_____

1. El horario es súper flexible. _____

2. Es una combinación de elementos técnicos y artísticos. _____

3. Es una profesión respetada e interesante. _____

4. Estudian varias materias interesantes: física, salud y química.

    _____

5. Ganan un buen sueldo. _____

6. Hablan con otras personas. _____

7. Las horas de trabajo son muy regulares. _____

8. Los sueldos son bajos. _____

9. No es un trabajo activo. _____

10. Requiere la aplicación de las matemáticas. _____

11. El horario es irregular; a veces se deben despertar a las tres de la mañana.

    _____

12. Tienen que trabajar en casa por la noche. _____

Paso 3. Pick a job with which you are familiar. In Spanish, write two advantages and two disadvantages of that job based on your personal experience.

Trabajo: _____

Ventajas:

1. _____

2. _____

Desventajas:

1. _____

2. _____

4-3. La ropa

Paso 1. You've just gotten a job as manager of a clothing store, and have created new departments. Using the diagram below as a guide, mark the clothing items from the inventory according to the department your employees should put the items in.

Damas: Ropa Deportiva (DRD)	Caballeros: Ropa Deportiva (CRD)
Damas: Ropa Formal (DRF)	Caballeros: Ropa Formal (CRF)
Damas: Ropa de Trabajo (DRT)	Caballeros: Ropa de Trabajo (CRT)

MODELO: impermeables: *DRT*

1. blusas de seda: _____

2. camisas de vestir: _____

3. collares de perlas: _____

4. corbatas: _____

5. faldas de algodón: _____

6. pantalones cortos: _____

7. pantalones de lana: _____

8. sandalias: _____

9. sudaderas: _____

10. suéteres: _____

11. trajes: _____

12. camisetas: _____

13. vaqueros: _____

14. vestidos de lana: _____

15. zapatos de correr: _____

16. zapatos de tacón alto: _____

Paso 2. Write the name of the department to which you would direct the following customers, based on the way they present themselves as they enter the store and ask for assistance. If your store doesn't carry an item, tell the customer.

MODELO: Una señora: —Perdón. Soy abogada y necesito algo para una fiesta en la casa de un juez. _Ropa formal para damas_

1. Un hombre joven: —Buenos días. ¿Dónde tienen pantalones adecuados para una cena semiformal en la casa de mis futuros suegros?

_____

2. Una muchacha de 18 años: —Hola. Mañana voy a empezar un trabajo como secretaria para un mecánico. Necesito algo informal, pero profesional.

_____

3. Una madre: —Mi hija de cinco años necesita unas sandalias nuevas. ¿Dónde puedo encontrarlas? _____

4. Un señor mayor y su esposa: —Buenas tardes. Vamos de vacaciones a la playa. Los dos necesitamos sandalias, y mi esposa necesita unas faldas informales.

_____ y _____

5. Dos estudiantes universitarios: —Hola. Este diciembre vamos a Minnesota para visitar a unos amigos. ¿Aquí se venden suéteres de lana? _____

4-4. El tiempo, las estaciones, el estado de ánimo y la ropa

Paso 1. Your favorite clothing store is conducting a marketing survey to find out what products they should focus on, and how best to display them during different seasons. Complete the survey according to the model by providing a description of (a) the typical weather for each season where you live, (b) how you feel during that season, and (c) what you like to buy then.

MODELO: En la primavera en mi ciudad (a) _llueve mucho y hace sol____; yo

frecuentemente (b) _estoy enferma____. Por eso prefiero comprar

(c) _suéteres y pantalones largos____ en la primavera.

1. En la primavera en mi ciudad, (a) _____; yo

frecuentemente (b) _____. Por eso prefiero comprar

(c) _____ en la primavera.

2. En el verano en mi ciudad, (a) _____; yo frecuentemente

(b) _____. Por eso prefiero comprar

(c) _____ en el verano.

3. En el otoño en mi ciudad, (a) _____; yo frecuentemente

(b) _____. Por eso prefiero comprar

(c) _____ en el otoño.

4. En el invierno en mi ciudad, (a) _____; yo

frecuentemente (b) _____. Por eso prefiero comprar

(c) _____ en el invierno.

Paso 2. Describe three items of clothing that you would wear to work and three to go out on the weekend in the current season in the place where you live.

Para el trabajo: Para salir:

_____   _____

_____   _____

_____   _____

Paso 3. Go to **www.prenhall.com/impresiones** and follow the links to the fashion websites to look for the current season's fashions online. Find three clothing items appropriate for a day at work and three for a night out for a person like you (same gender, age, etc.), and describe them.

Para el trabajo:

1. _____

2. _____

3. _____

Para salir:

1. _____

2. _____

3. _____

Paso 4. Write five sentences comparing the clothing you would wear to work or to go out with the fashions you found online. How are they the same or different? Which styles are more formal?

_____

_____

_____

_____

_____

Intercambios comunicativos

4-5.   Los saludos

Paso 1. Review some of the words related to greetings you've learned by matching the Spanish expression with its corresponding drawing.

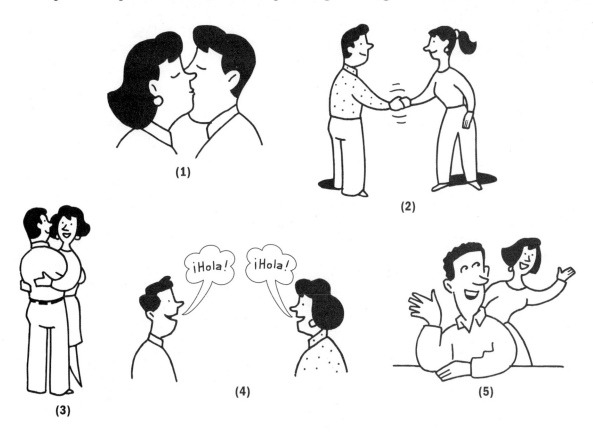

1. _____ Se abrazan.

2. _____ Se dan la mano.

3. _____ Se besan.

4. _____ Se saludan.

5. _____ Se dicen "hola".

Paso 2. AUDIO Now listen to a brief conversation and decide what type of relationship the persons talking have. Support your choice with a proof (*prueba*).

MODELO: La relación es: distante.

   Prueba: Ellos se tratan de usted.

La relación es: _____ cercana   _____ ambigua   _____ distante

Prueba: _____

Paso 3. Fill in the blanks below with words from the following categories to create a description of two different greeting situations.

Personas: un estudiante, una profesora, un amigo, una amiga, una persona anciana, un joven
Lugares: la calle, la escuela, la iglesia, el café, el simposio
Saludos: un apretón de manos, un beso, un abrazo, un ademán con la mano (*a wave of the hand*)
Distancia: poca, mucha
Relación: cercana, ambigua, distante

Situación 1: _____ (persona) y _____ (persona) se encuentran (*meet one another*) en _____ (lugar). Se saludan con _____ (saludo) y mantienen _____ distancia mientras hablan. Su relación es _____ (relación).

Situación 2: _____ (persona) y _____ (persona) se encuentran en _____ (lugar). Se saludan con _____ (saludo) y mantienen _____ distancia mientras hablan. Su relación es _____ (relación).

Paso 4. Read the following paragraph on nonverbal communication, then select the correct response to complete the statements 1–3 and answer question 4.

La comunicación no verbal, como la lengua hablada, es un tipo de lenguaje que varía de una comunidad a otra. Por eso también es importante aprender a comunicarse con otras personas con un español no verbal. Para ello analiza los gestos, la distancia y el contacto físico entre dos hispanos cuando hablan: ¿notas algo diferente? Si encuentras algo que te molesta puede ser una indicación de una diferencia cultural. En general, cuando dos hombres hispanos se encuentran en la calle, se saludan típicamente con un apretón de manos. Pero las mujeres (o un hombre y una mujer) normalmente se dan un beso en la mejilla. En general, los interlocutores hispanohablantes no se separan mucho al hablar y se tocan para expresar amistad. Cuando se despiden se dan un apretón de manos o se besan.

1. Típicamente, cuando las mujeres hispanas se saludan, _____.
   a. se dan la mano.   b. se abrazan.   c. se besan en la mejilla.

2. Los hispanos mantienen _____ distancia al hablar.
   a. poca   b. mucha   c. ninguna

3. Para expresar amistad los hispanos _____ mientras se hablan.
   a. se miran fijamente   b. se tocan   c. se ríen

4. Escribe una diferencia y una semejanza (*similarity*) entre la comunicación no verbal hispana y la comunicación no verbal de tu propia cultura.

   Una diferencia: _____

   Una semejanza: _____

Enfoque cultural

4-6. Cuba y la República Dominicana

Paso 1. The following sentences were taken out of the passage below. Write the letter of each sentence at the beginning of the paragraph from which it was deleted. Pay attention to the theme of each paragraph and underline two or three key words or phrases to help you substantiate your selection. The first paragraph has already been done for you.

Deleted Sentences:

a. Las condiciones geográficas, históricas y climáticas generan muchas similitudes en la producción económica.

b. Las similitudes entre los dos países se pueden ver en la religión: Cuba y la República Dominicana son países muy católicos.

c. Cuba y la República Dominicana tienen muchas cosas en común porque los dos países forman parte de las islas caribeñas.

d. La música es fundamental en las dos islas.

e. La literatura también forma gran parte de la cultura caribeña.

1. __c__ Es fácil notar <u>muchas semejanzas</u> en las comidas, los orígenes étnicos y la cultura en general. Por ejemplo, aunque <u>en las dos islas</u> hay una mezcla (*mixture*) de muchas razas, el grupo predominante es el de origen africano.

2. _____ Pero existe una gran diferencia también: después de la llegada (*arrival*) de Fidel Castro, el gobierno de la isla de Cuba adoptó el comunismo y por eso rechazó (*rejected*) la religión. Sin embargo, la influencia de la iglesia se sigue notando en Cuba: por ejemplo, la Virgen de la Caridad del Cobre todavía es considerada por muchos cubanos la santa patrona de la isla.

3. _____ Escritores como José Martí o Alejo Carpentier, que tienen muchas obras sobre La Española y sobre Cuba, son conocidos por su amor a las islas. Martí, en particular, es el escritor más famoso de Cuba además de ser un héroe de la revolución de Cuba contra España.

4. _____ Por eso es que el azúcar es un producto y una industria muy importante en las economías de Cuba y la República Dominicana. Las industrias del tabaco, la fruta y el café también son importantes en las dos islas.

5. _____ Con sus raíces africanas, el *son* es el tipo de música más popular en Cuba, mientras que el merengue es muy popular en la República Dominicana. Cantantes populares como Gloria Estefan y Marc Anthony interpretan y adaptan mucha de la música favorita de estos dos países.

Paso 2. Based on the information in the passage, match the words in the left column with their equivalents in the right column.

1. _____ el son y el merengue   a. mezcla de razas

2. _____ un escritor y soldado cubano   b. música de raíces africanas

3. _____ la base de la industria de los   c. la santa patrona
   dos países

4. _____ población mixta   d. José Martí

5. _____ la virgen más querida de un lugar   e. el azúcar

Paso 3. After reading the following paragraphs, complete the chart with the description of the events that affected each country.

Estos dos países caribeños tienen una historia llena de cambios políticos y económicos. En los 60 el revolucionario Fidel Castro es el nuevo líder político de Cuba y establece el comunismo en el país. En la República Dominicana el líder político Rafael Trujillo es asesinado y la gente del país decide establecer una nueva constitución democrática. En los 70 en la República Dominicana el presidente Guzmán trata de aliviar los problemas económicos mediante un aumento salarial para todos los trabajadores y la nacionalización del transporte público. Durante esta misma época el presidente Carter de los Estados Unidos levanta la prohibición de viajar a Cuba, y la Organización de Estados Americanos (OEA) termina las sanciones políticas y económicas contra Cuba.

En los 80 el gobierno de Cuba establece la Oficina de Asuntos Religiosos, lo que mejora las relaciones entre el gobierno y la iglesia. La República Dominicana experimenta problemas económicos y el ex-presidente Blanco es declarado culpable (*is convicted*) de corrupción. En los 90 muchos protestan en contra del plan económico del presidente dominicano Leonel Fernández, llamado "el paquetazo," en el que se incluye un aumento del treinta por ciento en los impuestos de combustible (*fuel taxes*). El Papa Juan Pablo II visita Cuba y la Unión Soviética retira soldados y billones de dólares de ayuda económica. La migración ilegal a EE.UU. aumenta y el niño Elián González se convierte en el centro de atención de los medios de comunicación.

DÉCADA	EN LA REPÚBLICA DOMINICANA	EN CUBA
los 60	_____	_____
los 70	_____	_____
los 80	_____	_____
los 90	_____	_____

Gramática en contexto

I. Present tense of verbs: (Regular verbs, plural)

Reminder:

	-AR	-ER	-IR
nosotros/as	hablamos	comemos	escribimos
vosotros/as	habláis	coméis	escribís
ellos/ellas/Uds.	hablan	comen	escriben

II. Reciprocal verbs

Reminder: Reciprocal actions in English are usually conveyed with the words each other or one another. In Spanish, reciprocal actions are conveyed placing the personal pronoun **nos** or **se** in front of the verb being used:

Pedro y yo **nos amamos**. Roberto y Luisa **se aman**.
Pedro and I love each other. Roberto and Luisa love each other.

4-7. Los verbos recíprocos

Paso 1. Every day you see two lovebirds meeting at a bench in the park across the street from your house. Look at the pictures of the lovebirds, and choose the statement that best corresponds to each picture.

1.

2.

3.

4.

MODELO:

a. _____ Se gritan.

b. _____ Se besan.

c. __X__ Se hablan de amor y se dan la mano.

1. a. _____ Se abrazan.

   b. _____ Se ven y se acercan.

   c. _____ Se llaman por teléfono.

2. a. _____ Se abrazan.

   b. _____ Se saludan.

   c. _____ Se miran en silencio.

3. a. _____ Se pelean.

   b. _____ Se escriben cartas de amor.

   c. _____ Se besan.

4. a. _____ Se gritan.

   b. _____ Se miran y se hablan.

   c. _____ Se dan la mano.

Paso 2. The people that you have been seeing across the street are Luisa and her friend Roberto. She denies that they are actually lovebirds, and insists that they just meet to study and talk. Rewrite the correct statements from Paso 1 from Luisa's perspective.

MODELO: *Sí, nos damos la mano para saludarnos, pero no nos hablamos de amor.*

1. _____

2. _____

3. _____

4. _____

III. Stem-changing verbs in the present

> **Reminder:** There are three categories of stem changes (**o → ue; e → ie; e → i**) that occur in all present tense forms except **nosotros** and **vosotros**. Volver: **vuelvo, volvemos; preferir: prefiero, preferimos; repetir: repito, repetimos.**

4-8. ¿Qué prefieren?

Paso 1. What do the people below prefer to do during the following situations? Choose the most logical answer.

1. Cuando tú estás cansado/a, ¿qué prefieres hacer?
   a. Prefiero dormir.
   b. Prefiero lavar el carro.
   c. Prefiero correr por el parque.
2. Cuando tus compañeros de clase están nerviosos antes de un examen, ¿qué hacen?
   a. Toman té.
   b. Hacen ejercicio.
   c. Repiten la información en voz alta (*out loud*).
3. Cuando tus padres están aburridos, ¿qué hacen?
   a. Leen un diccionario.
   b. Piden un vaso de agua.
   c. Visitan a sus amigos.
4. Cuando tú y tus amigos están contentos, ¿qué prefieren hacer?
   a. Preferimos estudiar.
   b. Preferimos salir a bailar.
   c. Preferimos ir a la biblioteca.
5. Cuando tú y tus amigos tienen miedo, ¿qué hacen?
   a. Hacemos ejercicio.
   b. Escribimos la tarea.
   c. Nos abrazamos.

Paso 2. Answer the following questions about you and your best friend.

MODELO: ¿Cuándo comen Uds. en un restaurante?

Comemos en un restaurante cuando tenemos hambre y cuando tenemos dinero.

1. ¿Cuándo estudian?

   _____

2. ¿Cuándo se divierten más?

   _____

3. ¿Cuándo visitan al médico?

   _____

4. ¿Cuándo van al casino?

   _____

5. ¿Cuándo se ponen un suéter, pantalón largo y un abrigo?

   _____

6. ¿Cuándo asisten a la iglesia?

   _____

7. ¿Cuándo descansan?

   _____

IV. Irregular verbs in the present tense

Reminder: Irregular and stem-changing forms of six verbs.

	HACER	PONER	SALIR	TRAER	OÍR	DECIR
yo	hago	pongo	salgo	traigo	oigo	digo
tú					oyes	dices
él/ella/Ud.					oye	dice
nosotros/as		REGULAR FORMS			oímos	decimos
vosotros/as					oís	decís
ellos/ellas/Uds.					oyen	dicen

4-9. La hago y la traigo

Complete each sentence with the corresponding form of the appropriate verb from the list below.

decir	hacer	oír	poner	salir	traer

1. Como el profesor de español no habla muy alto, nosotros nunca

   _____ sus explicaciones.

2. Por eso, cuando él nos _____ algo, siempre tenemos que pedirle

   aclaraciones.

3. Yo siempre _____ la tarea en mi cuaderno para no perderla.

4. A la hora indicada, yo _____ de casa para ir a clase.

5. En casa, _____ la tarea antes de cenar.

6. Al día siguiente, _____ la tarea a la clase para entregarla.

4-10. ¿Cómo es el lugar de trabajo?

Paso 1. `AUDIO` Listen to an interview and check off all the topics that are discussed.

1. Actividades que hace durante su tiempo libre.   _____

2. Descripción de los integrantes de su familia.   _____

3. Tipo de ropa que usa en su trabajo.   _____

4. Programas preferidos de televisión.   _____

5. Características de las relaciones con los colegas de trabajo.   _____

6. Características de las relaciones con los clientes.   _____

Paso 2. `AUDIO` Listen to the interview again and answer the following questions in Spanish.

1. ¿Cuál es la profesión de la persona entrevistada (*interviewed*)?

   _____

2. ¿Qué hace en el trabajo?

   _____

3. ¿Qué prefiere hacer cuando no trabaja?

   _____

4. ¿Qué ropa se pone generalmente para trabajar?

   _____

5. ¿Cómo son sus relaciones con sus compañeros de trabajo?

   _____

6. ¿Cómo son sus relaciones con sus clientes?

   _____

V. Immediate future: *ir* + *a* + infinitive

> **Reminder:** To refer to the future in Spanish, you use the conjugated form of the verb **ir** + **a** + the infinitive form of the verb.
>
> Example: **Voy a estudiar**   *I am going to study.*

4-11. El futuro inmediato

Complete each sentence in column **A** with the appropriate ending from column **B**.
Note: The columns continue on page 104.

A	B
1. _____ Después de graduarme, yo	a. van a ir a Puerto Plata.
2. _____ Este fin de semana mis padres	b. va a corregir la tarea.
3. _____ El próximo año mis amigos y yo	c. vas a dejar tu trabajo como mesero.

4. _____ Mañana mi profesor

    d. voy a buscar trabajo como ingeniero.

5. _____ Después de ganar la lotería tú

    e. vamos a graduarnos de la universidad.

4-12. Planes para el próximo semestre

Write a sentence to describe each person's plans for next semester. Use the verbs in the list below.

tomar otra clase de español	celebrar un cumpleaños
dar dos clases	estudiar más

1. Yo _____

2. Mis compañeros/as de clase de español _____

3. Mis mejores amigos/as y yo _____

4. Mi profesor/a de español _____

VI. Adverbs that end in -mente

> **Reminder:** To form adverbs ending in **-mente**, add **-mente** to the feminine form of adjectives ending in (**-o**) (**rápido → rápidamente**). For other adjectives just add **-mente** (**fácil → fácilmente; frecuente → frecuentemente**).

4-13. Adverbios terminados en -mente

You do things differently depending upon how you feel. Use an adverb that ends in **-mente** to express how you do the things below. The following adjectives might help you, but feel free to use others as the basis for your adverbs.

frenético	frecuente	lento	cuidadoso	continuo

MODELO: Cuando tengo miedo, corro _rápidamente._

1. Cuando tengo un examen en una hora, estudio _____.

2. Cuando tengo sueño, pienso _____.

3. Cuando estoy triste, como _____.

4. Cuando estoy contento/a y voy a salir, me pongo la ropa _____.

5. Cuando tengo calor, prefiero bañarme _____.

Integración comunicativa

4-14. El empleo

Paso 1. AUDIO Listen to a portion of a job interview. Next, fill in the blanks in 1–5 with the missing information. Finally, answer question 6 using three or four sentences in Spanish.

1. La persona que hace la entrevista se llama _____.

2. La persona entrevistada se llama _____.

3. El puesto es para _____.

4. El sueldo anual es de _____.

5. El empleado necesita trabajar _____ días a la semana.

6. ¿Qué opinas tú? ¿Es el Sr. Salvador un buen aspirante? ¿Tiene las cualidades que busca el banco? Explica tu respuesta.

_____

_____

_____

_____

Paso 2. In the following cover letter, find information about Mr. Mitchell that could be used to include in his résumé (*una hoja de vida/currículo*). Write the information in the résumé template that follows the letter.

Estimado Sr. Humphrey:

Le escribo en respuesta a su anuncio en el periódico de ayer donde solicita un traductor inglés-español para su compañía. Espero que me considere para este puesto.

Tengo 24 años, soy casado y en mayo me gradúo de la Universidad de Ioumaw con una licenciatura en español. Actualmente trabajo a tiempo parcial para una joyería, mis responsabilidades incluyen traducir al español los folletos de la compañía y acompañar al dueño a las ferias para hacer de intérprete con los clientes hispanos. Los veranos suelo viajar a Costa Rica donde enseño inglés para un instituto bicultural y trato de perfeccionar el español.

Incluyo con esta carta mi currículo. El profesor Allende del Departamento de Lenguas Modernas y el señor Montague, el dueño de la joyería, se han ofrecido a enviarles cartas de recomendación. Aprecio la oportunidad de una entrevista. Puede llamarme al 292-1664 o escribirme a mi correo electrónico: AMitchell@yoda.com.

Esperando sus noticias, lo saluda atentamente,

Anthony Mitchell

Currículo

Nombre y apellido: _____

Fecha de nacimiento: 13 de marzo de _____

Nacionalidad: _____

Estado civil: _____

Teléfono: _____

Correo electrónico: _____

Estudios: _____

_____

Ocupación actual: _____

Información
adicional: _____

Referencias: _____

_____

Paso 3. What advice would you give Mr. Mitchell on writing his cover letter and résumé? Is there any information he included that should not be included? Is there any information he neglected to include that he should? Write down your suggestions below:

MODELO: Usted no necesita mencionar su estado civil en el currículo.

_____

_____

_____

_____

_____

Paso 4. AUDIO Someone is interviewing you for future employment. As you listen to the recording, the interviewer will make a statement or ask you a question, and then pause. Use this pause to think about how you should respond. Space is provided below for you to write down your responses.

1. _____

2. _____

3. _____

4. _____

5. _____

6. _____

7. _____

Comparaciones culturales

4-15. Miami, la capital de América Latina

Paso 1. After reading the following passage, rewrite the sentences below to make them correct. Then, answer question 4.

Debido a su cercanía con Cuba, Miami fue (*was*) el principal centro de reunión de los exiliados cubanos entre los años 1960 y 1970. Por eso, es común ver en las calles de la ciudad carteles que dicen: "Se habla inglés." Actualmente, la población hispanohablante de Miami constituye aproximadamente el 60% del total de la población. De hecho, la ciudad de Miami es tan (*so*) cubana que muchos residentes dicen que les gusta Miami porque "¡es una ciudad que está muy cerca de los Estados Unidos!" Sobre todo, Miami es un ejemplo de la capacidad empresarial (*entrepreneurial*) de los latinos en general.

Hoy día Miami se considera la capital de América Latina porque los latinos que trabajan en Miami son el punto de contacto entre las economías del sur de América y las del norte de América. La Pequeña Habana es la sección de Miami donde se instalaron por primera vez los exiliados cubanos. La calle principal de la Pequeña Habana es la calle Ocho (el nombre oficial). A lo largo de la calle Ocho se pueden ver banderas cubanas, gente jugando al dominó (una pasión de los caribeños) y otra gente fumando cigarros o tomando café cubano bien cargado de café y azúcar.

MODELO: El setenta por ciento de la población de Miami es hispanohablante.

El sesenta por ciento de la población de Miami es hispanohablante.

1. La mayoría de los hispanos de Miami vienen de Puerto Rico.

   _____

2. La sección de Miami ocupada por los primeros cubanos se llama La Gran Cubana.

   _____

3. A los latinos que trabajan en Miami se les concede mucha importancia histórica.

   _____

4. ¿Qué chiste (*joke*) hacen muchos residentes para decir por qué les gusta Miami?

   _____

Paso 2. Find the words in the above passage that correspond to the following definitions. Then choose another word in the passage and give a definition of your own.

1. Persona que se va de su país por razones políticas: _____

2. Bebida de color negro y muy dulce que se sirve en una taza chica:

   _____

3. Juego que contiene pequeñas piezas blancas con un número variado de

   círculos negros: _____

4. Tu definición: _____

4-16. Los dominicanos

AUDIO Listen to the following discussion on Dominicans. Then, complete the sentences that follow.

1. El tema de esta discusión es _____

2. La mayoría de los dominicanos vive en _____

3. En los 80 la emigración dominicana aumenta por _____

4. El censo de 1990 registra que viven legalmente en los Estados Unidos

   _____ de dominicanos.

4-17. El éxito en los negocios

Paso 1. Read the success stories of several Spanish-speaking business people. Match each paragraph to the corresponding drawing.

(a)

(b)

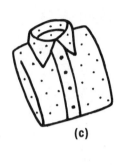
(c)

1. _____Roberto Goizueta es un cubano que emigra a los Estados Unidos después de la revolución cubana. Goizueta llega a los puestos más altos de la compañía Coca-Cola hasta alcanzar la posición de Director General, posición que ocupa por dieciséis años hasta su fallecimiento (*death*) en el año 1997. Durante la presidencia de Goizueta, Coca-Cola crece enormemente y abre nuevos mercados, incluyendo el gigantesco mercado de China.

2. _____Otra persona importante de los negocios es Óscar de La Renta. De La Renta nace en la República Dominicana y rápidamente se destaca en el área del diseño de modas (*fashion*). Se instala en Nueva York en 1960 y es el primer americano en especializarse en la moda francesa. En la década de los 90 su talento es admirado por todos y su compañía gana miles de millones de dólares con las ventas de sus diseños.

3. _____Julie (Julieta) Stav es una cubana bilingüe que ofrece consejos de inversión financiera en programas de televisión como *Despierta América* de Univisión y *The View* en la cadena ABC. Su libro *Get Your Share, Obtenga su porción* en versión española, ha obtenido muchísima popularidad en Miami, Colombia y toda América Central. Después de su divorcio, con un niño y sin dinero, Julieta leyó (*read*) sobre inversiones financieras y así comenzó una carrera muy exitosa con la que llegó a ser uno de los gurús financieros del momento.

Paso 2. Think about the qualities that it takes to succeed in business, especially in a culture and language that may not have been one's first. Write down in Spanish at least five qualities you feel these special people might have.

MODELO: *dedicado/a: Todos son muy dedicados a su trabajo.*

1. _____
2. _____
3. _____
4. _____
5. _____

Paso 3. Write your own paragraph in Spanish about a famous entrepreneur that you admire or know very well. Read it in class and see if your classmates can guess his or her name.

_____

_____

_____

_____

_____

_____

_____

4-18. Los beneficios de la siesta

Paso 1. For many Hispanics, taking naps is very common. In other cultures napping is less prevalent, and sometimes it is misunderstood by those who do not share in the custom. Below is a paragraph that will introduce you to some positive aspects of napping. Read it, then answer the questions that follow.

La siesta después de la comida es natural a causa de la constitución fisiológica del cuerpo humano. La siesta ofrece muchos beneficios. Las personas que duermen siesta tienen más resistencia al estrés, a la depresión y hasta a las enfermedades cardíacas. La siesta ideal debe durar entre veinte y ochenta minutos. Si uno duerme más de ochenta minutos puede permanecer sonámbulo por el resto de la tarde. Muchos científicos como el Dr. Maas de la Universidad de Cornell recomiendan lo que denominan el "powernap" (una siesta de aproximadamente veinte minutos) porque aumenta (_increases_) el rendimiento (_performance_) en un veinte por ciento de la población y mejora (_improves_) el descanso general durante la noche.

1. ¿Por qué hay una tendencia natural a dormir la siesta?

_____

2. ¿Cuáles son algunos beneficios de la siesta?

_____

3. ¿Qué recomiendan muchos científicos?

_____

Paso 2. Now, think of five questions about the paragraph to ask your classmates. Write down your questions below.

1. _____ .
2. _____ .
3. _____ .
4. _____ .
5. _____ .

4-19.   Hemingway y Cuba

Paso 1. WWW Go to **www.prenhall.com/impresiones** and follow the links to *Hemingway* to find out more about Hemingway's life in Cuba. Then, answer the following questions.

1. ¿Dónde vive Hemingway en Cuba?

   _____.

2. ¿Con quién vive Hemingway en Cuba?

   _____.

3. ¿Cuáles son los pasatiempos y actividades de Hemingway mientras está en Cuba?

   _____

   _____

   _____

   _____.

4. ¿Cómo se llama el cuento que escribe Hemingway sobre un pescador cubano?

   _____.

5. ¿Cuántos gatos tiene Hemingway en su finca?

   _____.

Paso 2. En tu opinión, ¿por qué le gusta Cuba a Hemingway? ¿Por qué le gusta a él vivir en Cuba?

_____

_____

_____.

Las impresiones de Guadalupe

4-20. La ropa y el clima

Paso 1. `VIDEO` Describe in Spanish the outfit that each character is wearing in this episode.

Guadalupe lleva _____

Camille lleva _____

Pablo lleva _____

El profesor Parra lleva _____

Paso 2. When Guadalupe refers to her jeans and T-shirt, she doesn't use the same words that Camille uses. Which are the two Spanish words that she uses? If you do not remember, watch the very beginning of the episode. Do you know any other words that are used in other Spanish-speaking countries to refer to these two items?

jeans: _____

T-shirt: _____

Paso 3. Based on the information given by the video, answer the following questions about weather and seasons. Observe the clothing that the characters wear.

1. ¿Qué tiempo hace cuando Camille, Pablo y Guadalupe se encuentran y hablan

   en el campus de la universidad? _____

2. ¿Qué tiempo hace cuando Guadalupe se despide del profesor Parra?

   _____

3. ¿En qué estación del año están? _____

112   Capítulo 4

4-21. ¿Qué van a hacer?

Paso 1. In this episode, there are several instances in which the characters talk about events in the immediate future. Complete each statement by matching each item in the left column with the corresponding one in the right.

1. _____ Esto va a ser

2. _____ Bueno, principalmente me va a ayudar

3. _____ A ver, voy a encontrar

4. _____ Pablo también quiere trabajar aquí, pero no va a tener

5. _____ Jordi y yo nos vamos a llevar

a. como una entrevista informal para un trabajo.

b. con su clase. . .

c. suficiente tiempo para este proyecto.

d. la parte exacta. . . ah sí, aquí estamos. . .

e. muy bien.

Paso 2. Can you remember who says what? Indicate who said each sentence listed in Paso 1.

	PABLO	GUADALUPE	CAMILLE	PROF. PARRA	JORDI
1.	_____	_____	_____	_____	_____
2.	_____	_____	_____	_____	_____
3.	_____	_____	_____	_____	_____
4.	_____	_____	_____	_____	_____
5.	_____	_____	_____	_____	_____

4-22. ¿Cómo van a ser las relaciones entre los personajes?

Paso 1. In future episodes the relationship among Guadalupe, Jordi, and Pablo is going to evolve in a rather peculiar way. Based on what you know so far, select **Cierto** (*True*), **Falso** (*False*) or **No sé** (*I don't know*) for each statement, and explain on what observations you have based your selection.

	CIERTO	FALSO	NO SÉ	RAZÓN
1. A Guadalupe le gusta Jordi.	_____	_____	_____	_____
2. A Jordi le gusta Guadalupe.	_____	_____	_____	_____
3. A Guadalupe le gusta Pablo.	_____	_____	_____	_____
4. A Pablo le gusta Guadalupe.	_____	_____	_____	_____

Paso 2. Can you predict how the relationship between Guadalupe and Pablo is going to evolve once Pablo finds out that Guadalupe got the position at the radio station? Choose one of the predictions below or write your own. Then, explain why you believe your prediction to be the most likely.

a. _____ No van a hablarse más.

b. _____ Va a haber cierta tensión, pero la relación va finalmente a mejorar.

c. _____ Van a hacerse muy buenos amigos.

d. _____ Van a tener una relación distante.

e. _____ ¿Otra posibilidad? _____

Explicación: _____

_____

Paso 3. What do Guadalupe and Pablo have to do if they want to develop a good relationship? Give three recommendations for each character.

MODELO: Guadalupe tiene que ser menos irónica con Pablo. Tiene que hablar con él sobre el trabajo en la estación de radio.

_____

_____

_____

_____

_____

_____

_____

_____

Las fiestas y las tradiciones

Vocabulario en contexto

5-1. Las fiestas y las celebraciones

Read each description below and correct the information in Spanish according to what you know about holidays and their traditions. Use the words and expressions in the following list to correct the information.

caminan	domingo	niños
champán	dulces	la Noche Vieja
el cumpleaños	enero	noviembre
el Día de los Muertos	fútbol americano	pavo
el Día de los Reyes Magos	la iglesia	la Semana Santa

MODELO: El Día de las Brujas los adultos estadounidenses van en autobús de casa en casa pidiendo juguetes.

*El Día de las Brujas, los **niños** estadounidenses **caminan** de casa en casa pidiendo **dulces**.*

1. El Día de los Enamorados se reciben regalos de los Reyes Magos. Es el 6 de julio.
2. El Día de Año Nuevo se va a fiestas elegantes y se toma café.
3. La Pascua es el viernes de la Semana de Carnaval cuando se asiste a la escuela y se hacen reuniones familiares.
4. Para el Día del Padre todos traen regalos y se come un pastel con velas.
5. El Día de Acción de Gracias se sirve lasaña, se mira un partido de béisbol en la tele y se duerme una siesta después de la cena. Es en el mes de marzo.
6. El Día del Santo, se va al cementerio, se llevan las cosas favoritas de los muertos a su tumba y se habla de la vida de los antepasados.

5-2. La familia y las fiestas

Paso 1. Your friend Cristián wrote you a letter telling you about an upcoming surprise birthday party. After reading his letter, reconstruct Cristián's family, filling in the missing information in the chart below.

¡Hola amigo!

¿Cómo te encuentras? Aquí estamos muy bien. Pronto vamos a celebrar el cumpleaños de mi hermana Natalia. Mis hermanos Francisca y Oscar y yo le vamos a dar una fiesta sorpresa. Muchas personas de mi familia van a venir. Mi tía Anita viene con su esposo Reinaldo y sus hijas Mariela, Virginia, Lila y Amalia. Mi madre es hija única, así que no tiene hermanos. Mis abuelos maternos van a venir, pero mis otros abuelos viven muy lejos y no pueden viajar. Ojalá pudieras venir tú (*I wish you were able to come*), pero sé que tienes que trabajar el día de la fiesta. Saludos para ti y tu hermana de mi parte.

Cristián

1. Cristián tiene _____ hermano(s), se llama(n) _____.

2. Cristián tiene _____ prima(s).

3. Cristián tiene _____ tío(s) y _____ tía(s).

4. La madre de Cristián tiene _____ hijo(s) y _____ hermano(s).

5. El padre de Cristián tiene _____ hermano/a(s).

6. En total, va a haber en la fiesta _____ personas de la familia de Cristián.
   _____ personas de su familia *no* van a ir.

Paso 2. Write a short letter of five to six lines back to Cristián telling him about the next holiday you plan to spend with your family. Tell him what the occasion is and which of your family members are going to be present.

Querido Cristián:

_____

_____

_____

_____

_____

5-3.   ¿Saber o conocer?

Continue your letter to Cristián by filling in the blanks below with the appropriate form of either **saber** or **conocer** according to the context.

. . . Después de ver a mi familia para ese evento, ¿ (1)_____ (tú) qué voy

a hacer? Voy a (2)_____ a los padres de mi novia Aurelia. Creo que tú

ya (3)_____ a su hermano, Ramón Gutiérrez, ¿verdad? (Yo)

(4)_____ que tú y Ramón trabajan para la misma compañía. A

propósito, ¡mis padres (5)_____ a tu jefe! Yo no lo (6)_____

personalmente, pero mis padres hablan bastante de él.

5-4. El gran misterio

There has been a crime in your neighborhood, and it is your job to help the detective determine whether this crime was committed by a serial robber he has been investigating.

Paso 1. Read the detective's notes that describe seven cases he has been investigating. Check off the points in his notes that correspond to the most recent robbery as seen in this picture.

En los siete crímenes anteriores y en este robo:

1. _____ Alguien entra en la casa por una ventana abierta.

2. _____ El criminal roba regalos de cumpleaños.

3. _____ No se lleva nada más que los regalos.

4. _____ Nadie ve al criminal.

5. _____ Nunca roba los regalos de los niños, sólo las cosas de los adultos.

6. _____ Los robos son siempre en casas grandes.

7. _____ Ningún robo tiene lugar durante la noche.

En tu opinión, ¿es este robo obra de la misma persona, o de personas diferentes? Explica tu respuesta en inglés.

_____

_____

Paso 2. AUDIO Mr. Carbón has confessed that he is a robber, but you must determine whether he committed the most recent crime. To do so, you need to review his complete statement. Listen to his taped confession and choose words from the list below to fill in the blanks in his statement. Some words may be used more than once.

algo	algunas	de algún modo	nadie	nunca	siempre	también

DETECTIVE: Señor Carbón, estoy listo para escuchar su confesión.

SR. CARBÓN: Debo decir que me siento culpable (*guilty*), y sé que necesito ayuda porque tengo un problema psicológico grave que me impulsa a robar.

DETECTIVE: Bueno. ¿Cómo comete Ud. sus robos?

SR. CARBÓN: Primero, (1) _____ me ve porque sólo robo en casas que quedan lejos de (*far from*) otras. (2) _____ casas son pequeñas, otras son grandes. No me importa el tamaño (*size*), sólo el lugar.

(3) _____ puedo entrar por una ventana abierta. La gente frecuentemente deja abiertas varias ventanas, así que es muy fácil entrar.

(4) _____ veces cometo un robo en el día de una fiesta o una celebración. Prefiero robar a un adulto: cuando robo regalos de cumpleaños, ¡los puedo abrir yo como si fuera (*as if it were*) mi cumpleaños! (5) _____ me da regalos de cumpleaños a mí; por eso tengo que robarlos. Por supuesto, si encuentro dinero, joyas (*jewels*), computadoras y otras cosas de valor, (6) _____ me las llevo (*I take them*).

(7) _____ distinto de mi método es que (8) _____ cometo los robos durante el día porque es más fácil ver las cosas de la casa, y la gente usualmente trabaja y no está.

(9) _____ robo a los niños; no es justo porque todavía son muy inocentes y no entienden nada—pero los adultos sí saben que algunas personas tienen problemas psicológicos que les hacen robar. (10) _____ espero que mis víctimas puedan perdonarme (*I hope my victims can forgive me*), aunque no se lo puedo pedir.

Paso 3. AUDIO You must determine now whether Mr. Carbón's confession matches the pattern of the most recent crime. Review his taped confession to form your opinion, then provide evidence to support your answer:

¿Cometió el Sr. Carbón el robo más reciente? (Sí/No) _____

Evidencia que apoya tu respuesta:

1. _____

   _____

2. _____

   _____

Intercambios comunicativos

5-5. Un tema polémico

Paso 1. [AUDIO] The idea of independence for Puerto Rico is a controversial issue among Puerto Ricans. Listen to two Puerto Ricans, Luis and Nini, discuss their opinions. Complete the dialogue with the expressions below, according to what you hear Luis and Nini say.

tienes razón	impuestos	en primer lugar
en mi opinión	¿qué crees?	seguro social
por otro lado	creo que estás equivocado	me parece que

LUIS: _____

NINI: _____ es el momento oportuno para recibir nuestra independencia.

LUIS: ¿Por qué crees eso?

NINI: _____ los Estados Unidos no nos da el derecho a votar por el presidente. Somos ciudadanos de segunda clase.

LUIS: Pero tampoco pagamos _____ y recibimos _____.

NINI: _____ nuestra economía y la infraestructura de la nación están en buenas condiciones y nos podemos mantener como país independiente.

LUIS: _____ pero _____ la decisión del pueblo puertorriqueño tiene que ser unánime. A muchos puertorriqueños nos gusta la relación que existe ahora entre EE.UU. y Puerto Rico.

NINI: _____ porque esta relación no va a cambiar mucho si Puerto Rico se independiza. Los dos países van a mantener buenas relaciones.

Paso 2. Write a paragraph describing the positions taken by Nini and Luis and some of the reasons they cite. Use the information in their dialogue to help you write your paragraph.

_____

_____

_____

_____

_____

Paso 3. One recent controversy in the U.S. has been the use of the phrase "under God" in the Pledge of Allegiance to the flag. List in Spanish at least three reasons in support of keeping the phrase in the pledge, and at least three reasons for removing it. You may wish to conduct some research to inform your comments.

MODELO: (A favor) *El nombre de Dios también aparece en nuestra moneda:*
"En Dios confiamos".

A FAVOR:	EN CONTRA:
1. _____	1. _____
_____	_____
2. _____	2. _____
_____	_____
3. _____	3. _____
_____	_____

Paso 4. Now that you have outlined positions on both sides of the argument, create a dialogue in Spanish between two persons of different opinion. Have them present their arguments to one another concerning the use of the phrase "under God" in the pledge, and make sure you utilize the useful expressions you have learned to ask for opinions, to express opinions, and to disagree.

_____

_____

_____

_____

_____

_____

_____

_____

_____

_____

_____

Enfoque cultural

5-6. La vida de una puertorriqueña

Paso 1. There are many activities to do in Puerto Rico. Observe the vocabulary in the phrases below. Then, match the places that Dora Varín frequents in Puerto Rico with the activities she does in each place.

EN. . .	DORA. . .
1. _____ las fondas y los bares	a. visita la fortaleza más grande del Caribe.
2. _____ la ciudad vieja de San Juan	b. toma el sol, nada y se relaja.
3. _____ las cuevas del Río Camuy	c. observa los astros.
4. _____ las playas y los balnearios	d. come y bebe.
5. _____ el bosque tropical El Yunque	e. camina por el paseo marítimo.
6. _____ el observatorio del Monte Arecibo	f. explora las cavernas de las cuevas.
7. _____ la fortaleza El Morro	g. camina por las sendas del bosque.

Paso 2. [AUDIO] Listen to Dora Varín talk about her activities. As you listen, fill in the blanks in the following schedule. Also listen to verify your answers to Paso 1. Remember, while you will hear Dora use verbs in the first person (for instance, *camino*), you will have to write them in the third person (for instance, *camina*) to describe what she does.

DÍA:	ACTIVIDAD:
lunes	_____
martes	*Camina por el paseo marítimo de la vieja ciudad.*
miércoles	_____
jueves	_____
viernes	*Observa los astros en el observatorio del Monte Arecibo.*
sábado	_____
domingo	_____

Paso 3. Write a brief paragraph stating what places in Puerto Rico you would like to visit and why. Use the places and activities you've learned about as a starting point. Make mention of at least three places, with your reasons for your choices.

MODELO: *Quiero visitar el bosque El Yunque porque me gusta la naturaleza y me gusta caminar por las sendas de un bosque.*

_____

_____

_____

_____

5-7. La música folclórica de Puerto Rico

Paso 1. AUDIO Listen to Professor Cayey explain to her Spanish class about *la décima*, an important form of Puerto Rican folk music. Then, complete the sentences below with the appropriate information.

1. La décima tiene su origen en las _____ medievales de España.

2. La décima era una canción tradicional de los _____, los campesinos de Puerto Rico.

3. Cada estrofa de la canción tiene _____ versos.

4. Cada verso tiene _____ sílabas.

5. El esquema de la rima de cada estrofa es: ABB_____A, _____CDD_____.

6. Un cantante famoso de baladas y décimas es el puertorriqueño Andrés

   _____.

7. El apodo de Andrés es "El _____".

8. Durante la _____ hay concursos para ver quién es el mejor cantante y el mejor letrista de décimas.

9. La _____ de Bacardí, que hace el ron (*rum*), patrocina (*sponsor*) algunos de estos concursos.

Paso 2. The *décima* below needs to be completed. Add an appropriate word from the following list to the end of each verse. Be sure to keep the rhyme scheme correct, as well as the correct number of syllables. Keep in mind the meanings of these verbs: vi (*I saw*); hizo (*made*); gritar (*to shout*); vino (*came*); pasó (*happened*); exclamó (*exclaimed*).

coquí	acá	Mamá	lavadora	mí	exclamó

El Coquí (*The singing tree frog*)

Qué sorpresa cuando yo vi

Jugando en la _____ (1)

La pequeña encantadora

Que, mirándome a _____ (2),

Me hizo gritar: "¡_____! (3)"

Primero vino Papá

Y luego vino _____ (4)

A ver lo que me pasó

"¡Qué risa!" él _____ (5)

"¡El coquí se lava _____! (6)"

Gramática en contexto

I. Impersonal *se*

> **Reminder:** The impersonal **se** is used to emphasize an activity rather than the agent who performs the action. Note that with the **se** construction, the verb agrees with the noun that follows the verb.
>
> **Se habla** *español.*   *Spanish **is spoken** (here).*
> **Se hablan** *varias lenguas* en Perú.   *Several languages **are spoken** in Peru.*

5-8. El se impersonal

Paso 1. As part of a community service activity, you've agreed to help create a brochure to inform people about Puerto Rico's attractions. The list of information you and your colleagues have brainstormed is in no particular order. Put each of the statements below into the category to which it pertains—historia **(H),** lugares **(L)** o tradiciones **(T)**—before designing the brochure.

1. _____ Se escuchan décimas en la Navidad.

2. _____ Hay playas bellísimas donde se toma el sol y se nada en el mar.

3. _____ Se exploran las cavernas del Río Camuy y los bosques de El Yunque.

4. _____ En la vieja ciudad de San Juan se aprecian los orígenes de la cultura puertorriqueña actual.

5. _____ Durante el Carnaval se baila en la calle, se ve a la gente disfrazada (*in costume*) y se participa en desfiles (*parades*) por el centro de la ciudad.

6. _____ Durante la Nochebuena, se puede ver varias representaciones del Nacimiento.

7. _____ Para observar las constelaciones, se puede visitar el observatorio del Monte Arecibo.

Paso 2. WWW The list of attractions above is very short, given the rich culture of Puerto Rico. Go to **www.prenhall.com/impresiones** and follow the links to information about Puerto Rico. Find one additional piece of information for each of the three categories in Paso 1 and write a sentence for each category using the impersonal **se.**

historia: _____

lugares:_____

tradiciones: _____

Paso 3. Design a brief brochure incorporating the information you learned about Puerto Rico in Pasos 1 and 2.

II. Contrasting *ser, estar,* and *haber*

> **Reminder: Estar** is used: (1) to mark location in general, (2) with adjectives, to indicate a change from the norm or from your expectations, and (3) to indicate current state of health/emotions/being. **Ser** is used: (1) to identify the location of events, and (2) with adjectives that describe nouns. **Hay** (from **haber**) is only followed by nouns. Its meaning is equivalent to English *there exist(s), there is* or *there are.*

5-9. Informe de Puerto Rico

Antonio is a *Nuyorican*, a Puerto Rican raised in New York City, who wants to give a presentation in his Spanish class about his roots. Since he has never formally studied written Spanish, he needs some help with his grammar. Check the uses of **ser, estar,** and **hay** in his presentation and correct them when appropriate.

Puerto Rico **es** (1) una isla caribeña que **hay** (2) a 1600 kilómetros al suroeste de la Florida. Puerto Rico **es** (3) un Estado Libre Asociado de EE.UU. y **está** (4) un territorio estadounidense, por lo tanto, no **es** (5) necesario pasaporte para viajar allí desde los Estados Unidos. **Es** (6) 3.9 millones de habitantes en la isla, y **hay** (7) muchos puertorriqueños que viven y trabajan en los Estados Unidos. Los idiomas oficiales de la isla **son** (8) el español y el inglés. El dólar estadounidense **está** (9) la moneda oficial en Puerto Rico.

Cuando **soy** (10) en Puerto Rico cada diciembre para visitar a mis abuelos, **estoy** (11) muy contento. La gente puertorriqueña siempre **está** (12) amable, pero durante la Navidad la gente **está** (13) super simpática y generosa. Me invitan a muchas fiestas y celebraciones donde siempre **es** (14) comida, música, y baile, pero mi fiesta favorita **es** (15) en la plaza central de Vieques. ¡Usualmente **soy** (16) cansado cuando vuelvo a Nueva York porque **son** (17) tantas actividades durante mi visita! Les recomiendo un viaje a Puerto Rico a todos mis compañeros de clase.

III. Negative expressions

> **Reminder:** For negative sentences, there must always be a negative expression before the conjugated verb (**no** or another negative expression). If you use **no** and a second negative word, the latter is always placed after the verb. **Alguno** and **ninguno** drop the final **-o** when placed before a masculine singular noun.

5-10. Expresiones negativas

Paso 1. Antonio has given his presentation, and now he must answer some questions from his classmates. Complete his answers based on the expressions in parentheses after each question.

MODELO: Antonio, cuando estás en Puerto Rico, ¿hablas inglés? (nunca)

_No, nunca hablo inglés/No, no hablo inglés nunca_____ porque mis abuelos sólo hablan español.

1. ¿Muchos de tus amigos de Nueva York te visitan en Puerto Rico en diciembre? (nadie)

   _____ porque el vuelo (*flight*) cuesta mucho.

2. ¿Gastas (*Do you spend*) mucho dinero? (nada)

   _____, pero mis abuelos ¡sí!

3. En las fiestas, ¿bailas el tango? (nunca)

   _____ porque todo el mundo allí baila salsa y merengue.

4. ¿Conoces personalmente a alguna persona famosa puertorriqueña? (ninguna)

   _____, pero quiero conocer a Marc Anthony.

Paso 2. Read Antonio's report again and think of three questions you might ask him. Write them down.

_____

_____

_____

IV. Possessive adjectives and pronouns

Reminder: Possessive adjectives

PRONOUN	SG. ADJ. AND NOUN	PL. ADJ. AND NOUN	ENGLISH
yo	mi amigo/a	mis amigos/as	*my friend/s*
tú	tu amigo/a	tus amigos/as	*your friend/s*
él/ella/Ud.	su amigo/a	sus amigos/as	*his/her/your friend/s*
nosotros/as	nuestro/a amigo/a	nuestros/as amigos/as	*our friend/s*
vosotros/as	vuestro/a amigo/a	vuestros/as amigos/as	*your friend/s*
ellos/ellas/Uds.	su amigo/a	sus amigos/as	*their/your friend/s*

5-11. Adjetivos posesivos

Write a sentence identifying an object you associate with the following people, plus a second sentence describing the item using a possessive adjective.

MODELO: Tú: Tú tienes muchos zapatos. Tus zapatos son grandes y de muchos colores.

1. Mis padres _____

2. Mi mejor amigo/a _____

3. Yo _____

4. Mi mejor amigo y yo _____

Reminder: Possessive pronouns

PRONOUN	POSSESSIVE PRONOUN
yo	mío/a/s
tú	tuyo/a/s
él/ella/Ud.	suyo/a/s
nosotros/as	nuestro/a/s
vosotros/as	vuestro/a/s
ellos/ellas/Uds.	suyo/a/s

5-12. ¿De quién son?

A group of students is moving into a new apartment. Read their conversation to figure out to whom the items in the list below belong. Write the owner's name next to each item.

MODELO: novelas: _Enrique_

1. blusa: _____

2. libros: _____

3. vestidos blancos: _____

4. computadora: _____

5. silla: _____

6. sofá: _____

7. disco compacto: _____

8. platos: _____

VERÓNICA: ¡Ay, qué desastre! ¿De quién son estas novelas?

ENRIQUE: ¿No son mías?

VERÓNICA: Sí, y esa blusa que tienes es mía.

PAMELA: Los libros son míos, pero ¿son tuyos estos vestidos blancos, Verónica? No son míos.

VERÓNICA: No, no son míos tampoco. Tal vez son de la inquilina (*tenant*) anterior...

PAMELA: ¿Quién sabe? A ver si esa misteriosa inquilina anterior tiene algo más por aquí...

ENRIQUE: A trabajar, ¿eh? Sé que esta computadora es nuestra, y la silla es mía, pero no reconozco ese sofá. ¿Es el sofá que nos prestaron Marisol y Rosalinda?

PAMELA: Sí, es su sofá pero va a ser nuestro por este año. ¡Qué amables son! Aquí hay un disco compacto mío, pero ¿dónde están los otros?

VERÓNICA: No sé, ¡pero estos platos no son nuestros! ¡Tiene que ser que nuestras cosas están mezcladas con las de otro apartamento!

V. Introduction to indirect object pronouns: Singular and plural

Reminder: The indirect object is the entity that benefits or is the recipient in a situation.

	SINGULAR	PLURAL
Primera persona	**me** (*to me, for me*)	**nos** (*to us, for us*)
Segunda persona	**te** (*to you, for you*)	**les** (*to you, for you all*)
Tercera persona	**le** (*to/for him, her, you*)	**les** (*to/for them, you all*)

5-13. Pronombres de objeto indirecto

Paso 1. [AUDIO] Enrique is a practical joker and has decided to play a prank on his new roommates, Pamela and Verónica. First read through the incomplete conversation below between Enrique and his friend Marcos to get the idea of what Enrique plans. Then listen to their conversation and fill in the blanks in the paragraph below with the indirect object pronouns they use.

ENRIQUE: Pamela y Verónica piensan que son muy chistosas. Siempre (1) _____ dicen cosas ridículas, pero vamos a ver quién es el más chistoso (*the funniest*) aquí. Mañana (2) _____ dejo una invitación a una fiesta en tu casa, Marcos, si tú (3) _____ haces el favor de ayudarme.

MARCOS: Por supuesto. Si quieres, (4) _____ mando (*I'll send*) una invitación verdadera.

ENRIQUE: Buena idea. Tiene que ser una fiesta "temática". . . todos tienen que llevar ropa blanca. Y cuando (5) _____ pregunten si es formal, tú (6) _____ dices que deben llevar vestido.

MARCOS: Está bien. ¿Qué vas a hacer tú?

ENRIQUE: Yo (7) _____ voy a "robar" toda la ropa blanca que tienen, y (8) _____ voy a ofrecer un préstamo (*loan*). Claro que el préstamo va a ser los vestidos blancos que encontramos en nuestro nuevo apartamento.

MARCOS: ¡Qué chistoso! (9) _____ parece una excelente broma (*prank*).

Paso 2. Review Enrique's plans and circle the pictures that represent his plans.

Paso 3. How does the joke that Enrique pulls on his roommates end? Write the answer here. _____

_____

VI. Verbs similar to *gustar*

> **Reminder:** The subject of **gustar** (and similar verbs) is placed after the verb. The indirect object pronoun is placed before the verb: **me gusta, nos encanta, te parece, les cae bien,** etc.

5-14. Gustar y verbos similares

Paso 1. Nobody has the same opinion about April Fool's Day. Read the statements below about this tradition of practical jokes (**bromas**), and indicate your agreement with a check mark.

1. _____ A mí no me gusta mucho esta tradición. Algunas personas gastan bromas pesadas que no son nada chistosas.

2. _____ A nosotros nos parece tonta la tradición, pero no nos importan las bromas.

3. _____ Sé que a mis hijos les encanta ese día. Siempre hay algún compañero de clase que hace una broma durante una clase e interrumpe la lección.

4. _____ Me gustan las bromas a veces, pero en otros momentos me caen mal las personas que las hacen.

Paso 2. Choose another tradition that you are familiar with and write three sentences describing your opinion about it.

_____

_____

_____

_____

_____

Integración comunicativa

5-15.   Las fiestas patronales de Puerto Rico

Paso 1. AUDIO Listen to the recording, then fill in the missing words about celebrations throughout Puerto Rico.

Cada ciudad de Puerto Rico celebra una fiesta patronal en honor de su santo patrón. Hay procesiones (1) _____ y a veces estas celebraciones tienen elementos de origen (2) _____ o indígena. Cada fiesta dura diez (3) _____ y las actividades se (4) _____ de noche durante la (5) _____ y todo el día durante el fin de semana. En la ciudad de Lajas, el santo (6) _____ es la Virgen de la Candelaria y la fiesta comienza el dos de (7) _____. En Arecibo la fiesta del Apóstol San Felipe comienza el primero de (8) _____.

Paso 2. Reread the passage above, and then answer the following questions.

1. ¿Qué celebra cada ciudad de Puerto Rico?

    _____

2. ¿Cuántos días duran las fiestas?

    _____

3. ¿Quién es el santo patrón de la ciudad de Arecibo?

    _____

4. ¿Cuándo comienza la fiesta patronal de la ciudad de Lajas?

    _____

Paso 3. AUDIO Listen to the conversation between two students who are studying the celebrations of different cities in Puerto Rico. Then, fill in the blanks with the missing information.

PUEBLO:	SANTO PATRÓN:	FECHA:
_____	San Miguel Arcángel	29 de septiembre
Barceloneta	_____	16 de julio
Rincón	Santa Rosa de Lima	_____
Ceiba	_____	13 de junio

Paso 4. Write in Spanish words that you associate with the following celebrations. Add another celebration and describe it as well.

1. Fiesta de San Patricio: irlandeses, trébol (*clover*), _____

    _____

2. Mardi Gras: Luisiana, collares, _____

_____

3. _____

_____

Paso 5. You have been asked by your local community to create a new festival to celebrate an event important to the community. Answer the following questions about your celebration, then put the information together in paragraph form.

1. ¿Cómo se llama la celebración?

_____

2. ¿Por qué merece (*merits*) un día especial?

_____

_____

3. ¿Cuál es la fecha más apropiada para la celebración?

_____

4. ¿Cómo es la celebración? Descríbela.

_____

_____

_____

5. ¿Cuál es el nombre de una persona famosa que pueda colaborar en la nueva celebración?

_____

6. Explica por qué esa persona famosa es la persona más apropiada para patrocinar (*host*) la nueva celebración.

_____

_____

Tú párrafo:

_____

_____

_____

_____

_____

_____

_____

_____

_____

_____

_____

Comparaciones culturales

5-16. Don Luis Muñoz Marín

Paso 1. One of the most important persons in the history of twentieth-century Puerto Rico was José Luis Alberto Muñoz Marín. Read about what he accomplished for Puerto Rico in the following passage. After each paragraph, write a sentence or two summarizing what you consider to be the main idea(s) of the paragraph.

1. José Luis Alberto Muñoz Marín nace el 18 de febrero de 1898 en el viejo San Juan, unos meses antes de la invasión americana. Su padre es Ministro de Gracia y Justicia. Su madre es hija del dueño del periódico de Ponce *El Cronista*. El joven Luis viaja mucho a Estados Unidos. Asiste a escuelas en Puerto Rico y en EE.UU. En 1911 estudia en Georgetown Preparatory School, en Washington. La primera carrera de Luis es la de cuentista: escribe cuentos y novelas cortas. Su primer libro de cuentos se llama *Borrones*. En 1919 se casa con su primera esposa, Muna Lee y la pareja tiene dos hijos: Munita y Luis.

    Resumen: _____

    _____

    _____.

2. En 1932 Luis asume la dirección del periódico de su abuelo materno y le cambia el título a *La Democracia*. Ya hace diez años que Luis está interesado en el mundo político y es miembro del Partido Liberal. Luis se interesa particularmente en los problemas de los trabajadores y los campesinos y las injusticias que sufren. Es elegido senador en 1933.

    Resumen: _____

    _____

    _____.

3. En 1938 el Sr. Muñoz funda un nuevo partido político que se llama Partido Popular Democrático. Viaja por todo el país, especialmente por los lugares rurales y habla con los jíbaros, los campesinos, los trabajadores y los pobres sobre cómo es posible mejorar las condiciones del país. Durante estos viajes el Sr. Muñoz conoce a su segunda esposa, Inés María Mendoza, una educadora. En 1940 Muñoz es elegido senador otra vez y llega a ser presidente del senado.

    Resumen: _____

    _____

    _____.

4. En 1948 se le da al pueblo puertorriqueño el derecho de elegir a su propio gobernador. Se elige a Luiz Muñoz. Muñoz es gobernador de Puerto Rico de 1949 a 1964. Durante esta época él se encarga de tres proyectos importantes: la operación Manos a la Obra, la operación Estado Libre Asociado y la operación Serenidad. La operación Manos a la Obra desarrolla la economía de la isla. La operación Estado Libre Asociado reforma la condición política de Puerto Rico: redacta su propia constitución, levanta su propia bandera y recibe más

autonomía. La operación Serenidad desarrolla el área cultural e impulsa las bellas artes por todo el país.

Resumen: _____

_____

_____.

5. Muñoz es elegido senador otra vez en 1965. En 1970 renuncia a su puesto en el senado y se va a Europa. Regresa a Puerto Rico en 1972. José Luiz Alberto Muñoz Marín muere el 30 de abril de 1980 en San Juan.

Resumen: _____

_____

_____.

Paso 2. Combine your **resúmenes** in one summary paragraph about **señor** Muñoz.

_____

_____

_____

_____

_____

_____

Paso 3. Write three questions and their answers in Spanish, based on the passage about José Luis Muñoz.

Pregunta 1: _____

Respuesta 1: _____

Pregunta 2: _____

Respuesta 2: _____

Pregunta 3: _____

Respuesta 3: _____

Paso 4. Think of an individual who, like Mr. Muñoz, has had an important impact on society, either at the local, regional, national, or world level. Write a paragraph in Spanish describing this person and his or her accomplishments.

MODELO: En mi opinión una persona que se parece al Sr. Muñoz es el ex-presidente Carter. Como presidente, Carter establece mejores relaciones con Cuba. Después de su presidencia, Carter fomenta mejores condiciones económicas, políticas y sociales en muchas partes del mundo. . .

_____

_____

_____

_____

_____

_____

5-17. El Coquí

Paso 1. AUDIO Listen as someone talks about **el coquí.** Complete the sentences below with the information you hear.

1. El coquí es un tipo de _____.

2. Vive en los _____ tropicales de la isla.

3. Es muy _____ y por eso es difícil de encontrar.

4. Hace un _____ distintivo que se escucha por todo el país.

5. Es más que un animalito que vive en El Yunque. Es un _____ nacional.

Paso 2. What other animal can you name that is used as a symbol of a nation? Write a few sentences in Spanish, similar to those above, that describe the animal and its symbolic importance.

_____

_____

_____

_____

_____

_____

_____

_____

5-18. Palabras comunes de Puerto Rico.

AUDIO Below are some words commonly used in Puerto Rico to describe places. Listen as their definitions are given. Write them down, then choose two of the words to use in original sentences.

1. la lechonera:

_____

2. la fonda:

_____

3. el balneario:

_____

4. el colmado:

_____

Frases originales:

1. _____

2. _____

5-19. Cuestión de opiniones

Paso 1. VIDEO Choose the appropriate verb from the list below to complete the following statements about this episode of the video. Be sure to conjugate the verbs correctly.

encantar	parecer	interesar	faltar	caer bien

1. A la estación de radio le _____ fondos; por eso Guadalupe y Jordi

   tienen que pensar en ideas para obtener dinero.

2. Según el profesor Parra, la idea del festival de comida es buena porque a todos

   nos _____ comer y se puede ganar mucho dinero.

3. Al profesor Parra le _____ que la idea de la subasta (*auction*) es

   arriesgada (*risky*) y que el diseño de playeras puede tomar mucho tiempo.

4. Está claro que a Guadalupe le _____ tener una buena relación con

   Jordi y que a Jordi le _____ Guadalupe.

Paso 2. What do you think about the food festival that Guadalupe and Jordi are planning? Based on their description of the festival, complete three of the statements below to give your opinion.

(No) Me interesa/n _____

(No) Me gusta/n _____

Me encanta/n _____

(No) Me parece/n _____

5-20. ¿Cómo se puede organizar mejor el festival?

Paso 1. Indicate whether the statements below are associated with Guadalupe or Jordi.

1. Conoce a personas que saben organizar subastas. _____

2. Sus amigos dicen que sabe cómo vender todo tipo de cosas. _____

Paso 2. ¿Qué les puede ser útil (*useful*) saber a Guadalupe y a Jordi para organizar un festival de comida exitoso? ¿Es útil conocer ciertos lugares o personas? Haz una lista de lo que piensas que es útil saber o conocer.

Es útil saber:

el nombre de platos populares _____

de los países hispanos _____

_____

_____

_____

Es útil conocer:

a muchos estudiantes _____

_____

_____

_____

5-21. ¿Cómo hablan los personajes?

Paso 1. Professor Parra is talking to Guadalupe and Jordi. Some of the words he uses are underlined. Match each underlined word with its synonym in the list below.

—Bueno, para eso son estos <u>mitins</u>, para poner las ideas sobre la mesa y entonces decidimos.

—¡Qué bien! Y como la <u>guagua</u> de la universidad pasa por los barrios vecinos, Uds. también pueden vender los <u>tickets</u> por ahí. Así integramos a toda la comunidad.

—¡Ay bendito! Sí, tengo mis <u>espejuelos</u>. ¿Saben una cosa? Hoy es mi cumpleaños y voy a llegar tarde a mi propia fiesta.

1. _____ guagua   a. boletos

2. _____ tickets   b. lentes

3. _____ mitins   c. autobús

4. _____ espejuelos   d. reuniones

Paso 2. At the end of this episode, Professor Parra tells Guadalupe(**G**) and Jordi(**J**) that it's his birthday. Who used each expression to wish him well?

1. _____ Felicidades.

2. _____ ¡Feliz cumpleaños!

6 Las comidas y la conversación

Vocabulario en contexto

6-1. **¿Cómo pasan el tiempo libre los jóvenes en las ciudades españolas?**

Paso 1. AUDIO Almudena Gil, a woman from Madrid, goes out with her friends every Friday night. Listen to Almudena and write down the activities she does. The list of possible activities below may be helpful.

pasear por	ir de tapas	cenar	visitar	desayunar	tomar copas	bailar

Actividad/Actividades   **Lugares**

1. _____   Café Central

2. _____   casa de un amigo

3. _____   bares de la calle Huertas

4. _____   restaurante favorito

5. _____   discoteca

Paso 2. AUDIO Listen to the recording again and then define what **cañas** and **tapas** are, based on Almudena's explanation.

1. Las cañas son_____

   _____.

2. Las tapas son_____

   _____.

Paso 3. How does Almudena's night out with friends compare to your idea of having fun with friends? Write a paragraph of five to seven sentences describing what you and your friends or family typically do for fun and the places you visit.

MODELO: *Vivo en Baton Rouge. A mis amigos y a mí nos gusta ir a Nueva Orleans los sábados. Paseamos por el paseo marítimo, visitamos el Barrio Francés* (French Quarter) *donde hacemos compras y almorzamos. Luego. . .*

_____

_____

_____

_____

_____

_____

_____

6-2. Un lugar para cada cosa

Paso 1. AUDIO Laura is very busy every day. Listen to her description of her week to complete the chart. Fill in her missing activities and the places where she does them according to the days and times of the activities. **m.** means **mañana, t. tarde,** and **n. noche.**

DÍAS Y HORAS	ACTIVIDAD	LUGAR
todos los días: 11 n.	*duerme*	*casa*
martes a viernes: 9 m. y sábado: 3 t.	(1) _____	oficina
lunes: 10 m.	se encuentra con amigos	playa
lunes: mediodía	almuerza	(2) _____
lunes: 4 t.	(3) _____	universidad
lunes: 6 t.	charla con amigos	(4) _____
martes: 4 t.	ve los animales	(5) _____
miércoles: 8 n.	(6) _____	(7) _____
jueves: 6 t.	juega al fútbol	(8) _____
viernes: 10:15 n.	(9) _____	discoteca

Paso 2. AUDIO Listen to Laura's schedule again. Write down the time she finishes doing each activity.

MODELO: Duerme todos los días de 11 p.m. a *5:30 a.m.*

1. Trabaja de martes a viernes de 9 a _____ y los sábados de

   3 a _____.

2. Va a la playa los lunes de 10 a _____.

3. Los lunes va al teatro de 4 a _____.

4. Los lunes va a un café de 6 a _____.

5. Los martes va al zoológico de 4 a _____.

6. Los miércoles va al cine de 8 a _____.

7. Los jueves juega al fútbol hasta las _____.

8. Los viernes sale de 10:15 a _____ de la mañana.

Paso 3. Using the information you have about Laura's activities and schedule, answer the questions below.

1. ¿Qué lugar quiere visitar Laura que no visita ahora? _____

2. ¿A qué horas se puede visitar ese lugar? _____

3. ¿Qué día(s) tiene tiempo Laura de visitar ese lugar cuando el lugar está abierto

   (*open*)? _____

6-3.   Ritmos latinos

Paso 1. You've learned about several Latin rhythms and dances, some of which are popular in the United States. Now, show your knowledge about other music and dance styles in the United States by matching the Latin dance name in column A with the items in column B that have similar characteristics.

COLUMN A	COLUMN B
1. _____ bolero: lento	a. *country and western "two step"*
2. _____ tango: sensual	b. *breakdancing*
3. _____ candombe: rápido	c. *reggae*
4. _____ cumbia: parece fácil	d. *waltz*
5. _____ merengue: dinámico	e. *Cajun dance*
6. _____ salsa: se mueven las caderas	f. *the Macarena*
7. _____ flamenco: elegante	g. *square dance*
8. _____ ranchera: alegre	h. *hip hop*

Paso 2. Latin rhythms are not the only styles of music popular in the Hispanic world. Go to the *Impresiones* Web site at **http://www.prenhall.com/impresiones** and follow the newspaper links to the entertainment listings. Find two musical groups or styles of music that are reported as being currently popular.

1. _____

2. _____

6-4.   Invitaciones

Paso 1. What would you say to the following invitations? Write your response in Spanish.

1. ¿Tienes planes para este fin de semana? Si quieres, te puedo enseñar a bailar la Macarena.

   _____

2. Oye, ¿te interesa limpiar mi casa esta noche?

   _____

3. ¿Qué te parece si mañana vamos a la casa de mis padres para la cena? Mi madre sabe muchas recetas deliciosas y cocina muy bien.

   _____

Paso 2. Now write two invitations that you would definitely accept.

1. _____

2. _____

6-5. Lugares para tomar algo y conversar

Paso 1. [AUDIO] Debby has a habit of wanting her friend Florys to guess where she is calling from as a way to entice Florys to join her wherever she is. Listen to Debby's phone messages to figure out from her clues which of the following places she is at:

	BAR	DISCOTECA	RESTAURANTE
1. Primera llamada	_____	_____	_____
2. Segunda llamada	_____	_____	_____
3. Tercera llamada	_____	_____	_____

Paso 2. [AUDIO] Listen to Debby's messages again and write down the expression she uses to invite Florys out.

1. _____

2. _____

3. _____

6-6. La comida y la bebida

Paso 1. What is it unlikely for the following people to consume? Choose at least two items from the list of foods that each person probably would not eat or drink. Use each item only once.

carne de res	cerveza	flan
langosta	pavo	refrescos

1. Un vegetariano usualmente no come/toma _____ porque sólo puede comer legumbres.

2. Un nutricionista no come/toma _____ frecuentemente porque contienen mucho azúcar.

3. Un niño de seis meses no come/toma _____ porque no tiene dientes y el alcohol no es bueno para su salud.

Paso 2. Which foods or drinks are these same people quite likely to consume?

agua	calabacín	cereal
leche	pollo	zanahorias

1. Un vegetariano usualmente come _____ porque las legumbres anaranjadas contienen muchas vitaminas necesarias.

2. Un nutricionista toma/come _____ y _____ frecuentemente porque el primero es un líquido esencial, y el segundo es mejor para la salud que la carne roja.

3. Un niño de seis meses toma/come _____ ; tiene una dieta muy limitada todavía.

Paso 3. What do you eat and drink in a typical day? Write a list of at least five items that you consume in a normal day.

_____

_____

Intercambios comunicativos

6-7. ¿Cómo se dice?

Paso 1. Sometimes we are unable to think of the word we wish to say. One strategy we can use is to describe the word and thereby allow our listener to understand our meaning and intent. This strategy of circumlocution is particularly useful when learning a second language. Below are some definitions given by second-language learners of Spanish for specific vocabulary words. Match their definitions on the left to the appropriate vocabulary words on the right.

1. _____ Es la persona que te sirve la comida en un restaurante.   a. la propina

2. _____ Es lo que debes pagar después de comer en un restaurante.   b. la caña

3. _____ Es el dinero que le das a la persona que te sirve cuando el servicio es bueno.   c. el aperitivo

4. _____ Es un vasito de cerveza que te sirven en los bares de España.   d. la cuenta

5. _____ Es la comida en miniatura que comes cuando vas a un bar. Por ejemplo, las aceitunas y las sardinas.   e. el camarero

Paso 2. Make up definitions in Spanish for the following vocabulary words associated with food.

1. el cocinero (_chef_): _____

_____.

2. la entrada (_starter_): _____

_____.

3. el plato principal (_main course_): _____

_____.

4. el postre (_dessert_): _____

_____.

Paso 3. AUDIO Listen as someone describes some of the following foods. Check off all the items that are described.

1. _____ el café   5. _____ el bistec

2. _____ la ensalada de frutas   6. _____ la chuleta de cerdo

3. _____ el jugo   7. _____ la mostaza

4. _____ la mayonesa   8. _____ la ensalada mixta

Enfoque cultural

6-8. El flamenco

Paso 1. AUDIO One of the most well-known images of Spain is the flamenco dance. Listen to the narration and complete the following sentences with the expressions listed below.

bailaor	baile	chico	feliz	música	serias
sofisticado	sur	tablaos	tacones	tristes	único

1. El flamenco nace en el _____ de España.

2. Tiene tres aspectos importantes: la guitarra, el _____ y el cante.

3. El cante es la manera de cantar la _____ del flamenco.

4. Hay dos tipos principales de cante: el jondo y el _____.

5. La música y la canción del jondo son _____ porque. . .

6. . . .representan los sentimientos _____ de la gente.

7. El chico, por otro lado, es una canción _____.

8. El baile del flamenco es muy _____.

9. La persona que baila el flamenco se llama el _____.

10. Los zapatos o las botas del bailaor tienen chinchetas en las suelas y en los

    _____.

11. La guitarra que acompaña el flamenco produce un sonido distinto y

    _____.

12. Si quieres ver flamenco, visita los clubes flamencos que también se llaman

    _____.

Paso 2. Based on your answers in Paso 1, match these expressions with their definitions.

1. _____ los tablaos

2. _____ el chico

3. _____ el bailaor

4. _____ triste

5. _____ único

6. _____ el tacón

a. Es la parte de un zapato que apoya (*supports*) la parte posterior del pie.

b. Significa extraordinario e inusual.

c. Son los clubes donde se presenta el flamenco.

d. Es el modo de cantar flamenco alegre y feliz.

e. Es un sentimiento que sientes cuando no estás feliz.

f. Es la persona que baila el flamenco.

Paso 3. Write three questions and their answers related to the art of flamenco dancing.

MODELO: *¿Cómo se llama la persona que baila flamenco?*

La persona que baila flamenco se llama el bailaor.

1. Pregunta: _____

 Respuesta: _____

2. Pregunta: _____

 Respuesta: _____

3. Pregunta: _____

 Respuesta: _____

6-9.   Algunas regiones de España: Andalucía y Cataluña

Paso 1. `AUDIO` The regions of Spain are rich in culture, geography, language, history, and more. We will take a brief look at two of Spain's regions: Andalucía and Cataluña. Listen to a tourist announcement for Andalucía. Based on what you hear, write down two reasons why someone would want to visit the region.

MODELO: Es la región donde se origina el flamenco.

Razón 1:

_____

_____

Razón 2:

_____

_____.

Paso 2. One city of Andalucía which is representative of its rich cultural history is Córdoba. After reading the following passage, complete the chart below.

Los romanos llegan a España en el siglo III antes de Cristo. Llaman a la península *Hispania.* En el sur de España fundan la ciudad de Córdoba. Córdoba está cerca del río Guadalquivir y por este río los romanos exportan a Roma los productos de España como el aceite de oliva y el vino. Cuando llegan a España los moros y musulmanes del norte de África, en el siglo VIII después de Cristo, conquistan casi toda la península y escogen Córdoba como capital de su reino, que se llama El-Andalus. Los moros construyen en Córdoba una de las más bellas mezquitas de todo el mundo. En el idioma español todavía se usan muchas palabras de origen árabe, por ejemplo, *almohada, álgebra* y *ojalá*. Los cristianos reconquistan la ciudad de Córdoba en el año 1236. Les encanta la belleza de la mezquita y construyen su catedral en el interior, sin destruir la mezquita. Durante mucho tiempo los judíos también residen en Córdoba y construyen allí una sinagoga que aún se puede visitar hoy día. La sección medieval de la ciudad todavía conserva el nombre de "La Judería". Como se ve, la ciudad de Córdoba tiene una historia muy interesante y es una mezcla de varias culturas y religiones.

GRUPO	¿CUÁNDO?	¿QUÉ HACEN?
1. _____	siglo III a.C.	Fundan la ciudad; exportan productos a Roma; llaman a la península *Hispania.*
2. _____	siglo VIII d.C.	3. _____
		4. _____
5. _____	6. _____	Construyen su catedral en el interior de la mezquita.
7. _____	época medieval	Hoy día la sección medieval de la ciudad se llama "La Judería".

Paso 3. AUDIO Now we will take a brief look at another region of Spain: Cataluña. Listen to the narration on Cataluña and decide whether the statements that follow are true (**Cierto**) or false (**Falso**).

1. _____ La región está en el noreste de España cerca de Francia y del Mediterráneo.

2. _____ En tiempos antiguos los chinos comercian con las zonas de la costa de la región.

3. _____ Después de los romanos, la región es conquistada por los francos.

4. _____ El rey de los francos se llama Carlos Moreno.

5. _____ El idioma regional de Cataluña se llama catalán y es similar al idioma provenzal.

6. _____ La única lengua oficial de la región es el español porque hoy día no hay muchas personas que hablen catalán.

7. _____ La ciudad más importante de Cataluña se llama Aragón.

Paso 4. For each false statement of Paso 3, rewrite it below so that it is true.

MODELO: En tiempos antiguos los griegos y los romanos comercian con las zonas de la costa de la región.

1. _____

_____.

2. _____

_____.

3. _____

_____.

Paso 5. AUDIO Listen to the narration again and answer the following questions.

1. ¿En qué año llega a ser el catalán una de las lenguas oficiales de la región?

_____

2. ¿Cuántos millones de personas hablan el catalán como lengua nativa?

_____

3. ¿En qué año elige Cataluña su propio parlamento como región autónoma?

_____

Paso 6. AUDIO One of the most important and most interesting cities in Cataluña is Barcelona. Listen to the following narration by Wendy, a North American who travels to Barcelona every summer, and mark on the map the places she mentions.

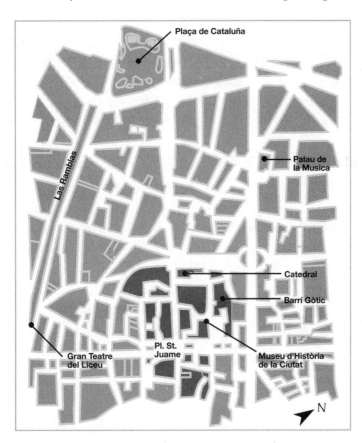

Paso 7. AUDIO Listen to Wendy's narration again and verify whether she made the following recommendations (**Sí** o **No**).

1. _____ Ve a Las Ramblas.

2. _____ Habla con las personas que están en el bulevar por la noche.

3. _____ Toma muchas bebidas alcohólicas diferentes.

4. _____ Mira los tragafuegos (*fireeaters*), los mimos (*mimes*), los malabaristas (*jugglers*) y los bailarines (*dancers*) en la Plaza de Cataluña.

5. _____ Practica trucos (*tricks*) especiales con los malabaristas.

6. _____ Entra en la gran catedral de la ciudad.

7. _____ Evita mirar los bailes de la sardana porque no son divertidos.

Paso 8. Write in Spanish at least two interesting facts that Wendy mentions about Barcelona that you have not seen mentioned in the previous pasos.

1. _____

_____

2. _____

_____

I. Ordinal adjectives

> **Reminder:**
> Ordinal adjectives agree in gender and number with the noun they modify: **primero, primera, primeros, primeras.** When the ordinal numerals **primero** and **tercero** are in masculine singular form, they lose the final **-o** before a noun: **primer hijo.**

6-10.   ¿En qué orden occurió?

You've learned a little about southern Spain and its history. Now test your knowledge. Put the events listed below in order without looking back in your textbook. Use the clues in the sentences to figure out the order of events, and then fill in the blanks with an appropriate ordinal adjective.

MODELO: Los cristianos construyen su catedral sin destruir la mezquita y los judíos viven en Córdoba y construyen su sinagoga. Es el _quinto_ evento.

1. En el sur de España fundan la ciudad de Córdoba. Es el _____ evento.

2. Los cristianos reconquistan la ciudad de Córdoba. Es el _____ evento.

3. Los moros y musulmanes conquistan casi toda la península y escogen Córdoba como capital de su reino. Es el _____ evento.

4. Los romanos llegan a España. Es el _____ evento.

6-11. Más hechos históricos

Learn some interesting tidbits about Spain by using logic, context, and your knowledge of grammar (especially gender and number agreement) to complete the following sentences with the words from the list below.

primer	primera	quinto	segunda	séptima

1. Los íberos fueron *(were)* el _____ grupo en llegar a la península española desde África. El nombre de Península Ibérica se deriva del nombre de este grupo.

2. Camilo José Cela gana el Premio Nobel en 1989; es el _____ autor español honrado con este premio.

3. Antes de la presente constitución hubo *(there was)* en España seis constituciones completamente articuladas. La constitución actual de 1978 es la _____ constitución del país.

4. En toda España el español es la lengua oficial, pero en el País Vasco y en Navarra hay otra lengua oficial: el euskera; en Galicia la _____ lengua oficial es el gallego y en Cataluña, el catalán.

5. El 1º de octubre de 1936 el general Franco inicia la _____ dictadura española del siglo XX.

II. Direct object pronouns: *lo* and *la*

Reminder: All direct object pronouns are used to avoid the repetition of nouns. The pronouns agree in person, number, and gender with the nouns they replace.

SUBJECT PRONOUNS	DIRECT OBJECT PRONOUNS
él (and masculine nouns)	**lo**
ella (and feminine nouns)	**la**

6-12. ¿Lo o la?

Paso 1. In the sentences below, underline the direct object pronouns and identify the noun (a person or a thing) to which each direct object pronoun (**lo** o **la**) refers. (Remember that **la** can also be the definite article *the.*)

MODELO: ¿Puedes ver a Juan Marcos?

—Sí, lo veo allá con Adriana. *lo: Juan Marcos*

Todos los domingos mi madre prepara una paella. La prepara con mariscos y pollo. Usualmente la comemos alrededor de las tres de la tarde. El domingo es siempre un día de fiesta en mi casa.

1. _____

2. _____

—Señora Pérez, ¿quién la acompaña al concierto?

—Mi hija. ¿Y a usted, señor Prieto, quién lo acompaña?

—Mi hermana.

3. _____

4. _____

Paso 2. Underline the direct object in each of the following questions. Be careful! Not all of the questions have one.

MODELO: Generalmente, ¿dónde pones la tarea?: *Generalmente, ¿dónde pones la tarea?*

¿Manejas a clase todos los días?: *No hay complemento directo.*

1. ¿Sabes el nombre del rey de España? _____

2. ¿Conoces a la Familia Real de España? _____

3. ¿Lees el periódico *El País* para tener noticias de España?

   _____

4. ¿Vas al cine para ver películas españolas, por ejemplo las del famoso director Almodóvar? _____

5. ¿Trabajas o estudias con una persona española? _____

Paso 3. Now answer the questions in Paso 2 using an appropriate direct object pronoun where possible.

MODELO: ¿Dónde pones la tarea generalmente? *La pongo en mi escritorio.*

¿Manejas a clase todos los días? *No, no manejo a clase todos los días.*

1. _____

2. _____

3. _____

4. _____

5. _____

III. Direct object pronouns: *me* and *te*

Reminder:

SUBJECT PRONOUNS	DIRECT OBJECT PRONOUNS
yo	me
tú	te

6-13.   ¿Me acompañas?

Paso 1. Circle the most logical response from the choices given.

SEBASTIÁN: ¿Te conozco?

PILAR: (1) a. Sí, me conozco. b. Sí, me conoces. c. Sí, te conozco. d. Sí te conoces. Soy Pilar, la hermana de tu amiga Francisca.

SEBASTIÁN: Ah, ¡sí! ¡Qué coincidencia! Voy a ver a Francisca ahora. La veo todos los viernes en la biblioteca. (2) a. ¿Me acompaño. . . b. ¿Me acompañas. . . c. ¿Te acompañas. . . d. ¿Te acompañas. . . a la biblioteca a verla?

PILAR: ¡Qué buena idea! Necesito hablar con ella.

Paso 2. Complete the conversation between Pilar and Francisca using the direct object pronouns **me** and **te.**

Pilar: Hola Francisca. Sebastián y yo (1) _____ buscamos (*we searched*) por todas partes, ¡por fin (2) _____ encontramos!

Francisca: ¡Bienvenidos a mi lugar secreto para estudiar en silencio! Pero, ¿por qué (3) _____ buscas, Pilar? ¿Hay algún problema?

Pilar: No, sólo para decirte que (4) _____ espero en la cafetería a las cuatro y no a las tres. Hay una charla para estudiantes extranjeros sobre el gobierno (*government*) español a las tres, y la quiero oír.

Francisca: Está bien. (5) _____ veo a las cuatro entonces.

IV. Direct object pronouns: *nos, los,* and *las*

Reminder:

SUBJECT PRONOUNS	DIRECT OBJECT PRONOUNS
nosotros	**nos**
Uds.	**los/las**
ellos (and plural masc. nouns)	**los**
ellas (and plural fem. nouns)	**las**

6-14. Nos, los y las

Paso 1. Pilar picked up a handout summarizing the presentation about the Spanish government. As you read it, identify the noun (a person or a thing) referred to by each of the plural direct object pronouns (**nos**, **los** o **las**).

En 1978 los ciudadanos españoles aprobamos (*approved*) la séptima constitución española. Según la constitución, España es una monarquía parlamentaria. El rey es el Jefe de las Fuerzas Armadas; es decir, **las** (1) dirige (*directs*) de una manera similar al presidente estadounidense. El Parlamento tiene dos divisiones principales o cámaras: el congreso (*the Lower House*) y el senado (*the Upper House*). Estas cámaras **las** (2) llenamos con representantes elegidos (*elected*). **Los** (3) elegimos (*elect*) en elecciones públicas y **nos** (4) representan durante cuatro años. Después de cuatro años se realizan otras elecciones.

1. las: _____
2. las: _____
3. los: _____
4. nos: _____

Paso 2. Compare the Spanish government to the U.S. government by completing the following statements.

1. El gobierno de los Estados Unidos es una república federal democrática, pero el gobierno de España es una _____.

2. El Jefe de las Fuerzas Armadas en los Estados Unidos es el _____, pero en España las dirige el _____.

3. En los Estados Unidos el Congreso tiene dos cámaras con poderes (*powers*) legislativos; en España el _____ los tiene.

4. En los Estados Unidos y en España, los ciudadanos eligen a sus _____ en elecciones públicas.

5. En los Estados Unidos los senadores (*senators*) nos representan por _____ años; en España por un período de cuatro años.

V. Informal commands (affirmative and negative)

Reminder:

1. Affirmative informal commands take the same form as the third person singular of the present indicative tense.

TERCERA PERSONA DEL SINGULAR	MANDATO AFIRMATIVO
él/ella habla	**habla** (tú)
él/ella bebe	**bebe** (tú)
él/ella escribe	**escribe** (tú)

Some irregular affirmative informal commands are: decir: **di**; tener: **ten**; poner: **pon.**

2. To form regular negative informal commands:

First, create the stem. Start with the **yo** form in the present tense and take off the final **-o**: estudio → **estudi-**; bebo → **beb-**; escribo → **escrib-.**

Second, add **-es** to **-ar** verbs, or **-as** to **-er** and **-ir** verbs: **no estudies; no bebas, no escribas.**

Finally, for reflexive verbs, place **te** between **no** and the verb: **no te acuestes; no te diviertas.**

3. Pronouns attach to the end of affirmative commands, requiring the addition of an accent mark above the stressed syllable: **estúdialo** (*speak to him*); **bébela** (*drink it*); **escríbelas** (*write them*).

6-15. Consejos

Paso 1. Elections don't always run smoothly, as the United States learned in the presidential elections of 2000. Choose the option that best reflects your opinion about the electoral system.

1. Si crees que el sistema electoral es imperfecto, _____

   a. no votes.   b. vota, porque así se cambia el sistema.

2. Si no te gustan los resultados de una elección, _____

   a. sal del país hasta las próximas elecciones.

   b. no salgas del país; apoya (*support*) a otros representantes para las próximas elecciones.

3. Si los resultados de una elección son ambiguos, _____

   a. espera hasta que se vuelva a contar los votos.

   b. no esperes; trabaja para apoyar a tu candidato preferido.

Paso 2. It's not only electoral systems that are imperfect; people are too. Advise your friends on what to do and what not to do in the following situations. Use the verbs in the list below no more than once; some you will not use at all.

acostarse	comer	dormir	esperar	estudiar
hablar	hacer	ir	salir	trabajar

MODELO: Otra vez es lunes, tengo clase, y no tengo mi tarea.

*Pues, en el futuro, haz tu tarea el viernes antes de salir, **no** esperes hasta el lunes.*

1. Me parece muy difícil la clase de español este semestre.

   _____

2. Tengo que ir a trabajar muy temprano mañana, pero voy a salir a bailar esta noche.

   _____

3. ¡Ay, me encantan las tapas!, pero estoy muy gordo y mi doctor me dice que no las debo comer.

   _____

Integración comunicativa

6-16. Una tortilla española

Paso 1. Almudena is going to show her friend Sophia how to make a **tortilla española.** Before they can begin cooking, Sophia must go shopping for the necessary ingredients. Read Almudena's note with the directions to the nearest market and trace Sophia's route on the map.

> Sophia:
>
> Para llegar al mercado, sal del edificio y dobla a la derecha y sigue derecho hasta ver la iglesia frente a la escuela. Cruza la calle y toma la primera avenida a la izquierda. Sigue derecho por unas cuadras, pasa el parque y vas a ver una tienda de ropa. A la izquierda está el mejor mercado para los ingredientes que necesitamos.
>
> Almudena

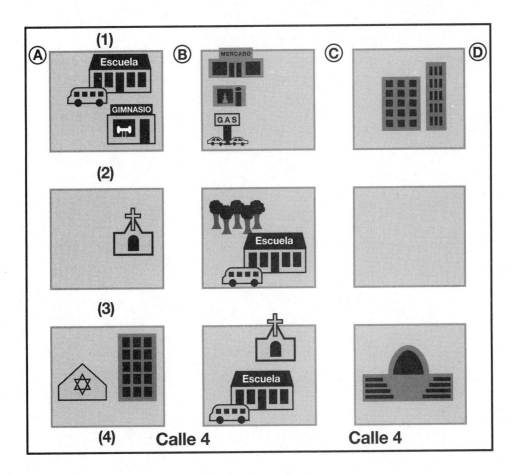

Paso 2. Sophia unfortunately has no sense of direction (**sentido de orientación**), so she needs directions for her return trip to Almudena's apartment. She has told you the address, now use the map to write directions to guide her back to Almudena's apartment.

_____

_____

_____

_____

_____

6-17.   En la cocina

Paso 1. AUDIO Sophia is now going to learn how to make the **tortilla española,** the Spanish omelet. Listen and write down in the chart the quantity of the ingredients needed to make an omelet.

Ingredientes	Cantidad
patatas grandes	_____(1)
huevos	_____(2)
cebolla mediana	_____(3)
aceite	_____(4)
sal	_____(5)
pimiento verde o rojo	_____(6)

Paso 2. AUDIO Listen to the recipe for the Spanish omelet. To complete the recipe instructions fill in the blanks below with a verb from the following list.

añade (*add*)	da vuelta (*flip, turn over*)	pon (*put*)
baja (*lower*)	calienta (*heat up*)	saca (*take out*)
bate (*beat*)	escurre (*drain*)	seca (*dry*)
cocina (*cook*)	lava (*wash*)	vierte (*pour*)
coloca (*place*)	mezcla (*mix*)	vuelve (*return*)
corta (*cut*)	pela (*peel*)	

Para preparar la tortilla, primero (1) _____ las patatas,

(2) _____las y (3) _____las. Entonces, (4) _____ las

patatas, la cebolla y el pimiento en cubitos. Ahora, (5) _____ el aceite en

una sartén y (6) _____la a fuego alto hasta que el aceite esté listo para

freír. Luego, (7) _____ el fuego un poco y pon las patatas, la cebolla y el

pimiento a freír. (8) _____ sal a gusto. Cuando las patatas comiencen a

dorarse (*become golden*), (9) _____las de la sartén y (10) _____

bien el aceite. En un tazón (*bowl*), (11) _____ bien los huevos y luego

añade las patatas, la cebolla y el pimiento y (12) _____ bien con los

huevos. Entonces, pon la sartén al fuego con una cucharada del aceite escurrido

y cuando esté caliente, (13) _____ la mezcla en la sartén y

(14) _____la durante dos o tres minutos. Ahora pon una tapa plana

sobre la sartén y (15) _____ la tortilla. Pon la tortilla a fuego lento unos

dos minutos más. (16) _____ a poner la tapa para darle vuelta de nuevo

a la tortilla y (17) _____la en un plato. ¡La tortilla está lista para servir!

Paso 3. Write in Spanish a recipe for making a grilled cheese sandwich or French toast. Use Almudena's recipe as a guide.

_____

_____

_____

_____

_____

_____

_____

_____

_____

6-18. El restaurante

Paso 1. [AUDIO] Almudena and Sophia are having dinner at a restaurant. Listen in as they order. Mark the items Sophia (**S**) orders and what Almudena (**A**) orders. Not every item listed is ordered.

chuletas (*pork chops*)	gambas (*shrimp*)
a la plancha (*pan fried*)	aguja (*needlefish*)
quinto (*small bottle of beer*)	a lo pobre (*poor man's style*)
filete de ternera (*quick-fried steak*)	jamón (*ham*)

1. _____ arroz con pollo

2. _____ arroz con chuletas

3. _____ gambas a la plancha

4. _____ aguja a la plancha

5. _____ ensalada mixta

6. _____ patatas a lo pobre

7. _____ tortilla española

8. _____ jamón serrano

9. _____ quinto

10. _____ vino tinto

11. _____ filete de ternera

Paso 2. [AUDIO] Listen again to the conversation between Almudena, Sophia, and the waiter. Indicate who said the following phrases: **A**, **S**, or **C** (for **camarero**).

1. _____ Aquí tienen la lista.

2. _____ Me trae un quinto, por favor.

3. _____ No me gusta el pescado.

4. _____ Sí, la comida es excelente.

5. _____ ¿Tienen gambas a la plancha hoy?

Paso 3. Write in Spanish a brief dialogue in which you and a friend order food at your favorite restaurant. Use the dialogue you listened to in the previous activity as a model.

_____

_____

_____

_____

_____

_____

_____

Comparaciones culturales

6-19. El cine: Un espectáculo tradicional

Paso 1. AUDIO Spanish films, as well as Spanish actors, are becoming more and more popular in the U.S. For instance, it is likely that you have heard of or seen the Spanish actors Antonio Banderas and Penélope Cruz performing in films released in the U.S. You'll hear three Spanish films being described. At the pause you have to choose the option that best fits the description you heard.

1. _____
   a. *Abre los ojos*. Director Alejandro Amenábar. 1997. El personaje principal es un joven rico que sufre un accidente. *Vanilla Sky* es una nueva versión de esta misma película.
   b. *Mujeres al borde de un ataque de nervios*. Director Pedro Almodóvar. 1998. Es una comedia sobre los problemas de varias mujeres.

2. _____
   a. *El abuelo*. Director José Luis Garci. 1998. Un viejo aristócrata ahora sin fortuna quiere saber cuál de sus dos nietas es la hija natural de su hijo.
   b. *Los amantes del círculo polar*. Director Julio Medem. 1998. La película tiene que ver con dos jóvenes que se quieren desde niños. Viajan cerca del Polo Norte.

3. _____
   a. *Todo sobre mi madre*. Director Pedro Almodóvar. 1999. El hijo de una mujer muere y la madre va en busca del padre.
   b. *Mujeres al borde de un ataque de nervios*. Director Pedro Almodóvar. 1998. Es una comedia sobre los problemas de varias mujeres.

Paso 2. Based on the descriptions of the films in Paso 1, decide what type of person from the following list would most likely be interested in watching these films. Write a brief sentence explaining why you think so.

MODELO: Creo que a las personas jubiladas les va a gustar la película *El abuelo* porque la película tiene que ver con una persona anciana y su familia.

los adolescentes	las personas jubiladas	los matrimonios
las parejas de enamorados	las familias con niños	

Película 1:

_____

_____

_____

Película 2:

_____

_____

_____

Película 3:

_____

_____

_____

Paso 3. AUDIO You will listen to someone describe a film that is special in many respects.
Based on what you hear, complete the information for the following categories.

título de la película: _____

director: _____

año: _____

tema: _____

actor famoso: _____

aspectos interesantes de la película: _____

_____

_____

Paso 4. AUDIO Listen to the recording once again and answer the following questions
about the film.

1. ¿Cómo se llama el dialecto español que se usa en el diálogo de la película?

_____

2. ¿Por qué tiene importancia esta película para la carrera del actor principal?

_____

_____

3. ¿Qué papel (*role*) interpreta el actor principal en la película?

_____

Paso 5. Think of other movies you have seen in which a good portion of the dialog
is in Spanish. Write the name of the film, the name of the director, the year it was
released, and, if you have time to watch the film again, write at least four Spanish
expressions used in the film.

película: _____

director: _____

año: _____

Expresiones en español:

1. _____

2. _____

3. _____

4. _____

6-20.   ¿Qué tipo de espectáculo es el toreo?

Paso 1. `AUDIO` Bullfighting, although in many respects controversial, remains a thriving spectator sport in Spain. You will hear someone talk about bullfighting. Some words and expressions have been deleted from the text. Listen carefully and fill in the blanks using the expressions listed below.

banderilleros	capote	corrida	dardos	espada
espectadores	picador	redondel	torero	trofeos

El toreo casi siempre ocurre en el (1) _____. El individuo más importante de este espectáculo es el (2) _____. Esta lucha entre hombre y toro (aunque ya también hay toreros que son mujeres) comienza con un desfile (*parade*) ante el público. Luego, sale el toro y comienza la (3) _____. La corrida tiene tres partes fundamentales. En la primera parte, el (4) _____, montado a caballo, pica con una lanza (*spear*) los hombros del toro. Mientras tanto (*Meanwhile*) el torero torea con su (5) _____ rojo. En la segunda parte de la corrida, los (6) _____ hieren (*wound*) al toro con (7) _____ (*darts*) largos. En la última parte, el torero lucha con una (8) _____. La corrida termina con el aplauso de los (9) _____ y la entrega de los (10) _____ para el torero: las orejas y el rabo del toro.

Paso 2. Based on the context of the passage on bullfighting, match the following vocabulary words to their respective drawings.

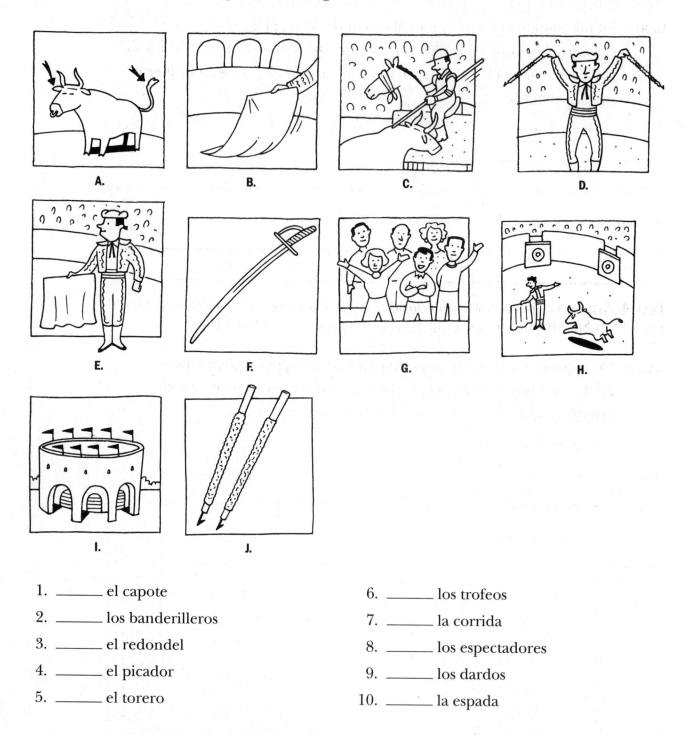

A.

B.

C.

D.

E.

F.

G.

H.

I.

J.

1. _____ el capote

2. _____ los banderilleros

3. _____ el redondel

4. _____ el picador

5. _____ el torero

6. _____ los trofeos

7. _____ la corrida

8. _____ los espectadores

9. _____ los dardos

10. _____ la espada

Paso 3. What is your position on bullfighting? Write a short paragraph stating your opinion and reasons for it.

MODELO: En mi opinión el toreo es un deporte interesante porque
el torero tiene que demostrarle al público que tiene el talento y el coraje
necesario para luchar contra un animal que es muy grande, muy fuerte
y muy peligroso.

_____

_____

_____

_____

_____

Paso 4. Are there sports that you consider to be controversial? Name a sport and explain in Spanish the reasons why you feel the sport is controversial.

MODELO: Creo que el boxeo es un deporte polémico porque los golpes que
reciben los boxeadores a veces son muy serios y hasta fatales. En mi
opinión no es interesante ver a dos personas golpeándose.

_____

_____

_____

_____

6-21. Gambas y camarones

Paso 1. `VIDEO` Jordi tells Guadalupe about a dish that he likes. Complete their dialogue logically using words from the list below.

camarones	gambas	grises
los mariscos	se enrojecen	al ajillo

JORDI: Vale, ¡pues venga! ¡Unas gambas (1) _____ no le van mal a nadie!

GUADALUPE: Unas ¿qué?

JORDI: Gambas. . . al ajillo. . . mmm. . . ¡Son de buenas!

GUADALUPE: Es que no sé lo que son. ¡Uds. los europeos sí que comen cosas raras!

JORDI: ¿No te gustan (2) _____?

GUADALUPE: Sí, pero ¿qué son (3) _____?

JORDI: Ah, ¿no sabes? No estoy muy seguro de cómo les decís vosotros. Son estos animalitos, que cuando están vivos son (4) _____ pero cuando los cocinas (5) _____ y se ponen redondos. . . están geniales con la paella. . .

GUADALUPE: ¡Ya sé (6) _____ . . . entonces, ¿el próximo fin de semana?

Paso 2. Jordi uses circumlocution to explain what **gambas** are to Guadalupe. Underline his circumlocution in the dialogue in Paso 1.

Paso 3. In Spanish, use circumlocution to describe an ingredient in one of your favorite dishes.

_____

_____

_____

6-22. Invitaciones y sugerencias

Paso 1. After watching this episode, indicate whether each statement corresponds to Guadalupe or Jordi by placing an X in the appropriate column next to each statement.

	Guadalupe	Jordi
1. Ayúdame a pensar en un reportaje para mi programa.	_____	_____
2. Considera asistir a la obra de teatro "Romeo y Julieta".	_____	_____
3. No le digas a Pablo que vamos a ir de tapas.	_____	_____
4. Explícame qué son gambas.	_____	_____
5. Ve a ver la exposición.	_____	_____
6. Ven conmigo a comer tapas.	_____	_____

Paso 2. Now write the numbers of the statements in Paso 1 next to the ordinal number that indicates the chronological order of the ideas.

MODELO: primero: _oración 1_

segundo: _____

tercero: _____

cuarto: _____

quinto: _____

sexto: _____

Paso 3. Underline the command forms in the statements in Paso 1. Write the corresponding infinitive for each command below.

1. _____   4. _____

2. _____   5. _____

3. _____   6. _____

Paso 4. Jordi is a little nervous before going for **tapas** with Guadalupe. Using informal commands, write four pieces of advice for Jordi so that he enjoys his time with Guadalupe.

MODELO: Dale las gracias a Guadalupe por ayudarte a pensar en un tema para el programa de radio.

1. _____

2. _____

3. _____

4. _____

6-23. ¿Cómo hablan los personajes?

Paso 1. In this episode, Guadalupe and Jordi use various expressions from their own countries. On the space to the left of each expression, write the name of the person who says it (Guadalupe or Jordi). Then, write the number of the expression next to its communicative function.

_____1. ¿Sí, bueno?   _____ para expresar acuerdo

_____2. ¡Vale!   _____ para expresar satisfacción

_____3. ¡Genial!   _____ para responder al teléfono

_____4. ¡Ándale!   _____ para animar a alguien a hacer algo

Paso 2. In this chapter you studied one of the traits of the dialect of central and northern Spain: the distinct pronunciation of /s/ versus /z/ and /c/ (before _e, i_). Write at least three words that Jordi uses in his conversation with Guadalupe where this difference is heard.

MODELO: ne_c_esito

1. _____

2. _____

3. _____

7

Las artes y los deportes

Vocabulario en contexto

7-1. Características de varios deportes

As events coordinator at a large resort (**balneario**) in Rocha, Uruguay, it's part of your job to recommend activities to the guests.

Paso 1. First, you'll need to organize the different activities. Group them according to whether they are most likely to be done individually (**Individual**), with a partner (**En pareja**), or as a spectator (**Para mirar**).

| la pesca | el béisbol | la natación | el esquí acuático | el yoga |
| el baloncesto | levantar pesas | el tenis | el fútbol | el golf |

INDIVIDUAL	EN PAREJA	PARA MIRAR
la pesca		

Paso 2. The resort's adult guests have various levels of physical fitness. Organize the individual and partner activities from least to most active.

1. Actividades individuales:

   Menos activa: _____ *la pesca* _____

   _____

   _____

   Más activa: _____

2. Actividades en pareja:

Menos activa: _____

_____

_____

_____

Más activa: _____

Paso 3. Write a brief response (2–3 sentences) to the e-mails below informing prospective guests of the activities they are most likely to enjoy at the resort. (Make up any relevant information that will make your response attractive and inviting.)

MODELO: "Mi esposa y yo vamos a hospedarnos en su hotel y quisiéramos saber algo de las actividades que se ofrecen. Nos gustan las actividades que podemos hacer juntos, pero somos mayores y poco activos."

Nuestro hotel ofrece una piscina bella y limpia para la natación y se puede pescar en el mar a unos pasos de la puerta del hotel.

1. "Mis hermanas y yo vamos a visitar su balneario dentro de un mes. A las tres nos encanta el aire libre y el mar. ¿Qué actividades nos recomienda?"

_____

_____

_____

2. "Dentro de una semana, tres colegas y yo vamos a Rocha por un asunto de negocios, pero después queremos ver un poco de fútbol. ¿Qué equipos van a jugar en las próximas semanas cerca del balneario?"

_____

_____

_____

3. "¿Hay un gimnasio en el hotel? Siempre hago ejercicio por la mañana y quisiera saber si voy a poder levantar pesas."

_____

_____

_____

4. "Busco un cambio de rutina; quiero participar en muchas actividades y tener unas vacaciones físicamente activas. ¿Qué actividades me recomienda?"

_____

_____

_____

7-2. AUDIO Los deportes y actividades atléticas

From your resort in Rocha you've gone to a soccer match with some of the other guests you've met. You have fantastic seats, so you get to hear all kinds of things from different people, but you can't always see around the person sitting in front of you to know who is talking. Identify the person or people who would have said the phrases you hear.

una aficionada	el árbitro	el arquero	la comentarista
el defensa	el delantero	el entrenador	

1. _____

2. _____

3. _____

4. _____

7-3. Los deportes y las artes

Paso 1. What do sports and the arts have in common? Write the name of an art and of a sport for which each statement is true.

MODELO: El uso del color es importante. _La pintura y el fútbol americano_____

1. Requieren mucha disciplina mental. _____

2. Requieren mucha discipina física. _____

3. Los que lo practican profesionalmente ganan mucho dinero. _____

4. La creatividad es esencial para tener éxito en estas profesiones. _____

5. La gente común disfruta de estas actividades. _____

6. Para hacer estas actividades se necesitan instrumentos específicos. _____

7. Tienen una larga historia y muchas tradiciones. _____

8. Los que lo practican tienen la reputación de ser muy egoístas. _____

9. Los que lo practican tienen la reputación de ser supersticiosos. _____

Paso 2. While it is possible to find similarities between sports and the arts, not everyone likes both. Write a reason why someone might like each of the following activities.

MODELO: pintar: *Es posible ser creativo y jugar con imágenes de la realidad.*

1. jugar al fútbol: _____

2. ver un ballet: _____

3. actuar en teatro: _____

4. escuchar una orquesta sinfónica: _____

5. esculpir: _____

6. mirar golf: _____

7. tocar un instrumento musical: _____

Intercambios comunicativos

7-4. **Fue sin querer**

Paso 1. AUDIO Listen to three conversations. Decide a) where each takes place, b) what the problem was, and c) if the apology was accepted.

el pincel	pintar	el cuadro	la piscina	nadar
la práctica	la cola	esperar	meterse	la fila

MODELO: MUJER: ¿Qué hace, señor? Deja caer el agua de su paraguas sobre mi vestido y ¡ahora estoy pero bien mojada!

HOMBRE: Mil disculpas, señora. Es que llueve mucho y necesito usar mi paraguas. Hay mucha gente aquí en la parada de autobuses.

MUJER: No me moje, señor. Por el amor de Dios.

HOMBRE: Sí, señora. Lo siento mucho. Fue sin querer.

a) En la parada del autobús.
b) Está lloviendo y un hombre deja caer el agua de su paraguas sobre los hombros de una mujer que espera el autobús.
c) Ella no lo disculpó.

Escena 1: a) _____

b) _____
_____
_____

c) _____

Escena 2: a) _____

b) _____
_____
_____

c) _____

Escena 3: a) _____

b) _____
_____
_____

c) _____

Paso 2. AUDIO Listen again to the three conversations, and write down the expressions that each person used in order to apologize.

Escena 1: _____.

Escena 2: _____.

Escena 3: _____.

Paso 3. Decide which of the following situations would require an apology from someone (**Sí** or **No**).

chocar con (*bump into one another*)	hacer caer a alguien (*trip someone*)
roncar (*snore*)	dormirse (*fall asleep*)

1. _____ Dos amigos van caminando juntos y chocan sin querer.

2. _____ Una muchacha está jugando fútbol y hace caer a otra jugadora del mismo equipo.

3. _____ Es de noche en una casa de familia y el padre está sentado en el sofá, roncando, mientras su esposa mira televisión.

4. _____ Un hermano le dice a un amigo suyo los secretos más íntimos de su hermana.

5. _____ Una muchacha está jugando al fútbol y hace caer a una jugadora del otro equipo.

6. _____ El novio de una mujer se duerme mientras los dos hablan por teléfono.

7. _____ El maestro de una escuela de arte le dice a uno de sus estudiantes que no tiene talento y que debe buscar otra vocación.

Paso 4. Choose two of the situations from Paso 3 which you felt required an apology and write a short dialogue for each one. How will people apologize? Will their apologies be accepted?

Situación 1: _____

_____

_____

_____

_____

Situación 2: _____

_____

_____

_____

_____

Enfoque cultural

7-5.   Hablemos de Argentina y Uruguay

Paso 1. AUDIO Listen to a professor explaining to her students the location of some of the major cities of Argentina and Uruguay. Based on what you hear, match the letter of the location on the map with the name of the city.

norte	sur	este (*east*)
oeste	noreste	noroeste
sureste	suroeste	cerca (*near*)
la costa (*coast*)	el río (*river*)	se encuentra (*one finds; is located*)
edificios (*buildings*)	se fundó (*was founded*)	reemplazados (*replaced*)

1. _____ Buenos Aires   4. _____ Montevideo

2. _____ La Plata   5. _____ Santa Fe

3. _____ Colonia   6. _____ Minas

Paso 2. AUDIO Listen again and write one fact about each of the following two cities.

Colonia: _____

_____.

Buenos Aires: _____

_____.

Paso 3. AUDIO Listen to the professor as she discusses with her students historical facts about Argentina and Uruguay. Based on what you hear, choose the correct response to the statements below.

1. _____ Los indígenas que habitaban Uruguay eran. . .

   a. los incas.

   b. los charrúas.

   c. los comanches.

2. _____ El explorador Juan Díaz de Solís descubrió el territorio de Uruguay en el año. . .

   a. 1516.

   b. 1716.

   c. 1615.

3. _____ Los fundadores de Colonia, la primera ciudad de Uruguay, fueron. . .

   a. los españoles.

   b. los alemanes.

   c. los portugueses.

4. _____ Los españoles fundaron la ciudad de Buenos Aires en. . .

   a. 1536.

   b. 1776.

   c. 1816.

5. _____ Argentina logró su independencia en el año. . .

   a. 1524.

   b. 1678.

   c. 1816.

6. _____ introdujeron el ganado en las regiones de Argentina y Uruguay.

   a. Los portugueses

   b. Los españoles

   c. Los ingleses

Paso 4. Identify the country each of the following passages refers to. Write **A** for Argentina or **U** for Uruguay.

1. _____ Durante el siglo XIX, Gran Bretaña dio dinero para ayudar a construir los ferrocarriles (*railways*) del país. Fue entonces que llegaron muchos obreros migratorios de países europeos como Italia. Así se desarrolló este país que limita con Chile al oeste.

2. _____ Los primeros habitantes de este país fueron los charrúas. Los portugueses fundaron la primera ciudad en el año 1680. Sin embargo, los españoles fueron los primeros en introducir ganado en la región y fundaron la ciudad que es hoy la capital del país. Hoy día más de un millón y medio de personas viven en la capital. Este país limita con Brasil en el noreste.

3. _____ El general Perón llegó a ser presidente del país en 1946 después de haber colaborado en la expulsión del gobierno constitucional del país en 1943. Su esposa, Eva Duarte de Perón, también conocida como Evita, lo ayudó a comunicar sus ideas al pueblo. Perón ganó las elecciones otra vez en 1952, pero en 1955 un golpe militar lo llevó al exilio y se fue a vivir a España.

Paso 5. Write two questions and their responses for each of the three passages you just read. (Your instructor may wish to use them to quiz other students.)

MODELO: ¿Quién fue el presidente de Argentina en 1946?

Perón fue el presidente de Argentina en 1946.

Pasaje 1:

Pregunta 1: _____

Respuesta 1: _____

Pregunta 2: _____

Respuesta 2: _____

Pasaje 2:

Pregunta 1: _____

Respuesta 1: _____

Pregunta 2: _____

Respuesta 2: _____

Pasaje 3:

Pregunta 1: _____

Respuesta 1: _____

Pregunta 2: _____

Respuesta 2: _____

Gramática en contexto

I. The preterit

> **Reminder:** The preterit is used mainly to indicate the beginning and the end of an action, and in sequential plots to focus on the main events of a story:
>
> **Pedro compró una pelota.**   *Pedro bought a ball* or
>   *Pedro did buy a ball.*

	-AR VERBS	-ER VERBS	-IR VERBS
infinitive	estudiar	perder	asistir
yo	estudié	perdí	asistí
tú	estudiaste	perdiste	asististe
él/ella/Uds.	estudió	perdió	asistió
nosotros/as	estudiamos	perdimos	asistimos
vosotros/as	estudiasteis	perdisteis	asististeis
ellos/ellas/Uds.	estudiaron	perdieron	asistieron

7-6.   Pretérito: Tercera persona singular

Fernando is talking about what happened to his sister yesterday. To complete the paragraph, choose a verb from the list below for each blank, and conjugate it in the correct form of the preterit.

asistir	cambiar	comenzar	comer	despertarse	encontrar	entregar
ir	leer	pensar	salir	sorprender	tomar	

Ayer fue un día fabuloso para mi hermana, Lisa. El día (1) _____

como cualquier otro. Lisa (2) _____ a las siete,

(3) _____ pan tostado y (4) _____ un café.

(5) _____ para la universidad en bicicleta a las ocho,

(6) _____ un artículo en la biblioteca, y luego

(7) _____ a su clase de ética. En ese momento el día

(8) _____. En la clase, debajo de su asiento Lisa

(9) _____ un billete de lotería. No (10) _____

mucho en él, pero después de la clase (11) _____ a la tienda

donde los venden. Lo (12) _____, pensando que no ganaría

nada, pero el cajero la (13) _____ con una noticia increíble.

¡Lisa había ganado 500 pesos!

7-7. Pretérito: Primera y segunda persona singular

After getting the winnings from the lottery ticket she found, Lisa is having second thoughts, especially in light of her ethics class. When she comes home, she decides to talk to her brother. Complete their conversation by conjugating the verbs in parentheses in the correct form of the preterit.

LISA: Fernando, ¿sabes qué me pasó esta mañana?

FERNANDO: No, dime.

LISA: Pues, (yo) _____ (1. empezar) el día como siempre— _____ (2. comer) mi pan tostado, _____ (3. tomar) un cafecito y _____ (4. asistir) a la clase de ética. Allí _____ (5. encontrar) un billete de lotería.

FERNANDO: ¿Dónde lo _____ (6. encontrar)?

LISA: Cuando _____ (7. sentarse), lo _____ (8. ver) debajo del asiento y lo _____ (9. recoger) del piso. Después de la clase lo _____ (10. llevar) a la tienda donde los venden.

FERNANDO: ¿Y _____ (11. ganar) algo?

LISA: Sí, 500 pesos.

FERNANDO: ¡Felicitaciones! ¿Qué te _____ (12. comprar) con ese dinero?

LISA: No me _____ (13. comprar) nada. Creo que debo buscar a la persona que perdió el billete; en la clase nadie lo _____ (14. reclamar). ¿Qué piensas tú?

FERNANDO: Pues, ¿ _____ (15. ver) algo en el billete que indentificara a la persona que lo compró?

LISA: No.

FERNANDO: ¿_____ (16. leer) las reglas de la lotería respecto a tu situación?

LISA: No había reglas en el billete.

FERNANDO: ¿Le _____ (17. pedir) las reglas al cajero?

LISA: No, no se las _____ (18. pedir).

FERNANDO: En mi opinión, si tienes dudas, debes pedir las reglas, y ver si hay alguna forma de identificar a la persona que compró el billete. Pero ten en mente que es muy poco dinero, Lisa. No pierdas mucho tiempo buscando a esa persona.

7-8. Pretérito: Formas plurales

Amanda is telling her friend Rena about a recent visit to her relatives. Complete the paragraph by conjugating the verbs in parentheses in the correct form of the preterit.

Como es mi costumbre los domingos, anteayer _____ (1. visitar)

a mi tía Dolores y a mi tío Juan. (Nosotros) _____ (2. charlar) un

rato, _____ (3. tomar) un té, _____ (4. leer) uno

de los poemas nuevos de mi tio y _____ (5. ver) su programa

favorito, *Cristina*. Después, _____ (6. salir) a dar un paseo y luego

_____ (7. asistir) a misa. Cerca de la iglesia hay una tiendita

donde _____ (8. pararse) para comprar unas cositas. Mis tíos

_____ (9. comprar) leche, huevos, pan, y por supuesto, varios

billetes de lotería; a mí me _____ (10. regalar) uno. Mis tíos

_____ (11. empezar) a caminar para su casa y yo para la mía

cuando ellos _____ (12. ver) el anuncio de una película que

querían ver. Me _____ (13. invitar) al cine, y yo acepté. No me

gustó la película, pero ellos la _____ (14. defender) por su final

ambiguo, diciendo que los autores del guión _____ (15. escribir)

una historia ambigua a propósito. No llegamos a un acuerdo, pero no importa.

Después del cine, mis tíos _____ (16. volver) a la casa, y yo

_____ (17. ir) a mi salón de clase para hacer la tarea para mi

clase de ética. Me dormí, y cuando me desperté de mi siestecita no

_____ (18. poder) encontrar el billete de lotería.

7-9. Verbos irregulares en el pretérito

Paso 1. The sentences below summarize some of the activities of Amanda, Lisa, and their respective relatives in the previous three exercises. Choose the most logical verb from the list below for each blank, and conjugate it in the correct form of the preterit.

andar	dormirse	hacer	ir	leer	perder	ver

1. Amanda y sus tíos _____ al cine.

2. Lisa _____ el billete bajo su asiento en la clase.

3. Amanda _____ su tarea en la biblioteca.

4. Amanda _____ el billete.

5. Amanda _____ en la biblioteca.

6. Lisa _____ en bicicleta.

7. Lisa no _____ las reglas de la lotería.

Paso 2. Number the statements from Paso 1 in chronological order (**primero:** the first event in time, **segundo:** the second event, etc.).

1. _____   5. _____

2. _____   6. _____

3. _____   7. _____

4. _____

Paso 3. Write a paragraph of five sentences in Spanish to express your opinion about Lisa's and Amanda's actions. Here are some questions to help you get started:

¿Hizo Lisa todo lo posible por encontrar al dueño del billete? ¿Le dio Fernando un buen consejo a Lisa? ¿Fue irresponsable Amanda con el billete? ¿Qué hubiera debido hacer Lisa que no hizo?

_____

_____

_____

_____

_____

7-10. Salsa, candombe y cumbia

Paso 1. AUDIO Lisa decided to spend the 500 pesos she had won at the lottery to take Fernando to a concert. Listen to Lisa's phone conversation with her mother about the concert, and answer the questions below.

1. ¿Dónde fue el concierto?
2. ¿Cómo se vistieron Lisa y Fernando?
3. ¿Qué hizo el público cuando el primer grupo entró al escenario (*stage*)?
4. ¿Cuántos grupos tocaron en el concierto? ¿Qué tipo de música tocaron?
5. ¿Qué hizo el público durante el concierto?
6. ¿Por cuántos minutos aplaudieron al final del concierto?
7. ¿Qué palabra repitió el público para pedirle otra canción al último grupo?
8. ¿A quiénes vieron después del concierto? ¿Qué pensaban estas personas del concierto?
9. ¿Qué grupo le gustó más a Lisa?
10. ¿Qué crees que le ofreció la madre a Lisa al final de la conversación?

Paso 2. Think of a concert you attended. Compare your experience with that of Lisa and Fernando's according to the categories listed below. Use the information from Paso 1 to help you. You may want to listen to the recording again for additional details.

MODELO: Número de grupos que tocaron: En el concierto de Lisa y Fernando
tocaron varios grupos. En el mío, sólo tocó un grupo.

1. número de grupos que tocaron _____

_____

2. comportamiento (*behavior*) del público _____

_____

3. lugar del concierto _____

_____

4. forma de pedir una repetición _____

_____

5. forma de vestirse _____

_____

7-11. El fútbol y la Copa Mundial

Paso 1. `AUDIO` Listen to reporters interview an official about the First World Cup. As a writer for a newspaper, you need to write a story on the World Cup, based on what you hear during the interview. Listen carefully, jotting down the information you hear that fits into each of the following categories.

1. Fecha de la primera Copa Mundial
2. País anfitrión (*host country*)
3. Número de participantes
4. Países que participaron
5. El campeonato (*championship*), los dos países finalistas y el número de goles que marcó cada país
6. El jugador que marcó más goles, su nombre y número de goles que marcó
7. Número de espectadores que vieron el campeonato

Paso 2. Based on the information you were able to gather from the interview, write a short newspaper story about the first World Cup. Arrange the information in a way you feel would be most suitable for your readers.

_____

_____

_____

_____

_____

_____

Paso 3. `WWW` Go to **www.prenhall.com/impresiones** and follow the links to find information on the history of the World Cup. Research the 1978 World Cup at this site, then write a brief paragraph (5–10 sentences) in Spanish describing the event, based on the information you find. As you will discover, this particular World Cup was very important for one of the two countries we are studying in this chapter.

_____

_____

_____

_____

_____

_____

7-12. El Museo del Gaucho y las artes populares tradicionales

Paso 1. The gaucho is an important figure for both Uruguay and Argentina. Uruguay has established a museum, El Museo del Gaucho, where one can view the popular, traditional arts and crafts of the country, many of which deal with the everyday life of the gaucho.

Read the following passages describing several of the objects found in the museum, then try to match each description to the corresponding drawing. Some of the important vocabulary words are underlined.

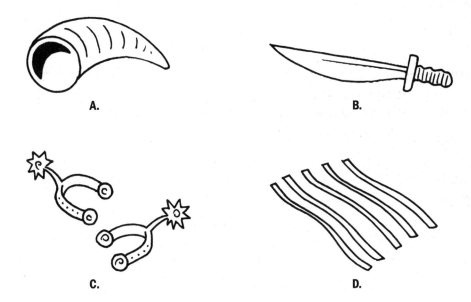

A.

B.

C.

D.

1. _____ El <u>cuero</u> era un elemento esencial para la gente rural. Cuando se secaba al aire libre se endurecía, y podía usarse así para <u>hojas de puertas</u> y ventanas en las viviendas.

2. _____ La <u>plata</u> era un metal de utilidad práctica para el gaucho. Por ejemplo, se usaba para hacer estribos, los objetos donde se apoyan los pies del <u>jinete</u>— y también se usaba para hacer mates, los recipientes para preparar la <u>infusión</u> popular que lleva el mismo nombre.

3. _____ El chifle era de uso común para el gaucho y el paisano. La palabra "chifle" es una derivación del portugués "chifre", que significa <u>cuerno</u>. (Además de los españoles, los portugueses también estuvieron en Uruguay.) El chifle es un cuerno <u>vacuno</u> que servía para transportar líquidos (por ejemplo, agua o alcohol).

4. _____ El cuchillo era un instrumento de usos múltiples para el gaucho. Lo usaban para comer, para limpiarse los dientes, para cortar <u>haces de paja</u>, para matar a los animales, etc.

Paso 2. WWW Go to **www.prenhall.com/impresiones** and follow the links to El Museo del Gaucho. Go to the museum's Web site and research further on the popular, traditional arts and crafts of the gaucho. List two additional arts and crafts below, and describe them and their importance for the gaucho.

1. _____

_____

_____.

2. _____

_____

_____.

Comparaciones culturales

7-13.   El pintor Quinquela Martín

Paso 1. AUDIO One important Argentine artist was Benito Quinquela Martín. Listen to a brief biography of Quinquela, then complete the sentences that follow with the correct response.

1. _____ El artista nació en Buenos Aires, Argentina en el año. . .
   a. 1960.
   b. 1890.
   c. 1920.

2. _____ Murió en el año. . .
   a. 1957.
   b. 1997.
   c. 1977.

3. _____ Vivió en el barrio de. . .
   a. la Mosca.
   b. la Boca.
   c. la Roca.

4. _____ Le gustaba usar muchos. . . en sus cuadros.
   a. animales
   b. colores
   c. ombúes

5. _____ Pintaba con frecuencia la zona del puerto y del. . .
   a. mercado.
   b. edificio.
   c. riachuelo.

6. _____ Realizó exposiciones en Madrid, Nueva York. . .
   a. París, Londres y Roma.
   b. Accra, Namibia y Roma.
   c. París, Accra y Londres.

Paso 2. AUDIO Listen to the recording once again and decide whether the following statements are true (**Cierto**) or false (**Falso**).

1. _____ El barrio donde vivía Quinquela era un barrio de inmigrantes italianos.

2. _____ El pintor estableció en una manzana de su barrio un mercado al aire libre para artistas llamado el Pasito.

3. _____ Quinquela pintó murales en los edificios de su mercado.

4. _____ Hoy día el mercado está cerrado porque los artistas no quieren exponer sus obras allí.

Paso 3. Rewrite correctly each false statement in Paso 2.

a. _____

_____

_____

b. _____

_____

_____

Paso 4. Quinquela stayed close to his childhood neighborhood, creating there an artist's open-air market, which is still active today. What local or national artists can you think of that have also given back to the communities where they were born or raised? Research this topic, then write a brief paragraph (five to ten sentences) in Spanish, describing the artist and his/her accomplishments.

MODELO: Hay un artista de Nueva Orleans que se parece a Quinquela Martín.
Se llama Larry Casso. Le gusta pintar los paisajes de su estado natal.
Es uno de los mejores maestros de arte en Luisiana. Lleva casi
treinta años enseñando en su academia de bellas artes en Baton Rouge.
Cada año dona algunas de sus obras a varias organizaciones
(escuelas, iglesias, etc.) de la zona. Devuelve mucho a la comunidad
donde nació. Por eso, creo que se puede comparar a Quinquela Martín.

_____

_____

_____

_____

_____

_____

_____

_____

7-14. El escritor Eduardo Galeano

Paso 1. AUDIO Eduardo Galeano is a popular Uruguayan writer. Listen to two students, Mercedes and Rafael, as they review material on Galeano for an upcoming quiz. Based on their conversation, answer the questions below.

1. ¿Dónde nació Galeano?

   _____.

2. ¿Cuál fue su primera carrera?

   _____.

3. ¿Qué era la publicación *El Sol*?

   _____.

4. ¿Por qué se exilió el escritor en 1973?

   _____.

5. ¿Cómo se llama la trilogía con la que ganó el *American Book Award* en el año 1989?

   _____.

Paso 2. AUDIO Listen to the recording once again and choose the correct response to complete the following sentences.

1. _____ El nombre de la obra publicada en 1998 es. . .
   a. *El fútbol a sol y sombra.*
   b. *Úselo y tírelo.*
   c. *Patas arriba: la escuela del mundo al revés.*

2. _____ El nombre completo del autor es. . .
   a. Eduardo Humphrey Galeano.
   b. Eduardo Hughes Galeano.
   c. Eduardo Koos Galeano.

3. _____ Galeano nació en el año. . .
   a. 1914.
   b. 1954.
   c. 1940.

4. _____ En 1976, continuó su exilio en. . .
   a. España.
   b. México.
   c. Bolivia.

5. _____ En 1978 ganó el Premio. . .
   a. Casa de las Américas.
   b. Nobel.
   c. Cervantes.

Paso 3. Sometimes writers like Galeano are forced into exile, or self-exile, because of the critical views they hold regarding their societies and governments. Think of an author, artist, or athlete who has had to spend time in exile. Write in Spanish a brief description of the person and explain why he or she had to go into exile.

MODELO: En el mundo del ajedrez, Victor Korchnoi es un ajedrecista famoso que debió exiliarse. Vivía en la Unión Soviética pero no le gustaba cómo lo trataban, como si fuera propiedad del estado. Se exilió en 1976 y se hizo ciudadano de Suiza. Aunque es un hombre anciano, sigue jugando —y ganando —en los torneos de ajedrez.

_____

_____

_____

_____

_____

_____

_____

_____

Las impresiones de Guadalupe: Actividades para el video

7-15. Opiniones sobre arte

Paso 1. `VIDEO` During their visit to the museum exhibit, Guadalupe, Jordi, and Pablo exchange opinions about works of art, artists, and museums. Do you remember what they said? Choose the name of the appropriate artist, work of art, or museum to complete the three friends' opinions.

| Dalí | Museo Nacional de Arte Decorativo | Mae West | Orozco |

1. Jordi dice que en la obra _____ puedes ver los labios con forma de sillón, los ojos con forma de cuadros. . .

2. Pablo dice que tal vez _____ quiso representar la materialidad del mundo de los actores por medio de esta pintura. . .

3. Guadalupe dice que en el museo de la Universidad de Guadalajara hay famosos murales de _____. Pablo piensa que son espectaculares.

4. Pablo cree que en el _____ de Buenos Aires está representado lo mejor de la arquitectura francesa neoclásica.

Paso 2. Search the Internet for information and pictures of works by the artists mentioned in this episode: Dalí, Miró, Picasso, Orozco, Velázquez, Goya, and El Greco. Choose one work of art that you like and write a brief description (five sentences). Explain why you chose it.

_____

_____

_____

_____

_____

_____

_____

7-16. ¿Qué ocurrió durante la visita al museo?

Paso 1. The paragraph below is a summary of Guadalupe's and Pablo's visit to the museum. Choose a verb from the list below to complete the summary. Be sure to conjugate the verb appropriately in the preterite. Some verbs are used more than once.

caer	chocar	hablar	ir	ver	pedir	ser

El fin de semana pasado Guadalupe (1) _____ con Jordi de tapas. Más

tarde los dos (2) _____ con Pablo al museo de la universidad. Allí

(3) _____ obras de artistas famosos y (4) _____ de sus artistas y

museos favoritos. Durante la visita Pablo (5) _____ con una persona que

estaba mirando las obras del museo. Después (6) _____ con Guadalupe y

las cosas de la bolsa de Guadalupe se (7) _____ al suelo. Pablo le

(8) _____ disculpas a Guadalupe. (9) _____ una visita un poco

accidentada.

Paso 2. What did Guadalupe, Jordi, and Pablo do after they visited the museum? Write a paragraph of five to seven sentences describing what you think happened afterwards.

MODELO: Después de la visita al museo, los amigos fueron a tomar un café y hablaron más sobre la exposición. Pablo regresó a casa pronto para estudiar para un examen. . .

_____

_____

_____

_____

_____

_____

_____

7-17. ¿Experto o sensible?

Paso 1. "Cuando era más joven pensaba que para apreciar el arte necesitabas ser experto. Pero ahora, pienso que es más importante tener una cierta sensibilidad." Do you agree with what Jordi says? For each type of art in the chart below, indicate to what degree you agree or disagree with his statement. 1: You totally agree (**totalmente de acuerdo**), 5: You totally disagree (**totalmente en desacuerdo**).

teatro	1	2	3	4	5
pintura	1	2	3	4	5
ópera	1	2	3	4	5
ballet	1	2	3	4	5
cine	1	2	3	4	5
arquitectura	1	2	3	4	5
música clásica	1	2	3	4	5
escultura	1	2	3	4	5

Paso 2. Choose three of your answers from Paso 1, and explain your point of view. For each answer, write one or two sentences giving a reason for your opinion and an example.

MODELO: Pienso que para apreciar la pintura no siempre es necesario ser un experto. Sin embargo, es más fácil entender la pintura de Dalí si sabes un poco del movimiento pictórico surrealista.

1. _____

   _____

2. _____

   _____

3. _____

   _____

La familia y la sociedad

Vocabulario en contexto

8-1. Las relaciones familiares

Paso 1. `AUDIO` You are going to meet your new girlfriend's extended family this weekend. You want to make a good impression, so you take notes on the list below while your girlfriend, Victoria, tells you about her family.

MODELO: Felicia: *la hermana de Victoria*

1. Armando: _____

2. Cristina: _____

3. Milagros: _____

4. Federico: _____

5. Rosalía: _____

6. Oscar: _____

Paso 2. Use the information from your notes to fill in the spaces in Victoria's family tree. Show the relationship of Victoria to Armando, Cristina, Milagros, Federico, Rosalía, and Oscar.

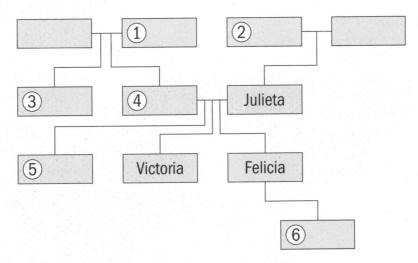

Paso 3. Based on the notes you took in Pasos 1 and 2, figure out the relationships between Victoria's family members and complete the sentences below accordingly.

1. Armando es el _____ de Cristina.

2. Armando es el _____ de Federico.

3. Armando es el _____ de Oscar.

4. Oscar es el _____ de Armando.

5. Milagros es la _____ de Armando.

6. Cristina es la _____ de la madre de Victoria.

7. La madre de Victoria es la _____ de Rosalía.

8-2. La familia y las descripciones

Paso 1. AUDIO Viviana is very excited because her favorite relative is coming to visit. As she explains why this person is her favorite relative, complete the chart below with the appropriate information.

1. La persona que viene es el/la _____ de Viviana.

2. Esta persona va a pasar tres _____ con Viviana.

3. Su personalidad es _____, _____, y

_____.

4. Tiene _____ años de edad, pelo _____, y ojos

_____.

5. Le gusta ver el ballet folclórico, _____, _____ y

_____.

6. Es una persona interesante porque tiene muchos _____, hace

muchas _____ y tiene mucha _____ en varios

países de _____.

Paso 2. Write a description similar to the one you heard in Paso 1 about the most interesting person in your family. It should include information about the person's physical features, age, personality, likes and dislikes, and an explanation of what you find interesting about him/her.

_____

_____

_____

_____

8-3. Los apellidos hispanos

Paso 1. As you've learned in this chapter, Hispanics tend to use two last names, one from each of their parents, composed of the first of each parent's two last names. Study the diagram below as a model to help you figure out what your two last names would be had your family followed this Hispanic tradition. Then complete the second diagram with your family information to identify the two last names you would use.

MODELO: Padre: Vincent **Donnelly** Hewes   Madre: Margaret **O'Connor** MacMullen
Hija: Catherine **Donnelly O'Connor**

Nombre
de tu madre: _____

Nombre
de tu padre: _____

Tu nombre: _____

Paso 2. Now write the letters corresponding to the names of the mother and the father of each person below.

Madres:

a. Silvana Salazar Banderas

b. Amanda Villegas Armon

c. Marisa Banderas Villegas

Padres:

d. Alfredo Mondragón Arreola

e. Eduardo Armon Arreola

f. Reinaldo Salazar Mondragón

Hijos:

1. Tatiana Salazar Villegas

2. Ricardo Armon Salazar

3. Isabel Mondragón Banderas

Madre: Padre:

_____   _____

_____   _____

_____   _____

8-4. Diferentes etapas de la vida

Paso 1. AUDIO Viviana and her aunt, Milagros, are talking about various events. As you listen to their conversation, write **V** (Viviana), **M** (Milagros), or **A** (**ambos**, both Viviana and Milagros) next to each statement to indicate who is talking about the events.

	BODA	NACIMIENTO	QUINCEAÑERA
MODELO:			
1. Nos vimos cuando se casó Roberto.	_A_	____	____
2. Me gustó que la ceremonia fuera simple.	____	____	____
3. La fiesta fue en la casa de sus padres.	____	____	____
4. La fiesta fue muy elegante.	____	____	____
5. Preparó la comida un cocinero famoso.	____	____	____
6. Había tres estilos de música en la fiesta.	____	____	____
7. A una amiga de 15 años de edad le hicieron una fiesta elegante.	____	____	____
8. Bailaron y comieron mucho.	____	____	____
9. Los vestidos pueden ser costosos.	____	____	____
10. Unos amigos le pusieron a una bebé un vestido de seda.	____	____	____
11. Quiero conocer a mi sobrino mañana.	____	____	____
12. La ropa de seda no es muy práctica para los bebés.	____	____	____

Paso 2. Select a major event (**boda, noviazgo, nacimiento, velorio, entierro, quinceañera**) in your family that you have attended recently, and describe it in a letter to a Spanish-speaking friend.

_____
_____
_____
_____
_____
_____
_____
_____
_____

8-5. Otras relaciones familiares

Paso 1. `AUDIO` Milagros loves soap operas (**telenovelas**), but Viviana rarely has time to watch them. That's why, before watching, Milagros explains to her niece the relationship between the characters and the main story line. Next to each word, write the corresponding characters' name.

Bejarano	Reinaldo	Isabela	Endora	Námira	Pupo

MODELO: hija: *Isabela*

1. divorciados: _____

2. hermanastras: _____

3. compadres: _____

4. padrino: _____

5. separados: _____

6. amantes: _____

7. viudo: _____

Paso 2. Go to **www.prenhall.com/impresiones** and follow the links to *Telenovelas*. Choose one of the Web sites for a popular Spanish language soap opera and describe one of the character's relationships with three others (don't repeat any relationship).

MODELO: Telenovela "Amor gitano"
       Personaje: Dolores
       Relaciones: hermana de Libertad; divorciada de Renzo;
       hija adoptiva de Farnesio

1. telenovela: _____

   personaje: _____

   relaciones: _____

2. telenovela: _____

   personaje: _____

   relaciones: _____

3. telenovela: _____

   personaje: _____

   relaciones: _____

8-6. Una conversación sobre la familia

Paso 1. `AUDIO` Teresa is 7 years old and lives in Buenos Aires, Argentina, with her family. Listen as she talks with her grandfather, who also lives with her. From the following topics, check those which come up during their conversation.

1. _____ los estudios de Teresa

2. _____ la música de Dina Rot

3. _____ el dialecto español del abuelo

4. _____ la llamada telefónica que Teresa recibió anoche

5. _____ las compras que van a hacer hoy

6. _____ la herencia cultural de su familia

Paso 2. `AUDIO` Listen to Teresa's conversation again. Identify who says the following, Teresa (**T**) or her grandfather (**A** for **abuelo**).

1. _____ ¿Por qué preguntas?

2. _____ Me gusta su nuevo disco "Una manu tomó l'otra".

3. _____ Hablaban así en España hace muchos años.

4. _____ Por eso pensaba que cantaban en portugués.

5. _____ Soy miembro del Centro de Investigación y Difusión de la Cultura Sefardí.

Paso 3. `AUDIO` Teresa's grandfather recites one of the strophes of a traditional Sephardic song, "Ay, Sarica Bre". Listen again and fill in the blanks with the missing words.

La rama de muez (1) _____ a la mar.

La rama de muez (2) _____ a la mar.

No te (3) _____, no te (4) _____ saar.

Yo te v'a (5) _____ sapatos de Unkapan.

Paso 4. Match the ladino words and phrases in the song that Teresa's grandfather recites with their standard Spanish equivalents.

1. _____ no te tomes saar   a. zapatos

2. _____ mercar   b. voy a

3. _____ sapatos   c. nuez

4. _____ v'a   d. no te pongas triste

5. _____ muez   e. comprar

8-7. ¿Qué hacer con las personas de edad avanzada?

Paso 1. One can often find extended family members living in a Hispanic household, like in Teresa's home, for instance. List below in Spanish some of the pros and cons of having relatives live with you.

PROS	CONTRAS
1. *Los familiares nos ponen en contacto con el pasado de nuestra familia.*	1. *Cuando los familiares envejecen sus problemas físicos aumentan.*
2. _____	2. _____
3. _____	3. _____
4. _____	4. _____

Paso 2. AUDIO Listen to Cynthia and Roberto discuss the pros and cons of having family members living at home. Based on their conversation, complete the following statements with the appropriate response.

1. _____ Cynthia cree que es una _____ idea vivir con los familiares.
   a. buena
   b. mala

2. _____ Roberto piensa que los ancianos exigen _____ energía.
   a. poca
   b. mucha

3. _____ Cynthia dice que hay que tener en cuenta que _____.
   a. los ancianos no quieren la ayuda de los otros miembros de la familia.
   b. necesitan la ayuda de los otros miembros de la familia.

4. _____ Cynthia piensa que la idea de Roberto _____.
   a. no tiene sentido.
   b. es convincente.

5. _____ Los abuelos de Roberto _____.
   a. viven con él en la casa de sus padres.
   b. tienen su propio hogar.

Paso 3. Choose a topic dealing with the family and write two paragraphs, between 10 and 15 sentences total. Each paragraph should present a different point of view about the topic (one paragraph **a favor** and the other paragraph **en contra**). Here are some suggested topics, but feel free to choose another of your own choice.

los familiares que viven en la casa con la familia
los hogares para ancianos
el divorcio
el papel del padrastro o la madrastra
los niños y los programas de televisión que son sólo para adultos
la educación sexual en la casa y en la escuela

Expresiones útiles

Creo que un buen argumento a favor de/en contra de... es que...
Por otro lado...
Comprendo el punto de vista de que... pero también hay que tener en cuenta que...
Esa idea de... es convincente pero pienso que...
Sin embargo...

Párrafo 1:

_____

_____

_____

_____

_____

_____

_____

_____

Párrafo 2:

_____

_____

_____

_____

_____

_____

_____

_____

Enfoque cultural

8-8. ¿Dónde se habla español?

Paso 1. Match the country/region where Spanish is spoken to its geographical description.

| a. Melilla y Ceuta | b. Israel | c. Filipinas | d. Guinea Ecuatorial |

1. _____ Este país tiene una parte insular y una parte continental. La parte insular está formada por las islas de Pigalu y las islas de Bioko. La parte continental está sobre un golfo en África Occidental.

2. _____ Este país está en el Oriente Medio. El Mediterráneo oriental está al oeste. El país también ocupa otras partes de la región.

3. _____ Este país está en el sureste de Asia y está formado por 7.000 islas pero la mayoría de la población vive sólo en once de ellas. Tiene un clima tropical.

4. _____ Estas dos regiones se encuentran en la costa mediterránea de Marruecos. También incluyen dos grupos de islas. El clima es mediterráneo.

Paso 2. AUDIO Listen as two Spanish students, Carolina and Felipe, review information about regions of the world. Use this information to complete the following chart.

PAÍS/REGIÓN	POBLACIÓN	IDIOMAS	MONEDA
_____ (1)	5 millones	_____ (2)	nuevos shekels
Melilla/Ceuta	_____ (3)	español, árabe	_____ (4)
_____ (5)	cuatrocientos mil	_____ (6)	francos CFA
Filipinas	_____ (7)	_____ (8)	pesos

Paso 3. Write two questions and answers for each of the above-mentioned countries and regions.

MODELO: ¿Dónde está Filipinas?

Está en el sureste de Asia y está formado por 7.000 islas.

País/Región 1:

pregunta: _____

respuesta: _____

pregunta: _____

respuesta: _____

País/Región 2:

pregunta: _____

respuesta: _____

pregunta: _____

respuesta: _____

País/Región 3:

pregunta: _____

respuesta: _____

pregunta: _____

respuesta: _____

País/Región 4:

pregunta: _____

respuesta: _____

pregunta: _____

respuesta: _____

8-9. Los idiomas de Filipinas

Paso 1. Read the following passage on the multilingual character of Philippine society. Complete the passage by appropriately filling in the blanks with the following words.

pilipino	escuelas	idiomas	regional	chino

Filipinas es un país donde se hablan muchos (1) _____ como, por ejemplo, el español y el (2) _____. El inglés se enseña en las (3) _____ pero la lengua oficial del país es el (4) _____. Este idioma está basado en un idioma malayo, el tagalog. Además, la mayoría de la población habla alguna lengua (5) _____ como el bikolano, el cebuano, el hiligayano o el waray-waray.

Paso 2. AUDIO Listen as someone reads the above passage. Verify and make any necessary corrections to your answers in Paso 1.

Paso 3. It is often the case that when languages come in contact, they influence one another. For instance, words from one language are often borrowed and made to conform to the rules of another language. Read the following phrases in the Filipino (or Pilipino) language, spoken in the Philippines. Underline the words or phrases you feel are influenced by and based on the Spanish language.

1. . . .naging susi sa edukasyong
2. . . .pagpapalaga-nanap ng kristiyanismo
3. . . .tulad ng guro, naars, sekretarya
4. . . .sa kabila ng ganitong sitwasyon at kalagayan. . .
5. . . .sabi nga sa kanta: "Ang daigdig mo'y lagi. . ."
6. . . .upang palaganapin ang relehiyong katoliko

Paso 4. The following Spanish words and phrases are equivalent to the words you found in Paso 3. Write their Filipino equivalents. Number one is completed for you as an example.

1. religión católica: *relehiyong katoliko (frase 6)*
2. educación: _____
3. situación: _____
4. secretaria: _____
5. canción: _____
6. cristianismo: _____

Paso 5. Think of other instances where one language influenced another. For instance, what influences do you see other languages having on English? What influences do you see English having on other languages? The same questions can be asked of Spanish and any other language. Do some research, and then write a brief description of the influences of one language on another.

MODELO: Tengo un amigo de Taiwán a quien le pregunté sobre este tema. Me dijo que el inglés, a través del japonés, ha influido en el idioma taiwanés. Por ejemplo, las palabras taiwanesas *nekudai* y *mbilu* demuestran esa influencia. ¿Puedes adivinar lo que significan estas dos palabras? Quieren decir, respectivamente, *necktie* y *beer*.

_____

_____

_____

_____

_____

Gramática en contexto

I. The imperfect

Reminder: The **preterit** and the **imperfect** allow the speaker to show a different perspective on the same event. Because both are past tenses, both are completed, but in the case of the imperfect the focus is on the ongoing nature of the action or state, while in the case of the preterit the focus is on the end, beginning, or completeness of the action or state. The imperfect is typically used to mark the background (as opposed to the main plot) of a story.

	-AR	-ER	-IR
yo	cantaba	comía	vivía
tú	cantabas	comías	vivías
él/ella/Ud.	cantaba	comía	vivía
nosotros/as	cantábamos	comíamos	vivíamos
vosotros/as	cantabais	comíais	vivíais
ellos/ellas/Uds.	cantaban	comían	vivían

8-10. La niñez de Fernando

Paso 1. As part of a study on children, Marta is describing the activities her son Fernando used to do as a 4- or 5-year-old child. Indicate with an X the statements that also describe your childhood.

MODELO: __X__ Se portaba bien; era un niño muy juicioso.

1. _____ Mi hijo siempre iba a jugar a la casa de su mejor amigo.

2. _____ Practicaba el béisbol casi todos los días.

3. _____ Siempre corría, no le gustaba caminar.

4. _____ Hacía su tarea antes de cenar.

5. _____ Lloraba mucho cuando no le permitíamos salir a jugar.

6. _____ Aprendía canciones, cantaba, y bailaba.

7. _____ Paseaba por el vecindario por la tarde conmigo y con su padre.

8. _____ No le gustaba comer vegetales.

Paso 2. In order to see whether his own perceptions of his childhood are the same as his mother's, the researchers want to ask Fernando about all the activities his mother mentioned. Help them prepare the questions by changing all the statements made by Marta into questions for Fernando.

MODELO: *Fernando, ¿te portabas bien? ¿eras un niño muy juicioso?*

1. _____

2. _____

3. _____

4. _____

5. _____

6. _____

7. _____

8. _____

Paso 3. Now answer the questions based on your own childhood.

MODELO: ¿Te portabas bien? ¿Eras un/a niño/a muy juicioso/a?

Muchas veces me portaba bien; era juicioso/a.

1. _____

2. _____

3. _____

4. _____

5. _____

6. _____

7. _____

8. _____

Reminder:

	SER	IR	VER
yo	era	iba	veía
tú	eras	ibas	veías
él/ella/Ud.	era	iba	veía
nosotros	éramos	íbamos	veíamos
vosotros/as	erais	ibais	veíais
ellos/ellas/Uds.	eran	iban	veían

8-11. La niñez de Fernando según su hermana Elizabeth

Paso 1. Elizabeth is Fernando's older sister, and she has a slightly different perspective on Fernando's childhood. Complete Elizabeth's description of her brother's activities by selecting a verb from the list for each blank and conjugating it correctly in the imperfect.

dibujar	ir	jugar	romper	preferir	ser	tocar	ver

Fernando es mi hermano menor, y cuando (1) _____ pequeño, me volvía loca. Es cierto que (2) _____ a jugar a la casa de su mejor amigo con frecuencia porque allí (3) _____ mucha televisión, pero muchas veces (4) _____ jugar en mi cuarto. Allí (5) _____ al escondite, (6) _____ en mis libros de texto y mis tareas, (7) _____ mis discos compactos —¡y siempre los (8) _____!

Paso 2. The researcher again follows up with Fernando to ask him about his interactions with his older sister. Complete the researcher's questions with a verb from the list in the appropriate form of the imperfect.

escuchar	hacer	jugar	llevarse	ser	ver

Fernando, tu hermana mencionó cosas sobre tu infancia que no mencionó tu madre y quisiera pedirte más información sobre esos puntos. ¿(1) _____ bien tú y tu hermana? ¿(2) _____ buenos amigos? ¿Qué (3) _____ juntos tú y tu hermana? ¿(4) _____ discos compactos? ¿(5) _____ al escondite en su cuarto? ¿(6) _____ televisión?

8-12. Tu niñez

You've decided to participate in a Big Brother/Big Sister program for Hispanic children, and part of your application is an essay describing your own childhood and the role that a special person played at that time in your life. Write an essay of at least ten sentences to convince the program directors that you would be a good mentor for a child. In your essay, describe your relationship with someone you remember fondly from your own childhood and the activities you did with that person. Explain what you learned from that relationship that can help you now to mentor a child.

_____

_____

_____

_____

_____

_____

_____

_____

_____

II. Meaning-changing verbs in the preterit

Reminder: Special irregular verbs

	SABER	QUERER	PODER
yo	sup**e**	quis**e**	pud**e**
tú	sup**iste**	quis**iste**	pud**iste**
él/ella/Ud.	sup**o**	quis**o**	pud**o**
nosotros/as	sup**imos**	quis**imos**	pud**imos**
vosotros/as	sup**isteis**	quis**isteis**	pud**isteis**
ellos/ellas/Uds.	sup**ieron**	quis**ieron**	pud**ieron**

8-13. ¿Cuándo supiste que no eras el centro del universo?

Paso 1. As they grow up, all children make discoveries that change their understanding of the world and their place in it. Match the answers in the second column with the questions below.

1. _____ ¿Cuándo supiste que no eras el centro del universo?

2. _____ ¿Cuándo pudiste caminar solo/a?

a. Lo supe cuando vi a mi madre poner regalos bajo el árbol de Navidad.

b. Cuando mis padres me quitaron los zapatos, ¡así pude mantener el equilibrio!

3. _____ ¿Cuándo supiste que no existía Santa Claus?

4. _____ ¿Cuándo fue la primera vez que les dijiste a tus padres que no querías hacer algo con ellos?

c. Les dije que no quería ir a una fiesta cuando tenía 15 años. Tuve que ir igual, pero ¡hubo una gran pelea!

d. ¿No lo soy? ¡Yo nunca lo supe!

Paso 2. Magdalena is talking about her experiences as a mother and as a child. Choose the summary statement that best reflects each situation.

1. Ayer jugaba con mi hija de 16 meses; Carina se alejó de mí, perdió el equilibrio y se cayó. Intenté ayudarla, pero estaba demasiado lejos.
   a. No la pude proteger.
   b. No la podía proteger.

2. Fue la primera vez que ella se cayó (*fell*) y se lastimó.
   a. Mi hija supo que yo no la puedo proteger siempre.
   b. Mi hija sabía que yo no la puedo proteger siempre.

3. Aunque esta vez no pude ayudarla, espero que sepa (*she knows*) que la quiero; cuando era niña yo nunca dudaba que mis padres me querían.
   a. Yo supe que mis padres me querían.
   b. Yo sabía que mis padres me querían.

4. Mi hija ya come de todo: pan, carne, fruta, legumbres. Ayer desayunó cereal con leche, fruta, pan tostado y tomó jugo, pero se quedó con hambre.
   a. Mi hija quiso comer más todavía.
   b. Mi hija quería comer más todavía.

5. Hoy al mediodía le serví su plato favorito: pasta con zanahorias, espárragos, brócoli, pollo y salsa de queso blanco, pero no comió nada; no le gustó.
   a. No quiso comer su plato favorito.
   b. No quería comer su plato favorito.

III. Other important vebs in the preterit

Reminder: Irregular verbs

	DAR	DECIR	VENIR
yo	di	dije	vine
tú	diste	dijiste	viniste
él/ella/Ud.	dio	dijo	vino
nosotros/as	dimos	dijimos	vinimos
vosotros/as	disteis	dijisteis	vinisteis
ellos/ellas/Uds.	dieron	dijeron	vinieron

8-14. La memoria no siempre es exacta

Paso 1. Guillermo, Teresa, and Patricia are trying to sort out what exactly happened to a set of photos that they all want to find. Each contributes a piece of the puzzle. Complete their conversation by filling in the blanks with the appropriate preterit form of the verbs **dar, decir,** and **venir.**

GUILLERMO: Recuerdo que yo tenía las fotos en mi cuarto cuando todavía estaba en

la escuela secundaria, pero se las (1) _____ a Teresa

cuando ella se fue a la universidad hace cinco años.

TERESA: Tienes razón. Pero las tuve sólo por un mes; cuando

(2) _____ de visita a casa durante unas vacaciones

breves, se las (3) _____ a Patricia.

PATRICIA: No, te equivocas. Pensabas venir, pero no pudiste porque tus

profesores te (4) _____ varios proyectos y tuviste que

quedarte en la universidad.

GUILLERMO: Es verdad, pero Patricia, ¿no recuerdas que tú y yo fuimos a la

universidad para sorprenderla? No le (5) _____ nada a

Teresa antes de la visita, simplemente llegamos a la universidad y la

llevamos a comer.

TERESA: ¡Ajá! Ahora recuerdo. Cuando (6) _____ esa vez, les

(7) _____ que había mandado (*I had sent*) las fotos a

casa por correo, pensando que no los iba a ver por unos meses.

Paso 2. Reread the conversation in Paso 1 to figure out who had the photos at various stages and complete the sentences below with the appropriate name: **Guillermo, Teresa,** or **Patricia.**

(El primero en tener las fotos fue) (1) _____ quien se las dio a

(2) _____. (3) _____ fue la última persona que

tuvo las fotos. (4) _____ nunca tuvo las fotos.

Paso 3. Reread the conversation again to answer the question below with your best guess.

¿Dónde están las fotos ahora? _____

Integración comunicativa

8-15. Un episodio importante en su vida

Paso 1. `AUDIO` Listen as several people tell anecdotes relating to their childhood. Based on their stories, decide where each person is from.

a. Ceuta	b. Filipinas	c. Israel
d. Guinea Ecuatorial	e. Estados Unidos	

Persona 1: _____

Persona 2: _____

Persona 3: _____

Paso 2. `AUDIO` Listen again to the anecdotes and complete the following sentences with the missing words.

MODELO: Ese día nos trasladábamos de nuestra casa en _____ a una casa. . .

Ese día nos trasladábamos de nuestra casa en *Río Muni* a una casa. . .

Primera anécdota:

1. Llovía mucho, pero de repente _____ y entonces. . .

2. Mientras mis padres _____, un idioma africano. . .

3. Registraron el bosque y después de _____, me encontraron. . .

Segunda anécdota:

4. Cuando era niño mis padres eran miembros de El Frente _____, un partido político izquierdista.

5. La isla tiene importancia histórica porque Fernando _____ en 1521.

6. Mis padres se sintieron _____ pero él estaba de buen humor. . .

Tercera anécdota:

7. Mi familia _____ a una región española en. . .

8. Los abuelos siempre _____ a muchos lugares interesantes y nos daban muchos. . .

9. No dejaba de llorar hasta que _____ a mis abuelos, que corrían hacia nosotros. . .

Paso 3. Write a brief paragraph in Spanish summarizing the main events of each of the above anecdotes.

_____

_____

_____

_____

_____

_____

_____

_____

_____

_____

_____

Paso 4. Write a paragraph in Spanish describing a personal anecdote of your own.

Una anécdota de mi vida _____

_____

_____

_____

_____

_____

_____

_____

_____

_____

8-16. Guinea Ecuatorial

Paso 1. [AUDIO] You will hear two separate passages on Guinea Ecuatorial. Match each passage to its main topic by choosing among the following themes.

Los productos agrícolas del país.

Los derechos humanos en el país.

La cultura española del país.

Una breve historia del país.

Los problemas económicos del país.

Pasaje 1: _____

Pasaje 2: _____

Paso 2. [AUDIO] Listen to the recording once again, and choose the letter of the response that best completes each phrase.

1. _____ La mujer que está en una relación polígama. . .
   a. no tiene que hacer labores tradicionales.
   b. tiene muchas oportunidades de comprar y vender propiedad.
   c. no suele recibir una buena educación.

2. _____ Si una mujer casada quiere divorciarse, según la tradición africana. . .
   a. recibe dinero de su esposo.
   b. recibe custodia de los niños.
   c. necesita devolver la dote.

3. _____ Muchos de los bubis viven en _____ y muchos de los fang viven en _____.
   a. Río Muni. . . Bioko
   b. Bioko. . . Malabo
   c. Bioko. . . Río Muni

4. _____ España tomó posesión en _____ y gobernó hasta _____.
   a. 1678. . .1868
   b. 1778. . .1968
   c. 1579. . .1778

Paso 3. WWW Go to Prentice Hall's *Impresiones* Web site at **www.prenhall.com/ impresiones**, and search for the link titled *Guinea Ecuatorial.* The Web site addresses some of the issues facing the women of Guinea. Read through the Web site, then choose an issue or topic on which to write 5–10 sentences in Spanish.

_____

_____

_____

_____

_____

_____

_____

_____

_____

_____

_____

Comparaciones culturales

8-17. Juan Tomás Ávila Laurel

Paso 1. AUDIO Listen to an interview that was conducted by María Elvira Luna Escudero-Alie with the Ecuatorial Guinean author Juan Tomás Ávila Laurel. Choose the best responses to the questions that follow, according to the interview.

1. _____ ¿Qué significa para ti ser africano?
   a. Te das cuenta de que ser africano te determina todo.
   b. Significa asumir y enfrentarse a los problemas del subdesarrollo.
   c. Ser africano no es circunstancial y no te condiciona.

2. _____ ¿Te consideras más africano o más hispano?
   a. Me considero ecuatoguineano.
   b. Todos los ecuatoguineanos sentimos muy fuerte lo español.
   c. Soy un africano con sentimientos hispanos.

3. _____ Define tu país en pocas palabras.
   a. Guinea Ecuatorial es dueño de su historia y puede sobrevivir.
   b. Mi país es pequeño, bonito y está atrapado en las garras de la mundialización.
   c. El mayor drama para mi país es que no somos todos conscientes de las cosas.

4. _____ ¿Consideras que has logrado bastante a tus 34 años y para tu corta carrera literaria?
   a. He hecho bastante y para Guinea soy un escritor precoz.
   b. He hecho lo mínimo para ser un buen escritor.
   c. En Guinea existe bastante vida intelectual.

Paso 2. Write a summary statement in Spanish, mentioning some of the important points of the interview with Juan Tomás Ávila Laurel.

MODELO: *Él es de Guinea Ecuatorial, tiene 34 años y dice que es africano pero que también siente lo hispano. . .*

_____

_____

_____

_____

Paso 3. AUDIO Listen to the second part of the same interview and check all the topics that are discussed.

1. _____ La razón por la cual él escribe.
2. _____ Los libros que ha publicado y los premios que ha recibido.
3. _____ Otros escritores de su país.
4. _____ La imagen de Latinoamérica en su país.
5. _____ Los símbolos típicamente africanos en su poesía.

Paso 4. AUDIO Listen again to the second part of the interview and complete the following sentences.

1. Para Guinea los latinoamericanos son _____, tanto negros como blancos.

2. La imagen de Latinoamérica que tenemos es la de la _____ de unos a otros, y del mangoneo (*meddling*) de las potencias.

3. Ciriaco Bokesa, que ahora vive en Madrid, se perfilaba como una promesa en la _____ guineana.

4. Una autora que ha conocido un _____ internacional es María Nsue.

5. Otro es Joaquín Mbomío, que vive en _____.

6. Él es autor de dos _____ cortas: *El párroco de Niefang* y *Huellas bajo tierra*.

Paso 5. Many of the authors that Ávila mentions no longer reside in Ecuatorial Guinea, but now live in Spain and Switzerland. Do they share the same values of those societies? Will they lose their own culture by participating in another culture? Consider that you were to move to a different country with a different culture, and perhaps a different language. What kind of adjustments would you be willing to make to assimilate and participate in that new culture? What part of your cultural identity would you not be willing to give up? What are your expectations of how you would want others to treat you? How accepting should they be of your cultural identity? Do you think your country is more accepting of multiculturalism than others? Write a minimum of 10–15 sentences in Spanish in reply to these questions. Attempt to create a coherent paragraph.

MODELO: *Si soy de un país y una cultura pero vivo en otro país y en otra cultura, creo que voy a experimentar cambios en mi manera de vivir y en mi manera de expresar quien soy. Por ejemplo. . .*

_____

_____

_____

_____

_____

_____

_____

_____

_____

_____

Las impresiones de Guadalupe: Actividades para el video

8-18. ¿Cómo hablan los personajes?

Paso 1. VIDEO Connie and Guadalupe use different words to talk about the same things. Do you remember who used each of the words below in this episode? Indicate whether Connie (**C**) or Guadalupe (**G**) said each word.

1. _____ esfero

2. _____ chulo

3. _____ parcial

4. _____ chévere

5. _____ pluma

6. _____ galán

7. _____ examen

8. _____ genial

Paso 2. The list of words in Paso 1 contains pairs of synonyms. Match the synonyms and write the pairs below.

MODELO: *esfero = pluma*

1. _____ = _____

2. _____ = _____

3. _____ = _____

Paso 3. Do you know any other synonyms in Spanish for the words in Paso 1? Write any that you know, plus at least one country in which each word is used.

Palabra	Sinónimo	País donde se usa
_____	_____	_____
_____	_____	_____
_____	_____	_____

8-19. Los parientes de Connie

Paso 1. Connie is showing pictures of her family members, and uses the preterit and the imperfect. Do you remember which forms she uses? Complete what she's saying by appropriately conjugating the verbs in parentheses in the preterit or imperfect according to the context.

Ésta es mi abuelita Bertita. Ya _____ (1. morir).

Pero _____ (2. ser) muy linda y muy amable con todo el mundo.

A mí me _____ (3. decir) siempre "reina" en vez de Connie.

Todos nosotros la _____ (4. querer). También

_____ (5. cocinar) muy rico.

Éstos son mis tíos Manuel y Catalina y mis primos Carlos Alberto y

Magdalena. Ellos _____ (6. mudarse) a Israel. Hablan

judeoespañol. Yo _____ (7. querer) aprender judeoespañol

cuando _____ (8. escuchar) a mis primos por primera vez.

Cada vez que ellos nos _____ (9. visitar), _____

(10. quedarse) en nuestra casa y entonces cuando mis primos y yo

_____ (11. jugar) me _____ (12. enseñar)

algunas palabras. . .

Paso 2. Watch the segment of the video in which Connie talks about her family and check whether you used the same forms in the previous paso as she did while talking. Then explain in English why Connie used the preterit or the imperfect in each case.

MODELO: 1. *Preterit: She was focusing on the completion or end point of an event.*

2. _____
3. _____
4. _____
5. _____
6. _____
7. _____
8. _____
9. _____
10. _____
11. _____
12. _____

8-20. Reacciones

Paso 1. Read the start of the dialogue between Connie and Guadalupe below. Take note of number 5 and the context in which it occurs. Then, answer the questions that follow in English.

1. Consuelo: Soy yo, Connie.
2. Guadalupe: ¡Entra!
3. Consuelo: Hola, Lupe. ¿Tienes un tiempito para hablar un rato?
4. Guadalupe: Estoy súper ocupada con la preparación del festival para la estación. Estuve ayudando a Jordi con su segmento cultural para "Sonora". ¿Sabías que a él le gustaba ir de museos cuando era más joven? Ay, bueno. . ., todavía falta la comida y. . . tú tienes que comprar tu boleto. . .
5. Consuelo: Ay, pero tú sólo tienes cabeza para la estación y nada más, ¿no?
6. Guadalupe: Híjole, Connie, ¿qué tienes?
7. Consuelo: Me siento fatal. Extraño muchísimo a mi familia en Colombia. . .
8. Guadalupe: Ya veo, yo también extraño a la mía. Trato de no pensar en ellos para no ponerme triste. . . Oye, ¿y qué es eso que hay ahí?
9. Consuelo: Es un álbum de fotos. Yo lo estaba viendo y no pude más y me puse a llorar.
10. Guadalupe: ¡Ay. . . gordita, pobrecita! Bueno, a ver, enséñame las fotos.
11. Consuelo: Bueno, eso era lo que quería.

Pregunta 1. ¿Por qué reacciona Connie así en el número 5? _____

_____

Pregunta 2. ¿Reaccionarías tú de la misma manera? ¿Por qué (no)? _____

_____

Paso 2. Rewrite number 4 in the dialogue from Paso 1 so that Connie's reaction in 5 becomes unnecessary. What must you change to make that happen?

3.   CONSUELO: Hola Lupe. ¿Tienes tiempito para hablar un rato?

4.   GUADALUPE: _____

Paso 3. Now look at number 10 in the dialogue in Paso 1 to answer the following questions.

1. ¿Por qué usa Guadalupe las palabras "gordita" y "pobrecita"?

    _____

2. ¿Qué otras palabras podría usar Guadalupe para comunicar lo mismo?

    _____

3. ¿Qué palabras usarías tú en inglés para comunicar la misma idea?

    _____

Los viajes y la cultura

Vocabulario en contexto

9-1. Los medios de transporte

Paso 1. AUDIO A travel agent is taking calls from two prospective clients. Which means of transportation does the agent recommend to each client: **autobús, avión, barco, carro,** or **tren?** (Give more than one answer if appropriate.)

1. Cliente 1: _____

2. Cliente 2: _____

Paso 2. AUDIO Both clients have opinions about forms of transportation. Listen to their conversations with the travel agent again. Then, mark **C** or **F** to indicate whether the statements below are true (**Cierto**) or false (**Falso**), and give two reasons for your answer.

1. _____ La cliente 1 prefiere viajar por avión.

   Razones: _____

2. _____ La cliente 1 va a manejar al sur de Chile.

   Razones: _____

3. _____ El cliente 2 piensa viajar por tren.

   Razones: _____

4. _____ El cliente 2 cree que viajar en barco es aburrido y rápido.

   Razones: _____

Paso 3. Choose one of the forms of transportation mentioned in Paso 1, and write three reasons why it is your preferred form of travel.

_____

_____

_____

9-2. AUDIO Preparativos de viaje

The two clients you have heard on the phone have asked the travel agent to help them plan their respective trips. Listen to the next part of their conversation and place an X in the corresponding column.

	CLIENTE 1	CLIENTE 2
MODELO:		
Quiere un boleto de primera clase	_____	__X__
1. Sale de la capital.	_____	_____
2. No tiene en mente una ciudad de destino en particular.	_____	_____
3. Piensa comenzar su viaje en dos semanas.	_____	_____
4. Va a tomar un tour de 5 días.	_____	_____
5. Va a visitar Rapa Nui.	_____	_____
6. Va a visitar una playa y un volcán.	_____	_____
7. Va a ver unas estatuas de piedra.	_____	_____
8. Va a viajar en avión.	_____	_____
9. Va a tomar un autobús.	_____	_____
10. Va a pagar con tarjeta de crédito.	_____	_____

9-3. El alojamiento

Paso 1. Client 1 has to decide where to stay during her trip, and has information about some possible locations. Which of the locations best meets her criteria? Underline the descriptions for each hotel that meet her specifications and then decide which hotel she should stay at.

El hotel debe. . .
- ser barato
- tener habitaciones con baño privado
- tener fácil acceso a las atracciones
- estar disponible por cuatro noches

1. Hostal Oro Fueguino: precios económicos por día o por semana, buen servicio, a tres cuadras del centro de la ciudad, televisión con cable, baño privado, frigobar en cada habitación.

2. Hotel los Navegantes: precios módicos semanales, buen servicio, restaurante y bar, con una bella vista del parque nacional Torres del Paine.

3. Hotel José Nogueira: en el distrito histórico, lugar tranquilo lejos del tráfico de la ciudad, en la antigua mansión de dos aventureros que escribieron sobre la Patagonia, habitaciones amplias con baños privados, precios razonables.

4. Hotel donde debe hospedarse: _____

Paso 2. What are your criteria for choosing where to stay when you travel? Mark each criterion that is important to you with an X.

precio: _____

número de habitaciones: _____

número de baños: _____

sofá-cama: _____

llamadas locales de teléfono

   gratis: _____

limpieza diaria de habitación: _____

estacionamiento gratis: _____

transporte gratis del y al

   aeropuerto: _____

piscina: _____

refrigerador: _____

horno: _____

horno microondas: _____

lavaplatos: _____

utensilios básicos de cocina: _____

Paso 3. `WWW` Go to the *Impresiones* Web site at http://www.prenhall.com/impresiones and follow the links to hotels in Patagonia (the southern region of Chile). Identify one hotel that meets most of your criteria.

Un hotel chileno con estas condiciones se llama: _____

9-4. De viaje

The activities listed below are commonly done when preparing for or taking a trip. Indicate how you did each one for your last trip: **por teléfono (T), en persona (P),** o **por Internet (I).** If you didn't do an activity, leave the space blank.

1. _____ Investigué las atracciones de la ciudad de destino.

2. _____ Hice las maletas.

3. _____ Usé los servicios de un agente de viajes.

4. _____ Hice la reserva para el transporte.

5. _____ Hice la reserva del hotel.

6. _____ Mostré el pasaporte.

7. _____ Llegué al aeropuerto en taxi.

8. _____ Me abroché el cinturón de seguridad cuando el avión despegó.

9. _____ Esperé en la cola para facturar las maletas.

10. _____ Pasé la aduana.

9-5. Los inconvenientes de los viajes

Read each traveler's complaint, and suggest a means of transportation (**tren, barco, carro, avión,** or **autobús**) that the person could take to avoid the problems they're complaining about.

1. _____ Me molestan mucho los retrasos cuando viajo en autobús; nunca salen a tiempo.

2. _____ No me gusta manejar cuando hace mal tiempo, pero tengo que viajar frecuentemente de una ciudad a otra en el invierno.

3. _____ Tener que esperar mucho tiempo en la cola para facturar el equipaje me vuelve loco. No lo aguanto; es una gran molestia. Pero es algo necesario si uno quiere volar, y el avión es el medio más rápido para llegar a destino.

Intercambios comunicativos

9-6. Reacciones positivas y negativas

Paso 1. `AUDIO` Listen to two friends talk about their vacation and write in the appropriate columns two positive and two negative reactions of the speakers.

MODELO: Reacción positiva: —¡Estoy tan feliz!

Reacción negativa: —¡Qué barbaridad!

Reacciones positivas

1. _____

2. _____

Reacciones negativas

3. _____

4. _____

Paso 2. `AUDIO` Listen to the conversation again and write in Spanish why the speakers reacted positively and negatively to what was being said.

MODELO: *Dijo algo negativo porque no le gustó cómo habían tratado a su amiga.*

Dijo algo positivo porque después de todo el viaje salió bien.

_____
_____
_____
_____

Paso 3. Write in Spanish a short conversation about a trip in which the speakers express positive and negative reactions to what is being said.

_____
_____
_____
_____
_____
_____
_____
_____

9-7. ¿Cómo se escribe una carta?

Paso 1. Read the following letters, then choose among the openings and closings listed below to appropriately complete them.

Saludos	Despedidas
Señor González:	Lo saludamos atentamente,
Señora Ramírez:	Sin otro particular, la saluda cordialmente,
Señores:	Dándole las gracias por anticipado, lo saluda

Carta 1:

Boston, 20 de octubre

_____(1):

Le escribo para agradecerle su ayuda durante mis vacaciones en Chile. Es Ud. muy simpática y sé que todo me salió bien en Valparaíso debido a la asistencia que me prestó. Si piensa venir a mi ciudad algún día, sepa que mi casa es su casa. Saludos a su marido y a sus hijas.

_____, (2)

Frederick Malcolm

Carta 2:

Boston, 20 de octubre

_____(3):

Le escribo para pedirle que me reserve una habitación en su establecimiento del 24 al 27 de diciembre. Un amigo que ha visitado esa ciudad y que se hospedó en su hotel me ha dicho que lo pasó muy tranquilo y muy cómodo allí. También me dijo que Ud. era muy amable y simpático y que lo ayudó a conocer la zona. Por esas razones me gustaría quedarme en su hotel.

_____, (4)

Frederick Malcolm

Paso 2. Pretend that you have taken a trip abroad and were dissatisfied with the service and treatment you received at the place you stayed. Write a letter to the person or persons in charge, expressing your complaint. Be sure to use an appropriate opening and closing for the letter.

_____

[Fecha]

_____:

_____

_____

_____

_____

_____

_____

_____,

[Firma] _____

Enfoque cultural

9-8. La geografía de Chile

Paso 1. AUDIO Listen to two students, Julia and Felipe, as they quiz one another about Chile's Easter Island. Based on their conversation, choose the correct reply to the following statements.

1. La Isla de Pascua fue descubierta por. . .
   a. un explorador inglés.
   b. un explorador holandés.
   c. un explorador francés.

2. La Isla de Pascua es territorio chileno desde el año. . .
   a. 1788.   b. 1888.   c. 1988.

3. Uno de los rasgos sobresalientes de la Isla de Pascua es la multitud de gigantescas estatuas de piedra, que se llaman en el idioma indígena. . .
   a. *mosaicos.*   b. *mesones.*   c. *moais.*

4. La Isla de Pascua está en el Océano Pacífico a. . . de la costa de Chile y a. . . de Tahití.
   a. 4.000 kilómetros; 3.700 kilómetros
   b. 3.700 kilómetros; 4.000 kilómetros
   c. 4.700 kilómetros; 3.000 kilómetros

Paso 2. AUDIO Listen again to Julia and Felipe in order to answer the following questions.

1. ¿En qué está basada la economía de la Isla de Pascua?

   _____

2. ¿Por qué Jacob Roggeveen la llamó la Isla de Pascua?

   _____

3. ¿En qué año fue descubierta la isla?

   _____

9-9. Las regiones de Chile

Paso 1. The regions of Chile are quite varied in geography. Try to place the following information in its correct region: **(N)orte, (C)entro, (S)ur.**

1. _____ el desierto árido llamado Atacama donde casi nunca llueve

2. _____ la región más adecuada para la agricultura y donde se cultivan las uvas para hacer los famosos vinos del país

3. _____ donde se encuentran volcanes y termas

4. _____ donde vive la mayoría de la población

5. _____ donde hay varios observatorios astronómicos debido a los cielos despejados

6. _____ donde hay muchos bosques y donde se encuentra la cultura de los mapuches

Paso 2. Read the following passage and underline the information needed to verify your answers in Paso 1. Make any necessary corrections to your Paso 1 answers.

Se puede dividir a Chile en varias regiones. Es común dividirlo en seis: Norte Grande, Norte Chico, Centro, Sur, Patagonia Norte y Patagonia Sur. Vamos a simplificar esta división y hablar solamente de tres regiones: Norte, Centro y Sur. En el norte se encuentran varios observatorios astronómicos debido a los cielos despejados de la región. En esta región también está uno de los desiertos más áridos del mundo, el Atacama, donde casi nunca llueve. El centro es donde se ve la mayoría de la agricultura; por ejemplo, es allí donde se cultivan las uvas que se usan para hacer los famosos vinos chilenos. Además, en el centro vive la mayoría de la población. El sur es donde hay muchos bosques, volcanes y termas (muchas de las termas se han hecho centros turísticos, como, por ejemplo, las Termas de Huife). En esta región es donde viven los mapuches. La parte más al sur se llama Patagonia, allí el país empieza a dividirse en muchas islas y el clima es muy frío.

Paso 3. Based on the passage in Paso 2, write two additional pieces of information you learned about the geography of Chile which you were not previously aware of.

Primer dato: _____

_____

Segundo dato: _____

_____

Paso 4. WWW Go to the *Impresiones* Web site at **http://www.prenhall/impresiones**, and follow the links to *Geografía de Chile*. At the link, test yourself on how much you now know about Chile by taking the online quiz. The site offers much valuable information regarding Chile and its geography. You may use the space provided below to jot down your answers and score and any information you deem important to share in class.

_____

_____

_____

_____

_____

gramática en contexto

I. Preterit vs. Imperfect: Background and Foreground

> **Reminder:** The preterit is used to indicate that the speaker visualizes the action or state as completed during the selected time period. The use of the imperfect implies that the speaker sees that action or state as ongoing, in progress, repetitive, or incomplete. Hence, the imperfect is often (but not always!) associated with background information, whereas the preterit is frequently associated with foregrounded actions. In other words, the same action can be marked with either preterit or imperfect depending on the perspective that the speaker chooses.

9-10. Crónica de un viaje, Parte uno

Travelogues are a popular source of information about interesting places written (or filmed) from the point of view of a single traveler. You'll be reading parts of a travelogue in the next few activities.

Paso 1. Read the first part of a travelogue about touring Chile. Then, check off the topics mentioned by the traveler in the list below.

Crónicas, Parte Uno:

Fui a Puerto Montt, Chile, en abril cuando hacía frío y llovía mucho. Cuando hice la reserva pensaba que abril era el comienzo de la primavera como en Estados Unidos. Sin embargo, aún con el mal tiempo, me gustó mucho el viaje. Llegué a Santiago, y desde allí tomé un autobús a Puerto Montt. Más que nada Puerto Montt era un lugar conveniente para hospedarme porque había muchos hoteles y se servía excelente pescado en casi todos los restaurantes. Encontré un hotel que me costó sólo 19 dólares por noche, y una señora me enseñó varias atracciones del área. Puerto Montt está cerca del Lago Llanique y la isla Chiloé. Cuando lo visité, el lago tenía agua limpia y el área era pristina. Allí cerca hay un parque donde se puede hacer muchas cosas. Yo quería disfrutar de la naturaleza así es que me quedé en el parque un par de días. Hice de todo: monté a caballo, pesqué, tomé muchas fotos, y anduve en bicicleta de montaña.

1. _____ descripción del lugar

2. _____ descripción de la gente

3. _____ actividades del viajero

4. _____ opiniones del viajero

5. _____ medios de transporte usados

6. _____ precios o los costos

7. _____ idiomas hablados

Paso 2. Reread the first segment of the travelogue in Paso 1. As you read, underline all the verbs used in the imperfect and circle all of the verbs used in the preterit.

Paso 3. For the segment in Paso 1, is there a pattern by topic in the use of preterit or imperfect? Indicate what pattern, if any, you can find.

	IMPERFECTO	PRETÉRITO	NINGÚN PATRÓN	NO SE MENCIONÓ EL TEMA
MODELO:				
idiomas hablados	_____	_____	_____	_X_
1. descripción del lugar	_____	_____	_____	_____
2. descripción de la gente	_____	_____	_____	_____
3. actividades del viajero	_____	_____	_____	_____
4. opiniones del viajero	_____	_____	_____	_____
5. medios de transporte usados	_____	_____	_____	_____
6. precios o los costos	_____	_____	_____	_____

Paso 4. What relationships do you see between the patterns you found in Paso 4 and the information that is backgrounded or foregrounded in the travelogue?

_____

_____

_____

9-11. Crónica de un viaje, Parte dos

As you read the next segment of the travelogue, choose between the imperfect and the preterit of the verbs in parentheses according to the context. Keep in mind the patterns and examples you saw in the last activity.

En Puerto Montt, (1. me encontré / me encontraba) con un viejo amigo de la universidad, Antonio Freire, un arqueólogo. Antonio y yo (2. fuimos / íbamos) en carro a Monte Verde ya que me interesa la arqueología y Monte Verde es un sitio muy importante. Entre 1977 y 1985 el profesor Dillehay de la Universidad Austral de Chile y otros arqueólogos (3. excavaron / excavaban) un sitio en Puerto Montt. (4. Descubrieron / Descubrían) casitas, pedazos (*pieces*) de carne fosilizados, más de 700 herramientas (*tools*) de hueso y piedra, y otras indicaciones de que los seres humanos (5. existieron / existían) en Chile hace más de 12.500 años. Mientras (6. caminamos / caminábamos) por el sitio, Antonio me (7. explicó / explicaba) todas las cosas que (8. vimos / veíamos) —esto (9. fue / era) una herramienta, aquella forma (10. fue / era) un fuego, etc. (11. Caminamos / Caminábamos) hasta el anochecer, y yo (12. aprendí / aprendía) mucho. Le (13. sugerí / sugería) a Antonio un negocio —ofrecer tours del sitio para turistas interesados en arqueología... (14. Regresamos / Regresábamos) a Puerto Montt, donde (15. cenamos / cenábamos) con la esposa de Antonio, y finalmente yo (16. volví / volvía) a mi hotel a dormir.

9-12. Crónica de un viaje, Parte tres

In this final segment of the travelogue, choose an appropriate verb from the list below to logically complete the paragraphs. Conjugate each verb in either the imperfect or the preterite according to the context. Some verbs have already been conjugated to help you.

ser	haber	estar	viajar	salir
impresionar	caminar	llegar	navegar	volver

Al siguiente día, **decidí** ir al Parque Pumalín, un hermoso parque que

(1) _____ al sur de Puerto Montt. <u>Había</u> un tour por barco que

(2) _____ del pueblito Homopiren. **Escogí** ese tour por su precio

y por el tipo de actividades que se incluyen. Las otras personas en el tour y yo

(3) _____ de Puerto Montt a Homopiren en autobús, donde nos

<u>esperaba</u> el barco para llevarnos a la parte norte del parque. Por barco

(4) _____ a una pequeña isla donde **cenamos** y **acampamos** por

la noche. No (5) _____ electricidad ni agua corriente, así que

nos bañamos bajo las estrellas en un manantial (*spring*) de agua caliente que

<u>brotaba</u> cerca de la costa pacífica.

Durante el segundo día del tour (6) _____ hasta el Lago Abascal. Las montañas majestuosas de los Andes nos (7) _____ a todos. Por la tarde (8) _____ en canoa hasta el valle Vodudahue. Luego (9) _____ al campamento para cenar y descansar. (10) _____ una experiencia fantástica. Para los viajeros con más tiempo, hay tours que ofrecen una visita de 5 a 8 días. Se los recomiendo para que disfruten de la belleza de este parque.

9-13. Crónica personal

You've decided to complete a grant application for traveling to another country to produce your own travelogue. As part of the application, the grantors want to see a sample of your travel writing. Write a paragraph of about ten sentences about a place you have visited describing the location, people, languages, activities, points of interest, transportation, costs, or any other engaging aspect to try to get a grant.

_____

_____

_____

_____

_____

_____

_____

_____

_____

_____

_____

_____

_____

_____

_____

_____

_____

II. The personal *a* with animate direct objects

> **Reminder:** When the direct object in Spanish is animate, it is marked by placing an **a** (called the "personal **a**") before it. Example: Juan ve **a Pablo.**

9-14. La a personal

Paso 1. Read each situation, then mark the statement that better describes what happened. Use the personal **a** as a clue in each case.

1. Miguel quiere planear un viaje y necesita la ayuda de su agente de viajes.
   a. A la agente la llama Miguel.   b. La agente lo llama a Miguel.

2. Miguel está de viaje, perdió su cartera y necesita dinero.
   a. A nosotros nos llamó Miguel.   b. A Miguel lo llamamos nosotros.

3. Cuando hablábamos con Miguel, pasó su ex-novia, Ángela. Ella todavía está muy enojada con él; por eso cruzó a la otra calle para no saludarnos.
   a. A Ángela no la saludó Miguel.   b. A Miguel no lo saludó Ángela.

4. Miguel estaba deprimido asi que decidió ir a ver a su sicólogo.
   a. Al sicológo lo visitó Miguel.   b. A Miguel lo visitó el sicológo.

Paso 2. Ángela wrote a postcard to her friend Adriana about her encounter with Miguel while on vacation. Read her postcard and complete the blanks with the personal **a** where required; not all blanks require it.

Querida Adriana,

No lo vas a creer, pero esta mañana vi (1) _____ Miguel. Lo vi enfrente de un banco; estaba hablando por teléfono. Casi nunca te veo a ti aunque vivimos a dos cuadras, pero (2) _____ mi ex novio lo veo en otra ciudad. ¡Increíble! No sé si él me vio (3) _____ mí porque no lo saludé. Había (4) _____ una muchacha a su lado; tal vez es (5) _____ una novia nueva, la pobrecita. Oye, ¿visitaste (6) _____ mis papás esta semana? Si no los visitas, van a preocuparse.

Un abrazo,

Ángela

III. *Hace* (time) *que* + verb in the present or past

a. *Hace* (tiempo) *que* + verbo en presente

> **Reminder: Hace** used with an expression of time (**un día, tres años, dos minutos,** etc.) and a verb in the present tense expresses the duration of an activity.

9-15. ¿Cuánto hace?

Answer the following questions about yourself.

1. ¿Cuánto tiempo hace que vives en tu domicilio (casa, apartamento, etc.) actual?

_____

2. ¿Cuánto tiempo hace que vives en esta ciudad?

_____

3. ¿Cuánto tiempo hace que estudias español?

_____

4. ¿Cuántos meses o años hace que eres estudiante universitario/a?

_____

b. *Hace* (tiempo) *que* + verbo en pasado

> **Reminder: Hace** used with expressions of time and a verb in the past tense means *ago*.

9-16. Preguntas a un exiliado

Match the answers in column B with the questions asked of a Chilean expatriate in column A.

Columna A

1. ¿Hace cuántos años que viajaste a Chile por primera vez? _____

2. ¿Hace cuántos años que empezaste a hablar inglés? _____

3. ¿Hace cuánto tiempo que emigraron tus padres a los Estados Unidos? _____

Columna B

a. Hace 24 años; vinieron un año antes de nacer yo.

b. Hace 19 años; en la casa sólo oía español hasta empezar el colegio.

c. Hace un mes; por fin ahorré suficiente dinero.

Integración comunicativa

9-17.   Augusto Pinochet Ugarte

Paso 1. AUDIO Mark Anthony is visiting Chile for the first time. He has flown to Valparaíso, where he will stay for three months to study Spanish. While there he will complete an independent-study course by conducting interviews with Chileans about what they know of former president Augusto Pinochet, and what opinions they have of him. Listen in as Mark begins his interviews. For each person interviewed, write down two facts given about Augusto Pinochet as well as each person's opinion.

MODELO: Dato: En 1998 Pinochet fue arrestado en París.
            Opinión: El ex-presidente debe ser juzgado y encarcelado por delitos cometidos contra la humanidad.

Persona 1   Datos: _____

_____

Opinión: _____

_____

Persona 2   Datos: _____

_____

Opinión: _____

_____

Persona 3   Datos: _____

_____

Opinión: _____

_____

Paso 2. AUDIO Listen again to Mark Anthony's interviews and decide whether the following statements are true (**Cierto**) or false (**Falso**).

1. _____ Augusto Pinochet Ugarte nació en Santiago, Chile.

2. _____ Tomó el poder político el 11 de septiembre de 1973.

3. _____ Él fue responsable de la expansión económica que experimentó Chile.

4. _____ Nunca se casó y no tiene hijos.

5. _____ En 1998 fue detenido en París y arrestado.

Paso 3. Rewrite each false statement in Paso 2 to make it true.

a. _____

b. _____

c. _____

Paso 4. Pretend that you are Mark Anthony and that you need to begin writing a rough draft of your report. Using Mark's interview information: 1) give general information about Augusto Pinochet Ugarte, 2) put the events in chronological order, 3) list Chileans' opinons about him, dividing them into two groups: supporters and dissenters, and 4) give reasons why Chileans hold such differing opinons about the ex-president.

_____

_____

_____

_____

_____

_____

_____

_____

_____

_____

_____

9-18.   El pueblo chileno según Mark Anthony

Paso 1. AUDIO Listen as Mark Anthony speaks on the phone with a friend about his life in Chile. Based on the conversation, complete the following statements.

1. A los buses en Chile también se les llama _____.

2. Un kilogramo de plátanos cuesta _____ pesos.

3. Mark visita los *malls* y de vez en cuando va a un _____.

4. Un _____ de micro cuesta 1.400 pesos.

5. Las gasolineras venden _____.

6. Mark Anthony vio una película en un _____ de 16 salas.

Paso 2. AUDIO Listen to Mark Anthony's conversation again and answer the following questions.

1. ¿Qué es un caracol?

    _____

    _____

2. ¿Cuánto le costó una Coca-Cola?

    _____

    _____

3. ¿Qué es un multicine?

    _____

    _____

Paso 3. WWW Mark Anthony was in Chile some time ago. Go to the *Impresiones* Web site at **www.prenhall.com/impresiones** and follow the links to *Exchange rates*. Find out what Mark Anthony would probably have to pay now for the items he mentioned in his conversation, if he were still living in Chile.

La tasa de cambio:

1. Un dólar estadounidense equivale a _____ pesos chilenos. Los precios de las cosas que Mark Anthony compró:

2. un kilogramo de plátanos: _____ pesos

3. una botella de Coca-Cola: _____ pesos

4. un pasaje de micro: _____ pesos

Paso 4. Based on Mark Anthony's description of life in a large city in Chile, how would you compare it with the life of a person living in a large city in your country? What similarities and differences do you note? Write a brief paragraph in Spanish making your comparison.

_____

_____

_____

_____

_____

_____

Comparaciones culturales

9-19. Volodia Teitelboim, un autor chileno

Paso 1. AUDIO Listen to the following narrative about Volodia Teitelboim. Based on the recording, choose the best response to complete the following statements.

1. El señor Volodia Teitelboim nació en. . .
   a. Santiago, Chile.
   b. Chillán, Chile.
   c. Valparaíso, Chile.

2. Su padre era. . .
   a. ucraniano.
   b. mexicano.
   c. salvadoreño.

3. Teitelboim nació en el año. . .
   a. 1936.
   b. 1946.
   c. 1926.

4. Además de ser autor, se dedicó a. . .
   a. la política.
   b. la pintura.
   c. la filantropía.

5. Su obra biográfica incluye libros sobre los autores. . .
   a. Mistral y Huidobro solamente.
   b. Huidobro, Neruda, Mistral y Borges.
   c. Huidobro, Neruda y Borges solamente.

Paso 2. AUDIO Listen to the recording once again and complete the missing words in the following sentences.

1. En 1938, Teitelboim _____ a Gabriela Mistral.

2. Una de sus primeras obras literarias, publicada en 1952, fue

   _____.

3. Recibió el más prestigioso premio literario de su país en el año 2002: el Premio
   _____ de Literatura.

4. Participó con la famosa autora chilena, Lila Calderón, en la
   _____ de la Cultura 2002.

5. Ha sido senador y también secretario general y presidente del
   Partido _____.

Paso 3. It has not been too uncommon throughout the history of the Spanish-speaking world for writers to participate and hold top positions in their country's government, as we see in the case of Vilodio Teitelboim. How common is it for writers to be seriously involved in the politics of your country? Think of an author who also has participated actively in the politics of his or her country. If none come to mind, do some research on the topic, then write a brief paragraph in Spanish about the person and his or her life (10–15 sentences).

_____

_____

_____

_____

_____

_____

_____

_____

_____

_____

_____

9-20. La cultura mapuche de Chile

Paso 1. Read the following passage and fill in the blanks with the appropriate word from the following list.

araucanos	*che*	mapuches	1541	1885
Mapu-dugan	extinguirse	huincas	*Mapu*	un millón y medio

Hay varios grupos indígenas en Chile pero quizá el más conocido sea el de los

(1) _____. El nombre *Mapuche* tiene un significado:

(2) _____ quiere decir tierra y (3) _____ significa

gente, entonces su nombre quiere decir algo así como gente de la tierra.

Cuando llegaron los españoles en el año (4) _____, vivían en el

sur de Chile alrededor de (5) _____ de mapuches. Los españoles

llamaron a los mapuches (6) _____. También los mapuches

tenían un nombre indígena para los españoles: (7) _____. Los

mapuches lucharon contra los españoles por muchos años pero, finalmente, en

el año (8) _____, perdieron control de todos sus territorios. Hay

personas que dicen que el idioma de los mapuches, el (9) _____,

está en peligro de (10) _____.

Paso 2. AUDIO Now, listen to a recording of the above paragraph and verify and make any necessary corrections to your answers in Paso 1.

Paso 3. We often read of native peoples and their cultures and languages, but never really have a chance to listen to or read words in their native tongues. Below are words in *Mapu-dugan,* the language of the Mapuche people. Can you guess which part of the native words refers to the meaning of the Spanish word that appears in the column heading? Underline the part you feel refers to the Spanish word's meaning, then write it in the space provided below.

Mankewün = lenguaje dolorido en el saber
Alongkewün = lenguaje lucido claro y expresivo
Linkokewün = lenguaje abundante de mucho contenido
Wenchumañ = cóndor altivo, macho
Kurrumañ = cóndor negro
Aukamañ = cóndor silvestre, libre, suelto
Antülaf = día feliz, día de alegría, grito
Wirkalaf = grito de alegría, grito agradable, saludable
Wenchulaf = hombre sano, feliz, alegre

1. lenguaje: _____

2. cóndor: _____

3. alegría: _____

Paso 4. There are those in Chile who feel that the Chilean government has not provided enough for the Mapuche people. What rights does a government owe to the native, original inhabitants of its lands? How has the government of your country treated its native people(s)? Write a few sentences on this topic, answering the above questions. If you are not familiar enough with the topic or would like more information, you may need to do some research before beginning your writing.

_____

_____

_____

_____

_____

_____

_____

_____

_____

_____

_____

_____

9-21.   Diferencias dialectales: El voseo

Paso 1. `AUDIO` As was the case in Argentina, the **voseo** is prominent in Chile. There are various patterns of usage of **voseo** throughout the Spanish-speaking world. In pattern 1, speakers use the familiar pronoun **vos** instead of **tú,** but retain the verbal conjugations for **tú,** as in **vos hablas, vos comes,** and **vos vives.** In other areas, speakers may use pattern 2, retaining the pronoun **tú** but using the verb conjugations for **vos: tú hablás, tú comés, tú vivís.** Still, in other areas, speakers may use a third pattern, which includes the use of both the **vos** pronoun with the **vos** verbal conjugations: **vos hablás, vos comés,** and **vos vivís.** It has been suggested that in Chile a person who uses **voseo** will typically follow the second pattern: retaining the pronoun **tú** and using **vos** verbal conjugations. In most cases, the use of **voseo** generally indicates a considerable degree of intimacy, solidarity, and familiarity with the listener.

Listen to the speaker and write down the **voseo** expressions he or she uses. Identify each one as belonging to one of the three patterns described above.

MODELO: Expresión: *¿Cuándo comés vos?*

Estructura: 3

1. Expresión: _____

   Estructura 1   2   3

2. Expresión: _____

   Estructura 1   2   3

3. Expresión: _____

   Estructura 1   2   3

4. Expresión: _____

   Estructura 1   2   3

9-22. El atractivo de los lugares

Paso 1. `VIDEO` In this episode of the video, Guadalupe reads an ad about various places of interest to visit in Chile. Based on the ad, match each place in the first column with its interesting aspect from the second column.

1. En Atacama

2. En los Andes

3. Santiago de Chile

4. La Patagonia

a. _____ es una ciudad moderna.

b. _____ se puede visitar en barco.

c. _____ se puede esquiar.

d. _____ se puede experimentar el calor del desierto.

Paso 2. In the ad about Chile, you hear: "no es <u>una réplica</u> de un pasado colonial sino, por el contrario, <u>una de las mecas</u> más modernas del <u>cono sur</u>". Match the underlined phrases in the quote with the closest explanation in the list below.

a. Uno de los lugares que atraen más.

b. Una repetición, una copia.

c. Los países más al sur de Latinoamérica.

Paso 3. Compare the ideas and attraction of Chile with the United States by answering the following questions with examples.

MODELO: *Miami es una de las mecas del turismo en los Estados Unidos. Algunas partes de Santa Bárbara son réplicas de un pasado colonial.*

1. ¿Hay lugares en los Estados Unidos que se pueden considerar "mecas" por alguna razón?_____

_____

2. ¿Hay lugares que se puede considerar "réplicas" del pasado? ¿Cuáles?

_____

_____

9-23. En la emisora

Paso 1. To summarize some main points of this episode, fill in the blanks with the appropriate direct or indirect object pronoun according to the context.

1. Cuando Jordi llega a la emisora el profesor Parra _____ saluda pero

   Guadalupe no _____ ve llegar.

2. Cuando Guadalupe está en la cabina de grabación, el profesor Parra no

   _____ da ánimos pero Jordi _____ dice que todo va a salir bien.

3. Cuando Guadalupe termina la grabación, _____ da las gracias al

   profesor Parra y a Jordi.

Paso 2. In some of the statements in Paso 1 there are small factual errors. Identify the errors and correct them so that the summary is faithful to the video episode.

Paso 3. Now rewrite each of the corrected statements in Paso 1 in the past, and from a new perspective. Use the guides below to retell the events in each statement. Be sure to change the verbs to preterit or imperfect appropriately, as well as change the direct and indirect object pronouns when needed.

1. Jordi: Cuando llegué a la emisora, el profesor Parra _____ y Guadalupe

   _____ llegar.

2. Guadalupe: Cuando estaba en la cabina de grabación, el profesor Parra

   _____ ánimos y Jordi _____ que todo _____ a salir bien.

3. El profesor Parra y Jordi: Cuando Guadalupe terminó la grabación,

   _____ las gracias.

9-24. ¡Ánimo!

Paso 1. In this brief exchange, Professor Parra tries to calm Guadalupe's nerves before her recording. Change Guadalupe's underlined response to a shorter time period. Then rewrite Professor Parra's response, so he helps Guadalupe even more.

GUADALUPE: No sé por qué estoy tan nerviosa, ya he hecho este tipo de anuncios muchas veces en la Universidad de Guadalajara.

PROF. PARRA: ¿Hace cuánto que grabó el último comercial?

GUADALUPE: A ver. . . como <u>hace un año y medio</u>.

PROF. PARRA: Bueno, <u>hace ya bastante tiempo. Pero mire, esto va a ser una oportunidad para adquirir más práctica.</u>

Ahora tú:

PROF. PARRA: ¿Hace cuánto que grabó el último comercial?

GUADALUPE: A ver. . . creo que fue _____

PROF. PARRA: Bueno, _____

_____

Paso 2. Imagine that you have an interview in Spanish. Write a dialogue similar to the one in Paso 1 in which the interviewer asks you when the last time you spoke Spanish was, you answer, and s/he says something to put you at ease.

— _____

— _____

— _____

— _____

Paso 3. In your culture, how do people put each other at ease in stressful or difficult situations? Write two expressions or describe two actions used for this purpose.

_____

_____

La comida y la dieta

10-1. Los grupos alimenticios

Paso 1. Identify what each group of foods has in common. Use the options from the following list.

verduras	granos
productos lácteos	carbohidratos
bebidas alcohólicas	verduras o frutas de color rojo
alimentos típicos de un desayuno	

1. cereal, jugo de naranja, café

2. manzana, tomate, fresas

3. pasta, arroz, pan

4. vino, cerveza, whisky

5. queso, leche, manteca

6. lechuga, pepinillo, tomate

7. lentejas, garbanzos, frijoles

Paso 2. Write a list of three food items for each one of the following categories.

1. Comidas típicas de niños: _____

2. Tipos de carnes: _____

3. Verduras o frutas de color verde: _____

4. Condimentos: _____

5. Bebidas sin alcohol: _____

10-2. ¿Qué desea tomar?

Paso 1. Which drinks are most likely to be served at different times of the day with the following foods?

1. un plato de salmón, arroz y verduras en la cena
    a. chocolate   b. vino   c. jugo de frutas
2. galletitas dulces y donuts en la merienda
    a. café o té   b. vino   c. jugo de frutas
3. fruta y tostadas en el desayuno
    a. chocolate   b. vino   c. jugo de frutas
4. un sándwich y una ensalada durante el almuerzo
    a. café o té   b. jugo de frutas   c. agua o refresco
5. una hamburguesa con ensalada de lechuga y tomate en un picnic
    a. chocolate   b. cerveza   c. jugo de frutas

Paso 2. Which drink are you more likely to have with the following people when they visit you? Mark as many as you think are applicable.

	NIÑO/A	ABUELO/A	JEFE/A	VECINO/A	AMIGO/A
vino	_____	_____	_____	_____	_____
jugo de fruta	_____	_____	_____	_____	_____
gaseosa o refresco	_____	_____	_____	_____	_____
whisky	_____	_____	_____	_____	_____
cerveza	_____	_____	_____	_____	_____
café	_____	_____	_____	_____	_____
té	_____	_____	_____	_____	_____
chocolate caliente	_____	_____	_____	_____	_____
agua	_____	_____	_____	_____	_____

10-3. Me encanta la carne roja

Paso 1. `AUDIO` Two students are talking about what they like to eat. Listen to their conversation and decide who states the following:

Julián   **Marta**

_____   _____   1. A mí me encanta comer carne, especialmente carne de vaca.

_____   _____   2. Me encanta el queso y tomo mucha leche, especialmente en el desayuno.

_____   _____   3. Mi padre también tiene el colesterol alto.

_____   _____   4. En general aderezo mis ensaladas con aceite de oliva.

_____   _____   5. No me gusta mucho el pescado.

_____   _____   6. ¿Has probado el ceviche que preparan en Perú?

Paso 2. `AUDIO` Now listen to the conversation again and for each type of food write an X under the name of the person who says that s/he eats it regularly.

	JULIÁN	MARTA
aceite de oliva	_____	_____
brócoli	_____	_____
carne roja	_____	_____
frijoles	_____	_____
garbanzos	_____	_____
leche	_____	_____
lechuga	_____	_____
lentejas	_____	_____
pescado	_____	_____
queso	_____	_____
tomate	_____	_____
zanahoria	_____	_____

10-4. Descripciones de comidas

Paso 1. Match the food items with the brand names they're associated with.

1. _____ Yoplait
2. _____ McDonald's
3. _____ KFC
4. _____ Starbucks
5. _____ Pepsi
6. _____ Domino's
7. _____ Krispy Kreme
8. _____ Ben and Jerry's

a. café
b. pollo
c. donuts
d. hamburguesas
e. pizza
f. helado
g. yogurt
h. refresco o gaseosa

Paso 2. Now read the following descriptions of food items below (1–8) and match them with the name of the dish or food mentioned in the previous Paso (a–h).

1. Disco de carne picada que se sirve en un pan y que se complementa con lechuga, tomate y salsa de tomate. _____

2. Bebida de color negro que contiene cafeína que generalmente se toma caliente. _____

3. Carne blanca que se puede comer frita, al horno, a las brasas, etc. _____

4. Comida que se hace con harina, se moldea en forma de aros (*rings*) y se fríe. _____

5. Bebida sin alcohol (con o sin cafeína) de color oscuro y que generalmente se toma fría. _____

6. Producto lácteo de consistencia cremosa que se congela y se toma muy frío. _____

7. Comida de origen italiano que se asocia con Nueva York. _____

8. Producto lácteo de consistencia cremosa que contiene bacterias que son beneficiosas para la salud. _____

Paso 3. Describe two other foods that you normally eat that are not described above. Give the descriptions to your instructor to see if s/he can guess the food item you described.

1. _____

_____

2. _____

_____

10-5. Una dieta equilibrada

Paso 1. [AUDIO] Listen to the following conversation between a nutritionist and her patient and jot down as many food items that the patient eats or drinks for each meal as you can.

desayuno: _____

media mañana: _____

almuerzo: _____

merienda: _____

cena: _____

Paso 2. [AUDIO] Now, listen to the conversation again but this time pay attention to the reaction of the nutritionist: Do the following statements accurately reflect her opinion?

1. Los donuts tienen muchas calorías y mucho colesterol. Sí _____ No _____

2. La cafeína afecta la absorción del potasio. Sí _____ No _____

3. La cafeína ayuda a reducir la acidez. Sí _____ No _____

4. Es importante comer frutas y verduras. Sí _____ No _____

5. Es bueno tomar leche durante la tarde. Sí _____ No _____

6. Cenar inmediatamente antes de ir a la cama impide hacer la digestión.

    Sí _____ No _____

Paso 3. Analyze the list in Paso 1 and decide if the food quantity that corresponds to each section of the food pyramid is adequate or not.

CANTIDAD:	POCA	APROPIADA	DEMASIADA
1. lácteos	_____	_____	_____
2. grasas, aceites y azúcares	_____	_____	_____
3. carnes, aves, pescado, huevos y leguminosas	_____	_____	_____
4. verduras	_____	_____	_____
5. pan, cereales, arroz y pastas	_____	_____	_____
6. frutas	_____	_____	_____

Paso 4. Circle the number of the suggestion you think the nutritionist will give this patient.

1. Le recomiendo que consuma frutas y verduras porque tienen mucha fibra y son buenas para prevenir muchas enfermedades, especialmente las relacionadas con el aparato digestivo y el cáncer en general.

2. En mi opinión creo que es importante que consuma muchos carbohidratos como pasta, pan, arroz, etc.

3. Mi recomendación es que debe comer menos productos de alto contenido graso.

4. Es importante que consuma más carne de vaca porque le ayuda a reducir el nivel de colesterol.

5. Si quiere comer carne, creo que es preferible que la cocine al horno, a la plancha o a la parrilla. Y también le sugiero que si cocina pollo le quite la grasa de la piel.

10-6. La papa: la base de la comida de los incas

Paso 1. Complete the paragraph using the words from the list below.

comida	bebida	la chicha	Inca
variedades	papas	deshidratadas	ingredientes

La papa era un alimento básico del Imperio (1) _____. Se puede

notar la importancia de esta comida en la región si recordamos que cuando los

españoles llegaron a lo que hoy es Ecuador, ¡encontraron más de 100

(2) _____ de papas! En la época incaica se preparaba el locro,

que era un plato hecho con papas (3) _____ que se servían

acompañadas con el charqui (carne seca de llama). Otros platos del Perú en los

que la papa es uno de los principales (4) _____ son la causa

(puré de papas con aceite, ají y limón); la papa a la huancaína; la papa rellena y

el ajíaco de papas. Pero no sólo se preparan platos de comida con las papas:

una (5) _____ alcohólica tradicional de Perú que se llama

(6) _____, se puede hacer con (7) _____

fermentadas. Hoy en día, la papa es una (8) _____ importante

en muchos países, no sólo en Ecuador o Perú. ¿Cuántos platos conoces en tu

propia cultura en los que la papa es el ingrediente principal?

Paso 2. AUDIO Listen to the list of ingredients needed to make **Papas a la huancaína**
and fill in the information that is missing from the recipe.

1. Ingredientes: (Para _____ personas)

2. 4 papas _____ pequeñas,

3. 4 papas _____ pequeñas,
   4 papas huayro pequeñas,

4. 3 yemas de _____ cocidas,
   4 ajíes,

5. 1/4 kilo de queso _____, requesón o queso _____,

6. 1/4 taza de _____ evaporada,

7. 1/4 taza de aceite _____ o de _____,

8. 3 galletas sin _____,
sal y pimienta,
jugo de 1 limón,
unas hojas de lechuga,

9. aceitunas y _____.

Paso 3. AUDIO Listen to the explanation for preparing **Papas a la huancaína** again and number the steps listed below in order.

a. _____ Mezcle todo en la licuadora hasta lograr una consistencia cremosa.

b. _____ Coloque unas hojas de lechuga debajo de las papas y agregue aceitunas y perejil sobre la salsa.

c. _____ Lave las papas.

d. _____ Cocine cada tipo individualmente en agua con sal.

e. _____ Déjelas enfriar y luego pélelas.

f. _____ Agregue la crema huancaína a las papas.

g. _____ Póngalas en una fuente, alternándolas por tipo de papa.

h. _____ Humedezca los ajíes sin semilla en una mezcla de agua con un poco de azúcar.

i. _____ Coloque en una licuadora los ajíes ya humedecidos, las yemas cocidas, el queso, la leche, el aceite, la sal, la pimienta y las galletas.

j. _____ Añada el jugo de limón a la mezcla cremosa que tiene en la licuadora.

Paso 4. Now, for the trial by fire. Why don't you make **Papas a la huancaína** next time you visit your family? You can use just one kind of potato for your recipe; the secret is in the sauce. Good luck, and good eating!

10-7. Problemas en la cocina

Paso 1. AUDIO John and Ashley are working together in the kitchen, trying to put together the recipe for making **Llapingachos.** They are having some difficulties determining the correct course of action. Listen in and decide who makes the following comments: John (**J**) or Ashley (**A**).

1. _____ ¿Me podrías ayudar a preparar los llapingachos?

2. _____ Cómo no. Aquí estoy para servirte.

3. _____ ¡A ver! Te ayudo a pelarlas.

4. _____ No añadas mantequilla o sal todavía.

5. _____ ¿El queso y la cebolla? Pónlos en el centro de cada bolita aplastada.

6. _____ Sírvelos con ensalada, un huevo frito y la salsa de maní.

Paso 2. AUDIO Listen to John and Ashley once again. Based on their conversation, choose the correct statement for the recipe.

1. _____ a. Cocine las papas en agua sin pelarlas.

   _____ b. Primero pele las papas y luego cocínelas en agua.

2. _____ a. Escurra las papas y luego aplástelas muy bien.

   _____ b. Aplaste las papas sin escurrirlas.

3. _____ a. Añada la mantequilla y la sal al gusto.

   _____ b. Añada la mantequilla pero no añada la sal.

4. _____ a. Use la masa de papas para formar tiras largas.

   _____ b. Use la masa de papas para formar bolitas pequeñas.

5. _____ a. Aplaste las bolitas y añada queso y azúcar en el centro.

   _____ b. Aplaste las bolitas y añada cebolla y queso en el centro.

6. _____ a. Cierre las bolitas aplastadas y forme panqueques.

   _____ b. Cierre las bolitas aplastadas y forme bolitas de nuevo.

7. _____ a. Fría los llapingachos a fuego alto con mucha mantequilla.

   _____ b. Fría los llapingachos a fuego mediano con un poco de mantequilla.

8. _____ a. Fríalos hasta que estén muy dorados.

   _____ b. Fríalos solamente un poquito para que no estén muy dorados.

9. _____ a. Sírvalos con ensalada, un huevo frito y la salsa de ají.

   _____ b Sírvalos con un huevo frito, ensalada y la salsa de maní.

Paso 3. AUDIO Before John joined Ashley, she was in the kitchen getting the ingredients together. Listen in as she talks aloud while she gathers the ingredients. Fill in the blanks with the correct quantity or the missing ingredient.

1. _____ libras de papas

2. _____ al gusto

3. media taza de _____ blanca picada

4. _____ tazas de _____ blanco

5. un poco de _____ para freír

10-8. Recetas y recomendaciones

Paso 1. In the following recipe for **Ají de mariscos** replace all the infinitives with formal commands.

MODELO: Añadir la mantequilla.

Añada la mantequilla.

1. Sazonar los mariscos con sal y pimienta.

   _____

2. Dejar reposar.

   _____

3. Remojar los panes y las hojuelas en leche.

   _____

4. Poner aceite en una sartén.

   _____

5. Hacer un aderezo con cebolla, ajos, ají molido, sal, pimienta, comino y kión.

   _____

6. Agregar al aderezo el pan remojado y los mariscos.

   _____

7. Agregar el caldo de pescado.

   _____

8. Revolver constantemente.

   _____

9. Añadir el queso rallado y seguir revolviendo.

   _____

10. Servir sobre papas sancochadas.

    _____

11. Adornar con aceitunas y huevo duro.

    _____

12. Espolvorear con queso.

    _____

Paso 2. Write your recipe for your favorite dish in Spanish.

_____

_____

_____

_____

_____

_____

_____

Paso 3. You have been asked to give advice about the use of certain food items. Write down your recommendations concerning 1) **el pan,** 2) **los huevos,** 3) **la leche,** 4) **las papas,** and 5) **la carne.** How can you keep them fresh? How long should you keep them? How long will they last after being cooked?

MODELO: *Guarde los huevos en la nevera para conservarlos por más tiempo.*

1. _____

2. _____

3. _____

4. _____

5. _____

Enfoque cultural

10-9. Un extranjero en Perú

Paso 1. `AUDIO` Listen to Johnny Payne discuss his living abroad experience in Peru. He was asked to answer the questions below. For each question, choose the statement that best summarizes Mr. Payne's comments.

1. Usted vivió en Lima, la capital, en Cuzco (*alternatively,* Cusco), una ciudad histórica, y en San Jerónimo, un pueblo indígena cerca de Cuzco. ¿Cómo se comparan estos lugares? ¿Cuál lugar le gustó más y por qué?

    _____ a. Las diferencias se hacen cada vez menos distintas pero el paisaje en la sierra sigue siendo único.

    _____ b. Siguen siendo muy diferentes pero los paisajes se asemejan mucho.

2. Cuando fue a Perú, usted decidió estudiar y aprender el idioma quechua. ¿Por qué pensaba que le iba a ser necesario saber quechua, además de español? ¿Cómo es la situación lingüística en Perú?

    _____ a. Quería hacer recopilaciones de cuentos quechuas. Es todavía muy importante saber hablar quechua.

    _____ b. Ahora, tristemente, no es tan necesario hablar quechua. Cuando yo fui, quería hacer recopilaciones de cuentos quechuas.

3. ¿Cuáles son algunos de sus platos peruanos favoritos? ¿Y algunas de sus bebidas favoritas?

    _____ a. Me encanta el rocoto relleno, un plato picante, y el ceviche. También me gustan la cerveza fría y la frutillada, una chicha preparada con fresas.

    _____ b. Mi plato favorito es el llapingachos y mi bebida favorita es el anís.

4. Usted conoce la literatura peruana. Hay personas que hablan del movimiento literario llamado indigenismo y de autores como José María Arguedas. ¿Qué es el indigenismo?

    _____ a. Arguedas manipulaba los símbolos de la supuesta vida quechua de manera muy superficial. El movimiento abrió una perspectiva nueva de lo que significa ser quechua.

    _____ b. Arguedas combinaba un profundo conocimiento de la sierra y del quechua y abrió una perspectiva que ningún escritor peruano antes había podido hacer.

Paso 2. AUDIO Listen to Mr. Payne's interview once again, and complete the following statements.

1. Ahora muchos serranos viven en Lima, y han llevado allí su cultura, hasta en la

   _____ de waynos que en Lima se ha vuelto "chicha".

2. Los campesinos se asombraban con la boca _____ al verme hablar

   quechua.

3. En la costa, todo lo que es _____ me encanta, sobre todo el ceviche.

4. Dicho sea que también había numerosos autores llamados "indigenistas"

   (¡algunos de Lima!) que _____ muy mal, y manipulaban los

   _____ de la supuesta vida quechua de manera muy superficial.

Paso 3. Based on the interview, mark the following statements as true (**Cierto**) or false (**Falso**).

1. _____ Cada vez se habla menos quechua en la sierra.

2. _____ A fines de los años setenta el uso del quechua no era muy marcado en la sierra.

3. _____ La frutillada es una chicha preparada con uvas.

4. _____ Los autores peruanos no son muy mestizados, así que cualquier autor no puede tocar cualquier tema.

Paso 4. Rewrite each false statement in the previous paso to make it true.

1. _____

2. _____

3. _____

10-10. La gente indígena de Ecuador

Paso 1. AUDIO There are many indigenous groups living in Ecuador. In this activity you will be introduced to some of them. Listen to the recording, and then choose the best response according to what you heard.

1. _____ a. Los salasacas habitan en la provincia de Bolívar.
   b. Los salasacas habitan en la provincia del Tungurahua.
   c. Los salasacas habitan en la provincia de Imbabura.

2. _____ a. Muchos de los afroecuatorianos viven en Esmeraldas.
   b. Muchos de los afroecuatorianos viven en Tungurahua.
   c. Muchos de los afroecuatorianos viven en Chiriboga.

3. _____ a. A los shuar se les daba el nombre de cholos.
   b. A los shuar se les daba el nombre de mestizos.
   c. A los shuar se les daba el nombre de jíbaros.

4. _____ a. Los hombres de los grupos norteños visten pantalones blancos.
   b. Los hombres de los grupos norteños visten abrigos blancos.
   c. Los hombres de los grupos norteños visten pantalones negros.

Paso 2. AUDIO Listen to the recording again, and then complete the following sentences.

1. Los hombres salasacas visten _____ blancos y hablan el _____ y el español.

2. En la literatura oral de los afroecuatorianos se incluyen las _____ y los cuentos.

3. Los shuar acostumbraban reducir las _____ de sus enemigos.

4. Las mujeres otavalas llevan collares y un _____ alrededor de la cabeza.

Paso 3. AUDIO Listen to the recording once more and write down an additional fact for each group.

1. Los shuar:

_____

2. Los grupos norteños:

_____

3. Los afroecuatorianos:

_____

4. Los salasacas:

_____

Gramática en contexto

I. Formal commands

Reminder: Formal commands (both singular and plural) use the **yo** form of the present tense conjugation as the stem. For **-ar** verbs, add **-e** or **-en** (singular vs. plural); for **-er** and **-ir** verbs, add **-a** or **-an**. Pronouns are attached to the end of the affirmative commands, but come before negative commands.

INFINITIVO	PRESENTE (YO)	MANDATO AFIRMATIVO	PLURAL
preparar	preparo	prepare	preparen
comer	como	coma	coman
decir	digo	diga	digan

Afirmativo con pronombres: prepárela/prepárenla, cómalas/cómanlas, dígalo/díganlo
Negativo con pronombres: No la prepare(n). No las coma(n). No lo diga(n).

10-11. Una receta para la abuela

Paso 1. Your friend's Spanish-speaking grandmother is new to using the Internet, and she would like your help to find a Peruvian recipe online. Read the instructions below and put them in the most logical order to help her get to a relevant Web site.

a. _____ Lea la lista de resultados y elija uno para leer.

b. _____ Escriba "recetas y Perú" en la página de búsqueda.

c. _____ Si no encuentra ninguna receta de interés, vuelva a la página de resultados y busque otro enlace.

d. _____ Escriba la dirección de una página de búsqueda, como **http://directory.google.com/intl/es/**

e. _____ Abra el programa *Netscape* o *Explorer*.

Paso 2. Your friend's grandmother has chosen a recipe for **alfajores,** a popular Peruvian dessert. Read the ingredients and instructions, and rewrite the instructions for her using formal commands.

Alfajores

Ingredientes:

1/2 kilogramo de harina preparada
3 cucharadas de azúcar molida
1/4 kilogramo de mantequilla
6 cucharadas de leche
miel

Preparación:

Mezclar la harina con el azúcar; agregar la mantequilla. Añadir la leche y amasar. Estirar la masa en una mesa cubierta de harina; cortar la masa en círculos. Poner en una fuente. Hornear a 160°C hasta que estén dorados. Enfriar los círculos y unirlos con miel.

MODELO: Mezcle 1/2 kilogramo de harina preparada con 3 cucharadas de azúcar
molida. Luego. . .

_____

_____

_____

_____

_____

Paso 3. Your friend's grandmother has some questions about the recipe. Answer her questions according to the recipe in Paso 2. Use formal commands and object pronouns as appropriate.

MODELO: ¿Agrego sal a la mezcla de harina y azúcar? *No, no le agregue sal.*

1. ¿Uso harina preparada o sin preparar? _____

2. ¿Mezclo el azúcar con la harina? _____

3. ¿En qué pongo los alfajores para cocinarlos? _____

4. ¿Frío los alfajores? _____

Paso 4. WWW Go to the *Impresiones* Web site at **www.prenhall.com/impresiones** and follow the links to Peruvian recipes. Choose a recipe for a dish, and explain briefly how it is made using formal commands.

_____

_____

_____

_____

II. Double object pronouns

> **Reminder:** Indirect and direct object pronouns are used in place of the nouns they refer to when the latter are obvious from the linguistic or extralinguistic context. These pronouns can be used together; when **le** or **les** precedes another object pronoun, it changes to **se.**
>
> | OBJETO INDIRECTO | OBJETO DIRECTO |
> |---|---|
> | me (*to/for me*) | me (*me*) |
> | te (*to/for you*) | te (*you*) |
> | le/se (*to/for him/her*) | lo/la (*him/it; her/it*) |
> | nos (*to/for us*) | nos (*us*) |
> | les/se (*to/for them*) | los/las (*them*) |

10-12. Planes para la fiesta

Paso 1. AUDIO Martín and Estela are organizing a party for the International Students' Club. Listen to their conversation, and choose the sentence that best reflects the status of each aspect of their plans.

MODELO: discos compactos __*b*__

   a. No hay ningún problema, Fernando va a prestárnoslos.

   b. Fernando ya se los prestó a Ángela, así que necesitamos pedírselos a Ángela.

1. las mesas _____
   a. Estela se las pidió prestadas a Alfonso ayer.
   b. Alfonso se las llevó a Estela a su casa.

2. los refrescos _____
   a. Francisca se los llevó a Patricio.
   b. Patricio se los llevó a Francisca.

Paso 2. Following up on his conversation with Estela, Martín is checking on the food plans. Complete the dialogue below with the appropriate double object pronouns.

MARTÍN: Hola, Inés. ¿Cómo estás?

INÉS: Bien, gracias. ¿Y tú?

MARTÍN: Inés, sé que estás muy ocupada, por eso no quiero quitarte mucho tiempo.

INÉS: No te preocupes, Martín. ¿Qué hay? ¿Quieres saber qué pasa con los planes para la fiesta?

MARTÍN: Sí. Unas cuantas preguntas. . . ¿Hablaste con Jorgelina sobre los sándwiches?

INÉS: Claro. Dice que _____ _____ (1) va a llevar a ti en la mañana del día de la fiesta porque ella tiene que trabajar por la tarde. Y Lorenzo va a.

preparar arroz con leche. Confirmé que él _____ _____ (2) lleva a

Estela. ¡Y una noticia muy buena relacionada con los platos de frutas que

queríamos servir —a nosotros _____ _____ (3) va a regalar el padre de

un compañero mío!

MARTÍN: ¡Fabuloso! Pero, ¿por qué?

INÉS: El padre es dueño de una tienda que los vende, y ¡mi compañero

simplemente _____ _____ (4) pidió! Un empleado de la tienda

_____ _____ (5) va a traer a mí, y yo los llevo a la fiesta.

MARTÍN: Entonces todo está listo, ¿cierto?

INÉS: Sí. Va a ser una fiesta bien chévere.

MARTÍN: Gracias, Inés. Hablamos pronto. Chao.

INÉS: Chao.

Paso 3. Fred, a North American student who is also helping with the plans for the
party, has been listening to Martín, and wants to make sure he understands what is
going on. Read Fred's questions and indicate whether or not the alternate form he
asks about is correct.

MODELO: Martín, hablando de los discos compactos, tú dijiste que Ángela ya se los
pidió prestados. ¿También es correcto decir: "Ángela ya pidióselos"?
Sí _____ No __X__

1. Estela te dijo: "Habla con Ángela y pídeselos". ¿También es correcto decir
"se los pide" en un mandato? Sí _____ No _____

2. ¿Y si Estela quisiera usar un mandato negativo? ¿Es correcto decir:
"No pídeselos"? Sí _____ No _____

3. Estela también dijo: "Alfonso me las trajo anoche." ¿Se puede decir:
"trájomelas"? Sí _____ No _____

4. Cuando habló de los refrescos Estela dijo que Francisca se los llevó a la casa de
Patricio. ¿También es correcto decir: "llevóselos"? Sí _____ No _____

5. Estela explicó que Patricio los va a traer a la fiesta. ¿Se puede decir: "va a
traerlos a la fiesta"? Sí _____ No _____

6. En tu conversación con Inés sobre los sándwiches, ella dijo que Jorgelina te los
va a traer. ¿Y está bien decir: "va a traértelos"? Sí _____ No _____

7. Y de los platos de fruta, Inés dijo: "a nosotros nos los van a regalar". ¿Y se puede
decir: "van a regalárnoslos"? Sí _____ No _____

Integración comunicativa

10-13. Los platos típicos de Ecuador y Perú

Paso 1. AUDIO Two students, Mark and Michelle, are in a restaurant in Quito, Ecuador, with an Ecuadorian friend. Listen in and match the dishes they mention with their type.

guiso (*stew*)	adobo (*marinated raw meat*) agua de coco (*coconut milk*)
lentejas (*lentil beans*)	picante (*spicy*)

	SOPA	GUISO	ADOBO	SALSA PICANTE	LENTEJAS	PLATO EN AGUA DE COCO
1. ceviche:	_____	_____	_____	_____	_____	_____
2. locro:	_____	_____	_____	_____	_____	_____
3. ají:	_____	_____	_____	_____	_____	_____
4. encocado:	_____	_____	_____	_____	_____	_____
5. seco:	_____	_____	_____	_____	_____	_____
6. menestra:	_____	_____	_____	_____	_____	_____
7. chupe:	_____	_____	_____	_____	_____	_____

Paso 2. AUDIO Listen again to the conversation and write down the names of three dishes that are also popular in Peru.

1. _____

2. _____

3. _____

Paso 3. Choose two of the dishes mentioned and describe what they are made of.

MODELO: *El llapingacho es un plato de papas, rellenas de queso y cubiertas de una salsa de maní. Se sirve con un huevo frito, arroz y ensalada.*

1. _____

2. _____

Paso 4. Choose several of the dishes mentioned in the conversation and write a brief paragraph stating why you would or would not be interested in trying them. Be sure to make use of the following phrases.

(No) Me gustaría	[*I would (not) like*]
(No) Me interesaría	[*It would (not) interest me*]
(No) Me encantaría	[*I would (not) love*]

MODELO: *No me interesaría comer los platos de ají porque no me gusta comer platos picantes.*

_____

_____

_____

_____

_____

_____

_____

_____

Comparaciones culturales

10-14.   La literatura ecuatoriana: Argentina Chiriboga

Paso 1. AUDIO Listen to the information on Argentina Chiriboga, then choose the correct answer to the following statements.

1. _____ Chiriboga es representante de la literatura. . .

   a. jibareña del Amazonas.

   b. otavaleña de la región norte de Ecuador.

   c. afrohispana en su país.

2. _____ Nació en. . . en. . .

   a. 1940. . . Esmeraldas, Ecuador.

   b. 1945. . . Quito, Ecuador.

   c. 1942. . . Guayaquil, Ecuador.

3. _____ Además de ser narradora, también es. . .

   a. pintora.

   b. traductora.

   c. poeta.

4. _____ Su primera novela salió en el año 1991 con el título de. . .

   a. *Jonatás y Manuela.*

   b. *Bajo la piel de los tambores.*

   c. *La contraportada del deseo.*

5. _____ Mucha de su poesía trata de. . .

   a. el cuerpo femenino.

   b. el hombre machista.

   c. las deidades indoeuropeas.

Paso 2. Using some of the information you heard in the recording, write 3 to 5 sentences to reply to the question: *¿Quién es Argentina Chiriboga?*

Argentina Chiriboga es. . . _____

_____

_____

_____

_____

Paso 3. AUDIO Listen to a poem by Chiriboga. Complete her poem with the missing words.

Mi risa

La (1) _____ de mi cara negra

delata la (2) _____ de todo lo pasado.

Me río de mi (3) _____

cuando un ruido

de (4) _____ y látigos

anda de nuevo en mi (5) _____.

Paso 4. Choose among the following statements to best identify the general topic of Chiriboga's poem.

_____ a. la sensualidad del cuerpo femenino.

_____ b. la esclavitud y el pasado.

_____ c. el autoconocimiento y las deidades africanas.

Paso 5. WWW Afrohispanic literature has been and remains a growing and important component of Peruvian literature also. Go to the *Impresiones* Web site **www.prenhall.com/impresiones**, and find the link entitled *Literatura afrohispana*. Research about the *afroperuano* Nicomedes Santa Cruz Gamarra. Write a summary paragraph of some of your most important findings concerning him and his poetry.

_____

_____

_____

_____

_____

_____

10-15. La literatura folclórica: un cuento peruano

Paso 1. AUDIO Due in part to the large and varied indigenous populations of Peru and Ecuador, folk literature is abundant in both countries. Here we have a folk tale from Peru, called *Ayaymama*. This version is taken from the collection *Cuentos amazónicos* by Juan Carlos Galeano. After each paragraph, stop the recording in order to complete the accompanying activity. Then, continue listening to the recording and repeating this process. (Note: The instructor may provide the text of *Ayaymama* for the students. It is found in the *Instructor's Resource Manual*.)

Párrafo 1: Answer the following questions.

1. ¿Dónde vivía esta familia?

   _____.

2. ¿Qué le pasó al padre?

   _____.

3. ¿Por qué les dijo la madre a sus niños que iba a buscar leña y comida, cuando en realidad iba a buscar a su marido?

   _____.

Párrafo 2: Complete the sentences with the missing words.

El niño y su hermanita pensaron que su padre los había abandonado y que ahora su madre planeaba (4) _____ lo mismo y se pusieron a llorar. Ella les aseguró que no los dejaría por (5) _____ del mundo, y se fue en busca del (6) _____ golpeando las aletas de los árboles, llamándolo.

Párrafo 3: Listen, then complete the sentences.

7. La madre no regresó porque la había picado una _____.

8. Los niños se dieron cuenta de que sus padres no iban a regresar y por eso se fueron a la _____ en busca de ellos.

9. Cuando llegaron a la selva empezaron a gritar "Ayaymama" que en español quiere decir: _____.

Párrafo 4: Decide whether the following statements are true or false. Rewrite each false statement, to make it true.

10. Los niños tuvieron que matar a muchos animales para poder sobrevivir en la selva. (Cierto/Falso)

    _____

11. A los niños los alegraba escuchar las canciones de los pájaros. (Cierto/Falso)

    _____

12. Los niños tenían mucho miedo porque no tenían amigos en la selva. (Cierto/Falso)

    _____

Párrafo 5: The following sentences are out of order. Listen to the paragraph being read, then number the sentences in the correct order (1 to 5).

13. _____ Al poco tiempo, sus brazos se convirtieron en alas y les crecieron plumas verdes y blancas por todo el cuerpo.

14. _____ Viviendo entre las hojas y los bejucos, vieron como sus cabellos se les transformaban en plumas; pues se habían vuelto como sus amigos que tenían plumas.

15. _____ Anduvieron bajo los árboles y comenzaron a pasar los días y las noches en las ramas.

16. _____ Pero los de Santa Rosa cuentan que la oscuridad los entristece, que por las noches los escuchan gritar desde los árboles: "Ayaymama, ayaymama, huischurchurca".

17. _____ Fue así como empezaron a volar para encontrar más comida y se quedaron a vivir en los árboles; y desde entonces han ido cantando por la selva con la luz del día, alegrándoles la vida a los animales y a la gente.

Paso 2. Does this Peruvian folk tale compare with any folk tales you've heard before? Do you know any folk tales (or fairy tales) where a member of the family leaves and never returns, or becomes lost? Think of a folk tale or fairy tale that you know. Write it out in simple, uncomplicated sentences in English. Then, try your hand at writing a Spanish rendition of the folk tale. If you want to be extra-creative, create your own folk tale, then rewrite it in Spanish.

_____

_____

_____

_____

_____

_____

_____

_____

_____

_____

_____

_____

_____

_____

Las impresiones de Guadalupe: Actividades para el video

10-16. El restaurante

Paso 1. VIDEO In this episode, Jordi and Guadalupe go to a restaurant to eat. Match the people you would commonly find at a restaurant with their descriptions.

1. _____ el mesero   a. Trabaja en la cocina y prepara la comida.

2. _____ el dueño   b. Va al restaurante para comer y paga la comida.

3. _____ la anfitriona   c. Le sirve al cliente la comida y le trae la cuenta.

4. _____ el cocinero   d. El restaurante le pertenece a esta persona y es su posesión.

5. _____ la cliente   e. Saluda, indica el asiento y a veces trae el menú.

Paso 2. The definitions below are all mixed up. Rewrite them with the correct definition for each term.

1. Las tapas son las listas de todas las comidas y bebidas que ofrece el restaurante.

   Las tapas _____

2. Las servilletas son los aperitivos que se comen antes de comer el plato principal.

   Las servilletas _____

3. Los menús son el dinero que se le da al mesero por su servicio.

   Los menús _____

4. Las propinas se usan para limpiarse la boca cuando se come.

   Las propinas _____

10-17. La comida hispana

Paso 1. In the video, Jordi and Guadalupe describe various kinds of food. Match the foods with their descriptions.

1. _____ La flauta. . .   a. es una hierba que se pone en sopas.

2. _____ Los chilaquiles. . . b. es una tortilla frita rellena de pollo.

3. _____ El gazpacho. . .   c. es una sopa de tres tipos de papas.

4. _____ La guasca. . .   d. es una sopa fría con tomate, ajo, aceite de oliva y vinagre.

5. _____ El ajiaco. . .   e. son tortillas fritas aderezadas con salsa de tomatillo o de tomate.

Paso 2. What country does each of the dishes in Paso 1 come from? Write a sentence to indicate whether they're from España, México, or Colombia.

MODELO: *La ensalada de nopalitos es de México.*

1. _____
2. _____
3. _____
4. _____
5. _____

10-18. Explicando el por qué

Paso 1. Choose the option that best completes each statement based on the events in the video.

1. _____ Jordi y Guadalupe visitan el restaurante porque. . .
   a. tienen mucha hambre y es la hora de almorzar.
   b. conocen al anfitrión quien les da un descuento.
   c. buscan participantes para el festival de la estación de radio.

2. _____ Jordi y Guadalupe se sorprenden porque. . .
   a. el anfitrión les da una mesa en la sección de fumar y ellos no fuman.
   b. su amiga Consuelo trabaja de media jornada en el restaurante y no lo sabían.
   c. El dueño es el padrastro de Guadalupe a quien ella no ha visto hace muchos años.

3. _____ El dueño sabe cocinar el ají de gallina porque. . .
   a. su madre le enseñó a prepararlo.
   b. está casado con Consuelo a quien le gusta mucho comer este plato.
   c. es de Perú donde el plato es muy típico y todos saben prepararlo.

Paso 2. In Spanish, describe your favorite dish from the Hispanic world, and explain why you like it. Write about the dish's cultural relevance: When is it eaten in the Hispanic world? Is it eaten for special occasions, or for daily meals? Who eats it? Why? Write at least 7 sentences.

_____
_____
_____
_____
_____
_____
_____
_____
_____
_____
_____

Las compras y el consumismo

11-1. Las prendas de vestir

Paso 1. Match the people in column A with the description of the clothing that they are most likely to wear in column B.

Columna A

1. _____ un turista

2. _____ un hombre de negocios

3. _____ un médico

4. _____ un atleta

5. _____ una señora de 80 años

Columna B

a. pantalones largos, camisa, chaqueta de algodón blanco

b. pantalones cortos, camiseta, zapatos de tenis

c. traje negro, corbata, camisa blanca

d. vestido floreado con zapatos negros sin tacón

e. pantalones cortos, camisa floreada de muchos colores

Paso 2. Add at least one element to the outfit of each person in Paso 1. Use the items of clothing in the following list.

corbata	sandalias	gorro	lentes de sol
suéter	zapatos negros	cinturón negro	

1. un turista: _____

2. un hombre de negocios: _____

3. un médico: _____

4. un atleta: _____

5. una señora de 80 años: _____

Paso 3. Describe in Spanish your favorite outfit for formal and informal occasions.

1. Formal _____

   _____

2. Informal _____

   _____

Paso 4. AUDIO Listen to Mery describe the clothes she is packing for a weekend trip. Then, respond to the questions below in Spanish.

1. ¿Adónde viajan Mery y su esposo, José?

   _____

2. ¿Para qué evento necesitan ropa formal?

   _____

3. ¿Qué ropa formal van a llevar Mery y José?

   Mery: _____

   José: _____

4. ¿Para qué ocasión necesitan ropa menos formal?

   _____

5. ¿Qué ropa informal van a llevar Mery y José?

   Mery: _____

   José: _____

6. Compara tus respuestas del Paso 3 tus respuestas a las preguntas anteriores. ¿Es semejante o diferente tu ropa a la de Mery o José para una ocasión formal? ¿Para una informal? Explica tu respuesta en dos o tres frases.

   _____

   _____

   _____

Name: _____   Date: _____

11-2. La tela de las prendas de vestir

Write the material or type of cloth that you prefer to wear in the following situations.

| algodón | seda | cuero | lana | nailon |

1. Está haciendo mucho calor, prefiero ropa de _____.

2. Voy a una boda, prefiero ropa de _____.

3. Voy en motocicleta, prefiero ropa de _____.

4. Voy a una discoteca de música tecno, prefiero ropa de _____.

5. Está lloviendo, prefiero ropa de _____.

6. Está nevando, prefiero ropa de _____.

11-3. Los grandes almacenes

You've been hired by a department store to reshelve the items that have been left in the wrong place. Organize all the items by the department they belong to.

| lavavajillas | sandalias | trajes | manteles | sillas | mesas |
| planchas | faldas | aspiradoras | camisetas | vestidos | |

MODELO: Sección textil: *toallas, manteles*

1. Sección señoras: _____

2. Sección electrodomésticos: _____

3. Sección caballeros: _____

4. Sección mobiliario: _____

11-4. El crédito

Paso 1. At the department store where you work, employees get a discount if they use credit for their purchases. Indicate below which steps during the credit application process are your responsibility as an employee (**empleado/a**), and which are the store's (**almacén**) responsibility.

1. _____ rellenar la solicitud de crédito

2. _____ establecer la tasa de interés de crédito

3. _____ conceder una cantidad como crédito

4. _____ proveer el nombre y la dirección del solicitante

5. _____ verificar los ingresos mensuales y las deudas del solicitante

6. _____ firmar la solicitud

7. _____ notificar al solicitante del estatus de su solicitud

Paso 2. Reread the list in Paso 1 and put the steps in chronological order.

MODELO: primer paso: *2 (establecer la tasa de interés de crédito)*

segundo paso: _____

tercer paso: _____

cuarto paso: _____

quinto paso: _____

sexto paso: _____

séptimo paso: _____

Paso 3. Answer the following questions in Spanish based on your personal knowledge of credit (loans or credit cards).

1. ¿Qué tipos de compañías y tiendas ofrecen crédito en los Estados Unidos?

_____

2. ¿Cuál es una tasa de interés baja? ¿Y una alta?

_____

3. ¿Cuánto crédito en miles de dólares tiene el estudiante universitario típico en los Estados Unidos?

_____

4. ¿Qué compra con su crédito el estudiante típico?

_____

Paso 4. WWW Go to the *Impresiones* Web site at **www.prenhall.com/impresiones** and follow the links to find information regarding personal lines of credit to answer the questions below.

1. ¿Para qué tipo de compañía es esta página del Internet? _____

2. Bajo *Créditos personales efectivos*, busca *Tasas y tarifas*. ¿Cuál es una tasa de interés baja? ¿Y una alta? _____

3. Compara las tasas de interés en los Estados Unidos con las que encontraste en tu investigación del Internet. ¿Son muy diferentes? ¿Qué efectos pueden tener las tasas de interés en el consumismo? _____

_____

_____

Intercambios comunicativos

11-5. ¿De veras?

Paso 1. AUDIO Listen to the conversation and decide which of the following topics are discussed.

a. _____ la compra de un coche nuevo

b. _____ la compra de un anillo de compromiso

c. _____ la venta de una casa

d. _____ la participación en una fiesta de disfraces

Paso 2. AUDIO Listen to the conversation again, and indicate who says the following expressions. (More than one person may say the same phrase.)

	CECILIA	TOMÁS	BARTOMEU
¿De veras?	_____	_____	_____
¡Parece mentira!	_____	_____	_____
¿Hablas en serio?	_____	_____	_____
¡Eso es increíble!	_____	_____	_____
No lo creo.	_____	_____	_____

Paso 3. Complete the following sentences, based on what you've heard.

1. Cecilia va a ir a la fiesta vestida de _____.

2. El coche nuevo de Bartomeu sólo le costó _____ dólares.

3. Tomás va a comprar un _____ para su novia.

Paso 4. Your friend has called you and tells you something that shocks you. Write a dialogue between you and your friend. Use some of the expressions in Paso 2 to express your surprise and disbelief.

Amigo/a: _____

Tú: _____

Amigo/a: _____

Tú: _____

Amigo/a: _____

Tú: _____

Amigo/a: _____

Tú: _____

Amigo/a: _____

Tú: _____

11-6.   Cerro Rico

Paso 1. AUDIO Listen as a guide and two visitors explore the mines of Cerro Rico. Complete the following statements with the appropriate answer.

1. Cerro Rico es. . .
   a. una montaña.
   b. un balneario.
   c. una terma natural.

2. Los turistas quieren ver. . .
   a. dónde viven los mineros.
   b. dónde trabajan los mineros.
   c. qué mineral obtienen los mineros.

3. El guía les enseña un muñeco de. . .
   a. la Tierra Madre.
   b. el Tío Jorge.
   c. una diosa inca.

4. Alrededor del muñeco los mineros ponen. . .
   a. sus ofrendas.
   b. sus sombreros.
   c. sus collares.

5. Los turistas tuvieron miedo porque. . .
   a. casi se cayeron en una de las minas.
   b. el guía empezó a hablarles en guaraní.
   c. se apagó la luz de las linternas.

Paso 2. AUDIO Listen to the recording once again and decide whether the following statements are true (**Cierto**) or false (**Falso**).

1. _____ Cerro Rico queda cerca de la ciudad de La Paz.

2. _____ Los mineros mastican hojas de cacao.

3. _____ Los mineros creen que la diosa Pachamama los protege.

4. _____ Un promedio de diez mineros por año mueren en las minas.

5. _____ Ya no se pueden ver las vetas de plata en las paredes de las minas.

Paso 3. Rewrite each false statement from Paso 2 to make it true.

1. _____

2. _____

3. _____

11-7. Paraguay y el guaraní

Paso 1. AUDIO Miriam is a visiting foreign student. Listen as Alfredo takes her shopping outside of Asunción. Complete the following statements.

1. La mayoría de los paraguayos son _____, con antepasados españoles y amerindios.

2. Los dos idiomas oficiales del país son el español y _____.

3. Un _____ por ciento de paraguayos son bilingües.

4. Las palabras *sevói* y *asuka* son préstamos del español que significan

    _____ y _____.

5. El guaraní que contiene muchos hispanismos se llama _____.

6. El vendedor, al decirle a Miriam: "*Kuñataí, Mba'eichapa?*", le estaba diciendo en

    español: _____.

Paso 2. AUDIO Listen to the recording again and choose the best ending for each of the following statements.

1. La palabra *guaraní* significa. . .
    a. guerra.
    b. guerrilla.
    c. guerrero.

2. Hay teorías que dicen que los guaraníes llegaron de. . .
    a. Polinesia.
    b. Centroamérica.
    c. África del Norte.

3. Los misioneros españoles trataron de convertirlos al. . .
    a. islamismo.
    b. menonismo.
    c. catolicismo.

4. Jorge le dice a Miriam que le diga al vendedor en guaraní: "*Cheka'aru porá, ha nde?*", que significa en español. . .
    a. Envía mis saludos a tu mamá.
    b. ¿Cómo te está yendo?
    c. Estoy bien, ¿y tú?

5. Los españoles llevaron a los guaraníes a vivir en. . .
    a. haciendas.
    b. reducciones.
    c. parques nacionales.

Paso 3. Based on the recording, write a paragraph of 7 to 10 sentences in Spanish on the importance of the Guaraní culture and language in Paraguay.

MODELO: *Los amerindios que vivían en esa región antes de la llegada de los españoles se llamaban guaraníes. Según algunas teorías, los amerindios venían de la Polinesia. . .*

_____

_____

_____

_____

_____

_____

Name: _____   **Date:** _____

Gramática en contexto

I. Comparisons of equality and inequality

> **Reminder:** To make comparisons of quality and quantity, Spanish uses several expressions.
>
> **Quality comparisons:**
> **tan** + adjective + **como**
> **menos** + adjective + **que**
> **más** + adjective + **que**
>
> **Quantity comparisons:**
> **tanto/tanta/tantos/tantas** + noun + **como**
> **menos** + noun + **que**
> **más** + noun + **que**

11-8. Pedidos de ropa

Paso 1. AUDIO The manager and the distributor of clothing of a department store discuss items in a catalog to decide which items to order for the spring/summer season. Write the quantity and colors of each item that they order.

CANTIDAD Y COLORES	
blusas de seda:	_____
pantalones cortos:	_____
faldas:	_____
vestidos:	_____
sandalias de verano:	_____

Paso 2. Now analyze the table you just completed and compare the number of items that the store manager is going to order for each type of clothing indicated.

MODELO: Blusas de varios colores

La gerente de la tienda va a pedir tantas blusas de color azul como de color amarillo.

1. blusas y pantalones cortos

   _____

2. pantalones cortos de varios colores

   _____

3. faldas de varios colores

   _____

4. faldas y vestidos

_____

5. vestidos de varios diseños

_____

6. sandalias de verano y pantalones cortos

_____

Paso 3. AUDIO Finally, listen to the dialogue again and write down the reason why the manager decided to buy the following items. Use a comparison (**tan, menos, más que**).

MODELO: *Va a pedir las blusas de seda porque son más elegantes que las de algodón.*

blusas de seda: _____

pantalones cortos: _____

vestidos: _____

sandalias de verano: _____

11-9. ¿Quién vendió más?

Paso 1. `AUDIO` The store manager has to evaluate employees' sales. As you listen to the supervisor's description of their performance, complete the statements below.

MODELO: Ángel no vendió _tantas_ blusas _como_ María José.

1. Roberto vendió _____ chaquetas _____ Ricardo.

2. Maricelli vendió _____ corbatas _____ Antonio.

3. Antonio vendió _____ camisas de vestir _____ Ricardo.

4. Roberto vendió _____ impermeables _____ Maricelli.

5. Sebastián vendió _____ vestidos _____ María José.

6. María José vendió _____ faldas _____ Ángel.

7. Lourdes vendió _____ botas _____ Sebastián.

8. Ángel vendió _____ gorros _____ Lourdes.

9. El personal de la Sección Señoras vendió _____ prendas _____ el de la Sección Caballeros.

10. En la sección de Ropa para Niños se vendieron _____ prendas _____ en la sección de Ropa para Bebés.

Paso 2. `AUDIO` Listen to the tape again and write down the specific comments that the manager has about the following employees.

Mariceli: _____

Sebastián: _____

Antonio: _____

María José: _____

Paso 3. Reread your answers to Paso 2. Classify the type of statement made about each employee as either **positivo, neutral,** or **negativo.**

Mariceli: _____

Sebastián: _____

Antonio: _____

María José: _____

Paso 4. Which employee is most likely to get a raise? Explain your answer in two or three sentences in Spanish.

_____

_____

_____

_____

II. Superlatives

> **Reminder:**
> To indicate a greater degree of a quality (*more, the most*), Spanish uses the appropriate definite article (**el, la, los, las**) and a noun, followed by **más**, and then an adjective: **el muchacho más alto, la muchacha más alta, los muchachos más altos, las muchachas más altas.** The noun in these examples can be omitted if it is already clear from the context: **el más alto, la más alta, los más altos, las más altas.** Some special superlatives include: **mejor** (better/best), **peor** (worse/worst), **mayor** (older/oldest), and **menor** (younger/youngest).

11-10. La mejor tienda

As the store manager, you're competing to win an award for the best store in your chain. You have to submit an essay stating the reasons why your store and employees are the best.

Paso 1. First, mark with an X the statements that you think would help your store win the award.

1. _____ Nuestros empleados son los mejores vendedores.

2. _____ Nuestros empleados tienen el nivel de educación más alto de todas las tiendas de nuestra ciudad.

3. _____ Nuestros precios son los más caros de toda la ciudad.

4. _____ Ganamos un premio de la cámara de comercio de la ciudad por ofrecer la mejor atención al público.

5. _____ Las encuestas de una compañía independiente revelan que nuestros empleados faltan mucho al trabajo.

6. _____ Nuestros precios son los más baratos de toda la ciudad.

7. _____ Los resultados de las encuestas de satisfacción del consumidor indican que nuestra tienda obtuvo el mejor puntaje de todas las tiendas de la región.

8. _____ Nuestras ventas son las más bajas de todas las tiendas de la región.

9. _____ El año pasado vendimos la mayor cantidad de mercadería de todas las tiendas.

Paso 2. Write three more statements of your own. Use some of the following ideas.

limpieza de la tienda	amabilidad de los empleados
variedad de mercadería en venta	rapidez en contestar las llamadas telefónicas

_____

_____

_____

_____

Paso 3. Now, get ready to write your letter in support of your proposal to win the coveted prize. First, organize the ideas you selected in Paso 1 and those you wrote in Paso 2 to create a strong argument. Next, write an introductory sentence and a concluding one. Finally, proofread your letter and give it to your instructor. S/he will tell you whether you have provided a convincing argument.

_____

_____

_____

_____

_____

_____

_____

_____

_____

_____

_____

_____

_____

_____

III. Passive Voice

Reminder:

Active and passive voice can describe the same event, but the passive voice puts a greater focus on the action rather than on the participants by changing the order in which the participants appear. In the passive voice, a form of the verb **ser** is used, followed by a form of the past participle agreeing in number and gender with the subject.

Remember that there are a number of irregular past participles for common verbs. See your textbook for a list.

Active voice: Los españoles **conquistaron** a los incas.

   The Spanish conquered the Incas.

Passive voice: Los incas **fueron conquistados** por los españoles.

   The Incas were conquered by the Spanish.

11-11.   ¿Quién realizó la acción?

Paso 1. Change the following sentences from passive to active voice. Please note that when the agent is not mentioned in the passive sentence, it appears in parentheses.

MODELO: El contrato fue firmado por el cliente. ➜ *El cliente firmó el contrato.*

1. La tienda "La Económica" fue cerrada debido a una reducción en las ventas. (La gerencia)

   _____

2. Los precios fueron rebajados. (Las tiendas)

   _____

3. El tratado de libre comercio fue firmado en el año 2002. (Los presidentes)

   _____

4. El plan de reactivación económica fue puesto en efecto el año pasado. (La ministra de economía)

   _____

5. El discurso del ministro de economía fue visto por muchos televidentes.

   _____

6. El proyecto de política económica fue devuelto al poder legislativo. (El presidente)

   _____

Paso 2. Now, change the following sentences from active to passive voice.

MODELO: El banco aprobó el préstamo. ➔ *El préstamo fue aprobado por el banco.*

1. La Secretaría de Trabajo publicó la nueva tasa de desempleo.

    _____

2. Los trabajadores de la industria automotriz aprobaron el nuevo convenio laboral.

    _____

3. La gerente del banco anunció las nuevas tasas de interés durante la reunión.

    _____

4. El Consejo de Dirección escribió la nueva constitución del banco.

    _____

5. El poder legislativo debatió la nueva ley de reducción de los impuestos.

    _____

6. La junta de accionistas aumentó los salarios de los empleados.

    _____

IV. Use of the Passive *se*

> **Reminder:**
> Another strategy besides the passive voice for de-emphasizing the agent of an active sentence is to use the passive **se.** In this construction, the agent is replaced by **se,** and the verb agrees in number with the patient of the active sentence.
>
> Active voice: **El jefe aumentó los salarios.**
>   *The boss raised salaries.*
>
> Passive **se:**   **Se aumentaron los salarios.**
>   *Salaries were raised.*

11-12. Se toman medidas

Paso 1. Mark the measures that are likely to be taken by a clothing store when the economy is not doing well.

1. _____ Se ofrecen ofertas muy buenas para generar más ventas.
2. _____ Se contratan más empleados.
3. _____ Se reduce el inventario de la mercadería.
4. _____ Se aumentan los precios de la ropa.
5. _____ Se reducen los días de vacaciones de los empleados.
6. _____ Se negocian los precios de compra de la mercadería.
7. _____ Se les aumenta el salario a los empleados.
8. _____ Se anuncian las ofertas por televisión e Internet.
9. _____ Se evita contratar más empleados.

Paso 2. What strategies do consumers use to buy clothing when the economy is not doing well? Write at least four sentences with your ideas.

MODELO: *Se buscan ofertas en los periódicos.*

_____

_____

_____

_____

Paso 3. The sentences from Pasos 1 and 2 use the passive **se** construction. Choose at least six of these sentences, and rewrite them in the active voice to describe the economical measures taken by stores and consumers. OJO: Pay attention to the agreement of the verb and the subject.

MODELO: Se evita contratar más empleados. → *Las tiendas de ropa evitan contratar más empleados.*

1. _____
2. _____
3. _____

4. _____
5. _____
6. _____

V. The prepositions *por* and *para*

> **Reminder:** Some of the uses of **para** are associated with destinations or time limits, while **por** is used with movement through time or space.

11-13. ¿Por o para?

Paso 1. Read the following sentences to analyze the use of the prepositions **por** and **para.** Then write the number of each sentence in the appropriate column in the table below next to the use exemplified.

1. Mañana salgo para México.
2. ¿Hiciste la tarea que tenemos asignada para el viernes?
3. Anoche estudié por más de cinco horas.
4. Este vestido es para mi madre.
5. Pagó veinte dólares por estos pantalones.
6. Los sábados caminamos por el parque.
7. ¿A qué hora sales para la universidad?
8. ¿Para quién es este libro?
9. ¿Cuánto pagaste por tu mochila?
10. ¿Por qué carretera vas a la universidad?
11. ¿Por cuánto tiempo miraste televisión anoche?
12. ¿Estás haciendo el ejercicio que tenemos para hoy?
13. Yo ya hice la tarea; por eso estoy preparada para el examen.

		POR	PARA			POR	PARA
a.	lugar de destino	____	*1*	f.	período de tiempo	____	____
b.	persona que recibe algo	____	____	g.	a través o alrededor	____	____
c.	fecha límite	____	____	h.	intercambio o sustitución	____	____
d.	objetivo	____	____	i.	medio de comunicación	____	____
e.	causa	____	____				

Paso 2. Do you remember Nines and Tomás? Below is the message that Nines left on Tomás's office answering machine. Fill in the blanks with **por** or **para** according to the context.

Hola Tomás. Te llamo rápidamente para decirte que en los almacenes Mega-Super hay rebajas. Se pueden comprar muchas cosas (1) _____ poco dinero. Además dicen que (2) _____ el próximo lunes van a bajar los precios hasta un sesenta por ciento. Voy a comprar regalos (3) _____ Navidad (4) _____ toda la familia. Pero para ir al Mega-Super tengo que pasar (5) _____ el centro de la ciudad y, con el tráfico que hay, voy a estar en la carretera (6) _____ mucho tiempo. Voy a salir (7) _____ el Mega-Super ahora mismo porque Sara me está esperando. Vamos a pasar (8) _____ la planta de ropa y la de electrodomésticos. Espero estar de vuelta (9) _____ las ocho. Te veo en casa (10) _____ esa hora, entonces. Un beso.

Integración comunicativa

11-14. Los acuerdos comerciales internacionales

Paso 1. [AUDIO] Listen to an interview with a Bolivian activist who discusses the pros and cons of international trade agreements. Write in each column the reasons he gives in favor of and against having such agreements.

A favor   **En contra**

1. _____   _____

2. _____   _____

Paso 2. [AUDIO] Listen to the interview once again and identify what the following groups and plans stand for.

1. _____ A.L.C.A.

2. _____ Plan Dignidad

3. _____ Movimiento Boliviano
   de Lucha

a. grupo organizado en contra del
   cultivo y consumo de la coca

b. acuerdo de Libre Comercio
   de las Américas

c. grupo organizado para luchar
   contra el A.L.C.A.

Paso 3. Decide whether the following statements are true (**Cierto**) or false (**Falso**), based on what you heard in the interview.

1. _____ Los acuerdos internacionales traen más beneficios que problemas.

2. _____ Los que suelen beneficiarse más de tales tratados son las empresas internacionales.

3. _____ El boliviano entrevistado está evidentemente a favor de los acuerdos comerciales internacionales.

Paso 4. WWW Go to the *Impresiones* Web site at **www.prenhall.com/impresiones** and follow the links to *Acuerdos comerciales*, where you will read what some people have said about the NAFTA trade agreement. Write two paragraphs in Spanish about the topic. In the first paragraph, discuss some of the issues you found at the website. In the second, write your own opinion.

_____

_____

_____

_____

_____

_____

_____

_____

_____

_____

_____

_____

Comparaciones culturales

11-15.   Paraguay y su industria hidroeléctrica

Paso 1. `AUDIO` Listen to an economics professor discuss the importance of hydroelectric energy production in Paraguay. As you listen, complete the following sentences from her speech (in random order) with the appropriate words from the following list.

productores	plantas	exportadores	fuentes	represa
proyectos	complejo	megavatios	bombillas	industrias

MODELO: La producción de hidroelectricidad es una de las más grandes

(1) _____ de Paraguay.

_____ El dinero que obtiene Paraguay de la venta de la energía hidroeléctrica

es una de las principales (2) _____ de ingreso del país.

_____ Ya que el Río Paraná limita con Argentina y Brasil, muchas de las

plantas son (3) _____ binacionales.

_____ Paraguay es uno de los más grandes (4) _____ de

hidroelectricidad de todo el mundo.

_____ Las (5) _____ hidroeléctricas de Paraguay están situadas

en el Río Paraná.

_____ También es uno de los más grandes (6) _____ de

hidroelectricidad.

_____ Esta cantidad de electricidad es suficiente para encender 120 millones

de (7) _____ de 100 vatios a la vez.

_____ De hecho, esta represa constituye el (8) _____

hidroeléctrico más grande de todo el mundo.

_____ La represa de Itaipú produce 12.600 (9) _____

de electricidad.

_____ La planta hidroeléctrica más grande es la (10) _____

de Itaipú.

Paso 2. AUDIO Now listen to the professor's lecture again and number the statements in Paso 1 in the order in which the professor says them.

MODELO: *1.* La producción de hidroelectricidad es una de las más grandes industrias de Paraguay.

Paso 3. AUDIO Listen to the second part of the professor's lecture and indicate whether the following statements are true (**Cierto**) or false (**Falso**).

1. _____ La otra planta hidroeléctrica se llama Yacyretá.

2. _____ La represa Yacyretá está entre Paraguay y Brasil.

3. _____ La represa Yacyretá produce 2.500 megavatios.

4. _____ La nueva planta hidroeléctrica se llamará Corpus.

5. _____ Esta nueva planta es un proyecto en colaboración con Argentina.

Paso 4. Rewrite each false statement in Paso 3 to make it true.

1. _____

2. _____

3. _____

11-16.   Bolivia y la historia de la coca

Paso 1. AUDIO Listen to a recording on the importance of the coca plant in Bolivia. Choose the correct response to complete the following statements.

1. Aún antes de la organización del cultivo de la coca por los. . ., la coca tenía importancia para muchos pueblos indígenas.
   a. aymaras
   b. incas
   c. andinos

2. Al principio, en el imperio incaico, el consumo de la coca era sólo para. . .
   a. los soldados.
   b. los pobres.
   c. los privilegiados.

3. Los tres usos principales de la coca se debían a su valor monetario, a su valor religioso y. . .
   a. a su valor recreativo.
   b. a su símbolo de prestigio.
   c. a su valor nutritivo y medicinal.

4. Los misioneros la llamaron la hoja de. . . por su uso ritual y religioso.
   a. la Madre Tierra
   b. el diablo
   c. la paz

5. La ciudad de. . . llegó a ser el principal centro consumidor de coca.
   a. La Paz
   b. Potosí
   c. Asunción

Paso 2. AUDIO Listen to the recording again, and indicate whether the following statements are true (**Cierto**) or false (**Falso**).

1. _____ El uso de la hoja de coca le quita a uno el hambre.

2. _____ También se añadía al té para mejorar su sabor.

3. _____ El impuesto a la coca era una de las principales fuentes de ingreso para el gobierno español.

4. _____ Hoy día sólo consumen la coca las clases media y alta como símbolo de prestigio.

5. _____ Debido a la lucha organizada por los canadienses contra el uso de drogas ilícitas, el cultivo de la coca en Bolivia ha disminuido.

Paso 3. Rewrite each false statement in Paso 2 to make it true.

1. _____

2. _____

3. _____

4. _____

11-17. WWW Una comparación

Choose one of the topics discussed in the previous two activities, and discuss it in Spanish in relation to another country, such as the United States, Canada, or your country of origin. For instance, how important is hydroelectric power in the United States, in Canada, or in your country? Why would the United States or some other country be interested in stopping the production of the coca plant in Bolivia? Does a country have the right to ask another government to stop the production of a product in its own country? For help with your comparison, visit the *Impresiones* Web site **www.prenhall.com/impresiones** and follow the links to *Bolivia y Paraguay*. Write at least 60 words about your topic below.

_____

_____

_____

_____

_____

_____

_____

_____

_____

_____

_____

_____

_____

Name: _____ Date: _____

Las impresiones de Guadalupe:
Actividades para el video

11-18. Un encuentro inesperado

Paso 1. VIDEO Each of the following descriptions contains incorrect information about this episode of the video. Underline the incorrect information, then correct it based on the video using one of the phrases in the list below.

los anuncios	la clase	el césped
el mejor	que les interesen a los estudiantes	únicos

1. Guadalupe está sentada en un café.
2. Guadalupe lee las tiras cómicas.
3. Pablo piensa que es mejor buscar artículos que sean muy baratos.
4. Pablo es el peor del mundo para pedir descuentos.

Paso 2. Guadalupe and Pablo use many colloquial expressions in their conversation. Replace the underlined expressions below with a similar one from the following list.

¡Anda!	Están padrísimas	Oye	¿Verdad?

1. Pero <u>ché</u>, dos cabezas piensan mejor que una.
2. <u>Qué chulas. . .</u> [las zapatillas]
3. <u>¡No lo puedo creer!</u> Pero, ¿crees que los estudiantes les interesa comprar un microondas?
4. <u>¡Ándale!</u> ¿Y cuándo podemos ir?

11-19. Lo que pasa en este episodio

Paso 1. After watching this episode, mark with an X the activities that took place.

1. _____ Pablo encuentra a Guadalupe leyendo el periódico en el césped.
2. _____ Pablo le pide a Guadalupe cinco dólares para comprar un microondas de segunda mano.
3. _____ Guadalupe busca artículos baratos para comprar para la subasta.
4. _____ Guadalupe y Pablo discuten mucho y se despiden muy enojados.
5. _____ Los dos piensan que es una buena idea comprar discos compactos y accesorios.

Paso 2. Read the two classified ads below. Based on the events of the video, choose the ad that would be of most interest to Guadalupe and Pablo and write two to three sentences in Spanish explaining the reasons for your selection.

> 1: Se vende moneda antigua de Chile. Año 1884. Quito, Ecuador. Para más información: 555-1212.

> 2: Se vende CD Grupo Chico José. Original con 16 canciones, 59 minutos. Estado normal con señales de uso normal. 3 dólares. 555-9679.

Creo que a Guadalupe y a Pablo les interesaría más el anuncio número _____ *, porque* _____

_____

_____

_____

11-20.   ¿No me tenés bronca?

Paso 1. In this episode, Guadalupe and Pablo make up, using the expressions below. Complete each phrase with an appropriate word from the following list.

llamar	me	no	porque	tengo

1. ¿Así que ya no _____ tenés bronca, Lupe?
2. Te puedo llamar así, ¿ _____?
3. ¿No me odiás _____ te empujé en el museo?
4. Sí, si me puedes _____ Lupe, Pablito.
5. Y no, no te _____ bronca.
6. Ya _____ las pagaste.

Paso 2. Imagine that you and your best friend have argued over something, and you now want to make up. Write a telephone conversation between you and your friend in which you two make up.

_____

_____

_____

_____

_____

_____

_____

_____

_____

La cultura y los medios de comunicación

Vocabulario en contexto

12-1. Formas de arte clásico

Paso 1. Place the words from the following list into the table below to identify the practitioners and activities associated with each of the seven arts.

arquitecto	bailar y presentar obras
autor	crear figuras artísticas en tres dimensiones
bailarín	diseñar edificios
director	emplear la pintura y los pinceles para dibujar
escultor	escribir novelas, cuentos, u obras de teatro, etc.
músico	tener una vision para una película y guiar a los actores
pintor	tocar instrumentos o componer canciones

	PRACTICANTE	ACTIVIDADES
1. arquitectura	_____	_____
2. baile	_____	_____
3. cine	_____	_____
4. escritura	_____	_____
5. escultura	_____	_____
6. música	_____	_____
7. pintura	_____	_____

Paso 2. Is everyone involved in the arts an artist? Read the statements below about art and artists and mark those with which you agree.

1. _____ Para ser un artista verdadero, es importante que el practicante aporte algo nuevo a su campo.

2. _____ Todos los practicantes de las artes son artistas, pero algunos simplemente son mejores artistas que otros.

3. _____ Para que el público acepte una obra como "arte", es necesario que haya criterios claros para definir una obra de arte.

4. _____ Los practicantes profesionales de las artes están de acuerdo sobre los criterios que definen su arte.

Paso 3. Based upon your answers to Paso 2 and any other ideas you have about what defines art and artists, choose a person to describe and argue why you think he/she is or is not an artist. Write two or three sentences in Spanish.

_____

_____

_____

_____

_____

12-2. La pintura: ¿Qué se expresa y cómo se expresa?

Paso 1. WWW You are going to visit various Web sites to view paintings that are part of a particular artistic period. Go to the *Impresiones* Web site at **www.prenhall. com/impresiones** and follow the links to view the five paintings listed in the table below. As you look at the paintings, complete the table with at least two adjectives/adjectival phrases from the list below, and with the name of the painter who created it. Some adjectives may be repeated.

Adjetivos:	abstracta	de colores fuertes	de colores sutiles
	de pocos colores	de colores cálidos	geométrica
	horrorosa	inspiradora	negra
	pintoresca	rosada	severa
	simple	violenta	
Pintores:	Goya Kelly Miró Monet Picasso		

	ADJETIVOS	PINTOR
1. "Saturno devorando a un hijo"	_____	_____
2. "El anochecer en Venecia" (*Venice Twilight*)	_____	_____
3. "Vuelo de pájaros"	_____	_____
4. "Violín y guitarra"	_____	_____
5. "Negro y rojo" (*Noir et Rouge*)	_____	_____

Paso 2. WWW Now match the painters with the style(s) for which they are best known. If you need help, look for information in the Web sites where you viewed the paintings.

1. _____ cubista   a. Kelly

2. _____ surrealista   b. Miró

3. _____ impresionista   c. Goya

4. _____ expresionista   d. Picasso

5. _____ minimalista   e. Monet

Paso 3. Art is a very subjective experience; not everyone likes or responds to the same works. At the same time, there is something to appreciate in any work of art. Based upon your personal knowledge, choose a group of artists (or any other group that you may be interested in) from the following list to complete the first blank, and complete the statements below with your own ideas or personal opinions.

> **Grupos:** los surrealistas   los artistas religiosos   los impresionistas
> los modernistas   los expresionistas

MODELO: *Es bueno que <u>los cubistas</u> usen <u>formas geométricas para cambiar nuestra visión</u>*
<u>del mundo</u>.

1. Es interesante que _____ expresen _____
   _____

2. Es raro que _____ incluyan _____
   _____

3. Es cierto que _____ prefieren _____
   _____

4. Es extraño que _____ pinten _____
   _____

5. No es verdad que todos _____ pinten _____
   _____

12-3. El baile como forma de expresión

Paso 1. AUDIO As you listen to Imelda and Marta evaluate prospective dance students' auditions, write the name of the student(s) to whom each of the comments from the list below applies. Auditioning students' names are Federica (**F**), Gerardo (**G**), and Hortensia (**H**).

1. _____ Es muy expresiva e interpretó muy bien la música que le pusimos.

2. _____ Es obvio que ella es la mejor de los tres candidatos de hoy.

3. _____ Lo problemático es su arrogancia.

4. _____ No creo que tenga la preparación necesaria para nuestras clases.

5. _____ No entiendo su motivación para matricularse en nuestro programa.

6. _____ No la debemos admitir al programa.

7. _____ Sabe lo que necesita aprender y está lista para trabajar.

8. _____ Se nota su falta de técnica.

9. _____ Su experiencia con el baile moderno es mínima.

10. _____ Sus movimientos son fluidos y precisos.

11. _____ Tiene mucha experiencia.

12. _____ Tiene mucho entusiasmo y energía.

Paso 2. AUDIO Listen to the dialogue from Paso 1 again and write down at least five descriptions used to indicate what makes someone a good dancer.

MODELO: Los mejores bailarines *son expresivos.*

_____

_____

_____

_____

_____

Paso 3. Think of a dancer you've seen in performance. In five sentences in Spanish, describe that person, his or her style of dance, and why you believe him or her to be a good dancer.

_____

_____

_____

_____

_____

_____

Paso 4. Do you like to dance? Explain your reasons for your answer in three or four sentences in Spanish.

_____

_____

_____

_____

_____

_____

_____

12-4.   Críticas teatrales y cinematográficas

Paso 1. Read Laura's account of her recent visit to a dress rehearsal and underline the words indicating people and things associated with a play.

Hace una semana leí en el periódico que el viernes empezaba una nueva <u>obra de teatro</u>. Llamé para reservar dos entradas, pero nadie contestó; solo había un mensaje en el contestador indicando que debía dejar mi nombre, el número de entradas que quería y que debía llegar a las 8:00 para la obra. En aquel momento no sabía que este problema de las entradas iba a ser el primero de varios. . .

Bueno, llegamos al teatro un poco antes de las 8:00, pero no había nadie —excepto dos hombres vestidos muy informalmente, fumando en la puerta del teatro. Al acercarnos, nos dijeron que había un error en el periódico, y que esa noche era el último ensayo, así que era gratis entrar y ver el ensayo si queríamos.

Dado que no teníamos otros planes, entramos y nos sentamos. No había ningún otro asiento ocupado; mi esposo y yo éramos todo el público. A las 8:20 entró el director, se presentó, y se sentó en un asiento para tomar apuntes. Pronto empezó la obra.

La obra era una "comedia musical karateca romántica", y la descripción de la trama y de los actores en el libreto parecía un chiste. Uno de los actores era un verdadero karateca de cinturón negro avanzado. Aún con estas buenas indicaciones, todavía quedaban algunos problemitas que resolver. Al comenzar la representación de la obra, los encargados de las luces no estaban en los camerinos, así que los efectos especiales no se vieron hasta que llegaron, media hora después del comienzo de la obra. Para cada cambio de escena, el director había planeado música de transición, pero los músicos de la orquesta no tenían la partitura apropiada y tocaron la misma canción entre cada escena. En el medio de una escena, dos actores empezaron a discutir diciendo que el otro no sabía ni su parte ni sus movimientos. El verdadero problema no era que no sabían su parte, sino que el autor les había escrito chistes poco cómicos y comentarios sociales de poca importancia y los actores se daban cuenta de que no funcionaban bien. Por último, la estrella de la obra no sabía cantar, ¡un problema que no iban a poder resolver para el día siguiente!

Aún así con todos estos problemas, nos quedamos para el segundo acto después del intervalo. La obra era malísima, pero nos divertimos mucho, y seguro que el público se reirá también el día del estreno.

Paso 2. Laura described a number of problems that the director, stagehands, and actors needed to resolve before opening night. What is the problem in Laura's account that might be solved by the suggestions below? Write that problem under its possible solution.

1. El director debe comprobar que todo el personal está presente antes de que la obra comience.

   Problema: _____

2. Los actores deben leer la obra antes de aceptar el trabajo porque no deben participar si la obra no es buena.

   Problema: _____

_____

3. El director debe leer los anuncios del periódico para ver si tienen errores.

   Problema: _____

4. Un ayudante del director debe verificar que todos los músicos tengan la partitura correcta.

   Problema: _____

5. Debe haber audiciones donde se verifiquen las cualificaciones de los actores.

   Problema: _____

12-5. El cine

Paso 1. Making successful movies depends upon many factors. Of the factors below, which do you think are the most important? Rank the items from 1 (most important) to 7 (least important) to indicate your opinion.

1. _____ los actores
2. _____ el director
3. _____ la edad del público
4. _____ los efectos especiales
5. _____ la música
6. _____ el país de origen
7. _____ la propaganda
8. _____ el tema
9. _____ la trama

Paso 2. Pick a movie that was successful at the box office or in receiving awards. Now rank the factors in Paso 1 again based on the movie you chose.

Película: "_____"

1. _____ los actores
2. _____ el director
3. _____ la edad del público
4. _____ los efectos especiales
5. _____ la música
6. _____ el país de origen
7. _____ la propaganda
8. _____ el tema
9. _____ la trama

Paso 3. Now, think about movies that have received good reviews (as opposed to being box office hits). Mark the statements below that you associate with movies that receive good reviews.

1. _____ Para recibir una buena crítica, es importante que los actores sean conocidos.

2. _____ Es más probable que una película reciba una buena crítica si el director ya tiene varias películas exitosas.

3. _____ Las películas hechas fuera de Hollywood reciben mejores críticas que las de Hollywood.

4. _____ Cuando les hacen entrevistas a los actores y al director, las críticas son mejores.

5. _____ Sin una trama de primera clase, ninguna película recibe críticas positivas.

6. _____ Aunque una trama sea mediocre, si el tema es excelente, una película puede obtener críticas positivas.

Intercambios comunicativos

12-6. Los consejos

Paso 1. `AUDIO` Dinorah and Teodorico are taking a course in Central American art. Their focus is now on Costa Rica, and their professor has asked them to choose a Costa Rican artist on whom to write a report. Listen as they discuss their choices, and complete the following statements with the appropriate ending.

1. Teodorico está pensando en escribir su informe sobre. . .
   a. la pintora Leonel González.
   b. la escritora Julieta Pinto.
   c. el músico Leandro Cabalceta Brau.

2. Dinorah está pensando en escribir su informe sobre. . .
   a. un pintor.
   b. un escritor.
   c. un arquitecto.

3. Dinorah le aconseja a Teodorico que escriba sobre. . .
   a. la pintora Leonel González.
   b. la escritora Julieta Pinto.
   c. el músico Leandro Cabalceta Brau.

4. Teodorico le sugiere a Dinorah que escriba sobre. . .
   a. la pintora Leonel González.
   b. la escritora Julieta Pinto.
   c. el músico Leandro Cabalceta Brau.

5. Finalmente Teodorico y Dinorah deciden escribir sobre. . .
   a. el músico Leandro Cabalceta Brau y la escritora Julieta Pinto.
   b. la escritora Julieta Pinto y la pintora Leonel González.
   c. la pintora Leonel González y la escritora Julieta Pinto.

Paso 2. `AUDIO` Listen to the recording again and identify who makes the following statements, Teodorico (**T**) or Dinorah (**D**).

1. _____ ¿No has pensado en la escritora Julieta Pinto?
2. _____ Te recomiendo que escribas sobre ella.
3. _____ Sí, ese baile es muy famoso en Costa Rica.
4. _____ Claro. Por ejemplo, yo conozco su pintura *La gorda y la flaca.*
5. _____ Sin embargo, a ti lo que más te gusta es la pintura, ¿verdad?

Paso 3. `AUDIO` Listen again to Teodorico and Dinorah, and complete each statement by circling the most appropriate option.

1. Punto Guanacasteco es (un cerro/una danza) popular de Costa Rica.
2. La pintora Leonel Gonzalez nació en (Heredia/Abangares), Costa Rica, en 1962.

3. La novela *El eco de los pasos* de Julieta Pinto tiene que ver con (la segunda guerra mundial/la guerra civil de 1948).

Paso 4. `AUDIO` Listen to Dinorah and Teodorico once more and check off all of the phrases they used to give advice to one another.

1. _____ ¿No has pensado en. . .?   4. _____ Es mejor que. . .

2. _____ Sería recomendable que. . .   5. _____ Es importante que. . .

3. _____ Te recomiendo que. . .   6. _____ Te sugiero que. . .

Paso 5. Using some of the expressions in Paso 4 for giving suggestions or advice to someone, write a brief dialogue in which you and a friend are helping one another decide what to do concerning a particular topic of interest to both of you. Create 4–7 conversational exchanges.

1) — _____
   — _____
2) — _____
   — _____
3) — _____
   — _____
4) — _____
   — _____
5) — _____
   — _____
6) — _____
   — _____
7) — _____
   — _____

Paso 6. `WWW` Go to the *Impresiones* Web site at **www.prenhall.com/impresiones** and follow the links to *Música Costarricense*. There you will be able to hear the music of Punto Guanacasteco. After listening to it, write down your thoughts about the music in Spanish. What type of music is it? Slow? Fast? Happy? Sad? For dancing? For listening only? Afterwards, listen to the other types of Costa Rican music offered at the Web site.

_____
_____
_____
_____

Enfoque cultural

12-7. Centroamérica y las artes escénicas.

Paso 1. `AUDIO` Listen to the passage and choose the statement that describes it best.

1. _____ a. Se anuncia un festival regional de pintura.

   _____ b. Se hace la crítica de un festival hondureño de pintura.

   _____ c. Se habla de un festival de música y canciones.

   _____ d. Se anuncia un festival regional de danza y teatro.

Paso 2. `AUDIO` Listen to the recording once again. Order the following sentences to reflect the order in which information is presented in the recording.

1. _____ Primero, el grupo Danza Libre presenta danza contemporánea que muestra situaciones desde el punto de vista de la mujer.

2. _____ En el evento se encuentran, entre otros, los grupos Barro Rojo de México, Desequilibrio de Nicaragua y Danza Libre de Honduras.

3. _____ El primer Festival Regional de las Artes Escénicas de Centroamérica y México se celebra del 16 al 26 de mayo en Honduras.

4. _____ El festival es organizado por el grupo Mujeres de las Artes.

5. _____ Luego, Eva Gasteazoro y el grupo Desequilibrio presentan sus escenas teatrales.

6. _____ Todas las representaciones tienen lugar en el Teatro Nacional Manuel Bonilla y en la Plaza Central Francisco Morazán.

Paso 3. Decide whether the following statements are true (**Cierto**) or false (**Falso**) according to the recording.

1. _____ En el festival se muestran solamente espectáculos de danza.

2. _____ El grupo Mandrágora es de Honduras.

3. _____ Desequilibrio presenta "Las cosas del amor y otras perversiones propias de la naturaleza humana y animal".

4. _____ Eva Gasteazoro es bailarina y escritora.

Paso 4. Rewrite each false statement in Paso 3 to make it true.

1. _____

   _____

2. _____

   _____

12-8. Enrique Salaverria de El Salvador

Paso 1. [AUDIO] Listen to the recording about Enrique Salaverria and complete the following statements.

1. _____ Enrique Salaverria se dedica a la. . .

   a. pintura.

   b. escultura.

   c. música.

2. _____ Ha realizado exposiciones en. . .

   a. el Museo de la Plaza.

   b. el Museo de la Playa.

   c. el Museo de la Escultura.

3. _____ El artista nació en. . .

   a. Apancoyo.

   b. Juayúa.

   c. Jocotillo.

4. _____ Una de sus obras de piedra más conocida se llama. . .

   a. "Mujer con naranja".

   b. "Hombre con manzana".

   c. "Mujer con manzana".

5. _____ Esa escultura en piedra ganó el premio nacional en. . .

   a. mil novecientos setenta y tres.

   b. mil novecientos ochenta y cuatro.

   c. mil novecientos sesenta y tres.

Paso 2. [AUDIO] Listen to the recording again and complete the following sentences with the missing information.

1. Una de sus obras fue inspirada por un viaje a _____.

2. La figura "Movimiento y Mujer" es de _____ y mide 3 metros y medio de alto.

3. Una de sus mejores fuentes de inspiración han sido las figuras de _____.

Paso 3. You are writing a short biography of Salaverria for your school newspaper. Write it below in Spanish. Be sure to include the following information (you might need to listen to the recording once again): his name, date and place of birth, where he studied art, what he is best known for, where one can go to view his art.

_____

_____

_____

_____

_____

_____

_____

_____

_____

_____

Gramática en contexto

I. The subjunctive with impersonal expressions

> **Reminder:**
> All the verb tenses that you've studied so far have been verbs in the indicative mood. The indicative is the mood related to reality, and thus expresses or affirms ideas or objective acts. In contrast, the subjunctive mood consists of a group of verb tenses that expresses as yet unrealized actions, or subjective ideas and points of view. The subjunctive mood is used in dependent clauses that follow an independent clause containing an expression of a subjective point of view, or an emotion like desire, doubt, or uncertainty. The independent and dependent clauses almost always have a different grammatical subject.

12-9.   El mundo del arte y de los artistas

Paso 1. Select the statements that you believe reflect accurate comparisons of the arts (**arquitectura, baile, cine, escultura, escritura, música, pintura**) that you've been focusing on in this chapter.

1. _____ <u>Es cierto</u> que los artistas de todos los campos tienen un nivel semejante de estudio y preparación.

2. _____ <u>Es imposible</u> que el mismo porcentaje de artistas de cada campo pueda vivir de su arte.

3. _____ <u>Creo</u> que hay más apoyo financiero del gobierno para las artes en Centroamérica que en los Estados Unidos.

4. _____ Para sobresalir en su campo, <u>es necesario</u> que un artista practique con diligencia y trabaje en su obra todos los días.

5. _____ <u>Es obvio</u> que las artes que requieren movimiento físico como el baile son más rigurosas que las que no lo requieren, como la escritura.

6. _____ <u>No es cierto</u> que todas las artes necesiten fondos del gobierno; la arquitectura, por ejemplo, suele depender de fondos privados.

Paso 2. Write a brief explanation in Spanish for each statement in Paso 1 that you did not agree with.

1. _____

2. _____

3. _____

4. _____

5. _____

Paso 3. Some of the statements in Paso 1 use the subjunctive mood in the dependent clause, others do not. In this paso we'll identify the patterns for each type.

1. Circle the verbs in the dependent clauses (clauses that are not underlined and that appear after *que*) in Paso 1.

2. Now write each verb under the appropriate column below with the number of the statement in which you found it.

SUBJUNTIVO	INDICATIVO
MODELO: _2. puedan_	

3. Using your answers to 2 above, write the independent clauses (those underlined in Paso 1) that are associated with the subjunctive and indicative.

SUBJUNTIVO	INDICATIVO
MODELO: _2. Es imposible_	

4. Now, explain why each independent clause precedes a verb in the subjunctive or the indicative. Refer back to the grammar note at the beginning of this activity if you need help.

Subjuntivo

MODELO: _2. Es imposible: se usa el subjuntivo después de expresiones de posibilidad._

_____

_____

Indicativo

_____

_____

_____

5. Finally, group the expressions below according to whether they would be followed by the subjunctive or the indicative based on the patterns you've learned.

Es difícil que...	Es indispensable que...	Es verdad que...
Es evidente que...	Es necesario que...	No es evidente que...
Es extraño que...	Es obvio que...	No es obvio que...
Es importante que...	Es seguro que...	No es seguro que...
Es increíble que...	Es una lástima que...	No es verdad que...

Con subjuntivo:

_____

_____

_____

_____

_____

_____

Con indicativo:

_____

_____

_____

_____

_____

_____

Reminder:

To form the present subjunctive:

a. Begin with the first person singular of the present indicative and remove the **-o** (ex.: **hacer: hago: hag-**).

b. With the exception of the **yo** form, for **-ar** verbs add the **-er** and **-ir** endings of the present indicative (ex.: **aprend-*er*, indicative aprend-*es* → pintar, subjunctive pint-*es***) and for **-er** and **-ir** verbs add the **-ar** endings of the present indicative (ex.: **pintar, indicative pint-*as* → aprender, subjunctive aprend-*as***)

c. For all three verb types (**-ar, -er, -ir**), the first person singular (**yo**) form of the present subjunctive is the same as the third person singular (**él/ella/Ud.**) form: **le-*er* → le-*o* → le-*a* (yo/él/ella/Ud.)** (ex.: **El profesor quiere que *lea* el capítulo 12.** The professor wants **me/him/her/you** to read Chapter 12.)

Note that some common verbs have irregular stems in the present subjunctive:

haber: hay-; ir: vay-; saber: sep-; ser: se-; ver: ve-.

Stem-changing verbs, however, generally follow the same stem-changing pattern in the present subjunctive that is seen in the present indicative:

hacer: hago/haga; vestir: visto/vista; dormir: duermo/duerma; jugar: juego/juega

12-10. La vida de artista

Paso 1. Federica, one of the students who auditioned for a dance program recently, was denied admission. Read the note she received, and fill in the blanks with the appropriate form of the present subjunctive.

Estimada Federica:

Es importante que tú _____ (1. saber) que nuestra decisión se aplica a este año solamente. Necesitas estudiar y aprender más antes de empezar con nosotros, pero es indispensable que no _____ (2. pensar) que no eres una buena bailarina. Simplemente te hace falta más experiencia. Es una lástima que nosotros no te _____ (3. poder) admitir ahora, pero no debes dejar de solicitar admisión el año que viene. No es verdad que los estudiantes siempre _____ (4. volver) a fracasar; te aconsejo que practiques mucho y que el año entrante vuelvas a presentarte.

M. Beauchamp González

Paso 2. What are some of your perspectives about art and artists? Use the phrases in the list below to complete each statement. Be sure to choose carefully between the subjunctive and the indicative forms of the verb.

tener(les) respecto
ganar un buen sueldo
hacer mucho esfuerzo para ser exitoso/a/s
sobrevivir durante épocas de depresión económica
haber muchos artistas en todos los países del mundo
comunicar un tema bien
ir a las presentatciones de obras de arte
recibir mucha crítica negativa

1. Es verdad que _____

2. No es seguro que _____

3. Es extraño que _____

4. Es necesario que _____

5. Es increíble que _____

6. No es obvio que _____

7. Es evidente que _____

II. *Lo* + adjective

> **Reminder:**
> **Lo** when used with an adjective is a neutral (neither masculine nor feminine) form in Spanish. **Lo + adjective** is used to refer to general or abstract qualities of something.
>
> Para mí, **lo interesante** del baile moderno es que demuestra el atletismo y control de los bailarines.
>
> *For me, **the interesting thing** about modern dance is that it shows the athleticism and control the dancers have.*

12-11. Lo bueno es. . .

Paso 1. Choose an adjective from the following list to use with **lo** to logically complete each statement. You may use any other adjective if you wish.

maravilloso	extraño	importante	interesante
problemático	difícil	mejor	

MODELO: *Lo duro* de la vida artística es que requiere una dedicación total al arte.

1. _____ de ser pintor es la flexibilidad del horario; los artistas pueden decidir cuando quieren trabajar.

2. _____ de la escultura es que el artista refleja sus ideas en obras de tres dimensiones.

3. _____ de la arquitectura es que debe ser tan funcional como bella.

4. _____ del cine es su costo, pero me encanta y creo que es el arte moderno más importante.

5. _____ del trabajo de los escritores es su soledad; escriben frente a una computadora durante horas sin relacionarse con otras personas.

6. _____ de ser músico es la oportunidad de sintetizar varios estilos de música en una sola creación.

7. _____ de ser bailarín son las horas de práctica y el depender de los otros bailarines del grupo para lograr una buena actuación.

Paso 2. Now write four statements about your life using **lo** + adjective.

Modelo: *Lo bueno* de mi vida es que tengo amigos que me apoyan en todo.

1. _____

2. _____

3. _____

4. _____

Name: _____   Date: _____

Integración comunicativa

12-12. Echemos un vistazo a Panamá

Paso 1. AUDIO Yovani Martínez lives in Louisiana but is originally from Panama. Read a segment of a description that she presented in a report about the Central American country. Then, listen to the recording, write the questions you hear, and answer them in Spanish.

Un día de playa en Panamá por Yovani Martínez

La palabra *Panamá* viene de una lengua indígena y significa *abundancia de peces y de mariposas*. El país está ubicado en el istmo centroamericano entre Costa Rica y Colombia. Tiene un clima tropical con altas temperaturas y humedad durante casi todo el año. Panamá es un país cosmopolita: tiene gente de todo el mundo. En las calles encuentras personas de todas las razas. Es muy común escuchar a las personas hablando diversos idiomas, como el chino, sin embargo el idioma oficial es el español y el inglés es el segundo idioma en importancia.

1. ¿_____?
  —_____
  _____.

2. ¿_____?
  —_____
  _____.

3. ¿_____?
  —_____
  _____.

4. ¿_____?
  —_____
  _____.

Paso 2. AUDIO Listen to the second part of Yovani's report on Panama, and answer the questions listed below.

1. ¿Cuáles son las estaciones del año en Panamá?

_____

2. ¿Qué suele hacer la gente panameña en su país durante la época seca?

_____

3. ¿Para qué se prestan las playas del océano Pacífico?

_____

4. ¿Para qué se prestan las playas del océano Atlántico?

_____

Paso 3. AUDIO Now, listen to the entire report and complete the following sentences with the missing words.

1. Cuando llueve en la ciudad hay sectores donde hay _____ y muchas casas se ven afectadas.

2. Durante esa época se puede ver la venta de _____ en todas las playas.

3. La fragancia del pescado frito y los _____ (plátanos verdes) inundan el ambiente.

4. El Atlántico se utiliza más para la _____ y el buceo porque el océano es más calmo.

Paso 4. Based on the meaning of the missing words in Paso 3, decide if the following definitions are true (**Cierto**) or false (**Falso**).

1. _____ Las frituras son comida frita.

2. _____ Una inundación es cuando un área se congela debido a las bajas temperaturas.

3. _____ Los patacones son plátanos amarillos.

4. _____ La natación es la actividad o el deporte de la persona que nada.

Paso 5. Rewrite the false definitions in Paso 4 to make them true.

1. _____.

2. _____.

Paso 6. Write three recommendations that you would give to someone who was about to visit Panamá. What would you recommend based on what you know about 1) the languages spoken there, 2) the seasons of the year, 3) the activities people do in the oceans and at the beaches?

MODELO: Te recomiendo que no lleves ropa de invierno porque no hace mucho frío en Panamá.

1. _____

2. _____

3. _____

Comparaciones culturales

12-13.   Luis Cardoza y Aragón

Paso 1. AUDIO Listen to the recording about the Guatemalan author Luis Cardoza y Aragón. Then, choose the sentences that most appropriately describe the author.

1. _____ a. Luis Cardoza y Aragón nació en Antigua Guatemala.

   _____ b. Luis Cardoza y Aragón nació en Medina del Campo.

2. _____ a. Viajó a Francia por primera vez, cuando ya era de avanzada edad, para estudiar pintura.

   _____ b. Viajó a Francia por primera vez de joven, para estudiar medicina.

3. _____ a. Las primeras obras que publicó, *Luna Park* y *Maelstrom*, eran novelas.

   _____ b. Las primeras obras que publicó, *Luna Park* y *Maelstrom*, eran libros de poesía.

4. _____ a. En los años 50 y 60 ocupó varios puestos en el gobierno guatemalteco.

   _____ b. En los años 40 y 50 ocupó varios puestos en el gobierno guatemalteco.

5. _____ a. Se casó con Lya Kostakowsky, hija de padres rusos, que murió en 1988.

   _____ b. Se casó con Lya Kostakowsky, hija de padres polacos, que murió en 1978.

6. _____ a. Se fue a México en 1963 y no regresó a Guatemala.

   _____ b. Se fue a México en 1953 y no regresó a Guatemala.

Paso 2. AUDIO Listen to the recording once again and make the necessary change(s) to the following sentences to make them true.

1. Cardoza y Aragón fue poeta, ensayista, narrador y escultor.

   _____

2. Murió en la Ciudad de México en 1989.

   _____

3. Escribió sobre su país en su obra *Guatemala, las líneas de su cara*.

   _____

4. Fue defensor del indígena y escribió sobre las excelentes condiciones de los indígenas de Guatemala.

   _____

   _____

Paso 3. AUDIO Listen to the recording once again and answer the following questions.

1. ¿Cuándo nació Cardoza y Aragón?

   _____

2. ¿Qué puesto político ocupó en Colombia y en Chile?

   _____

3. ¿Cómo se llamaba la revista que fundó en Guatemala?

   _____

4. ¿Qué opinaba de la resistencia indígena guatemalteca?

   _____

12-14. Los indígenas y el desarrollo económico de Centroamérica: el Plan Puebla-Panamá

Paso 1. AUDIO You will hear two people with different viewpoints about the Puebla-Panama Plan. Based on what you hear, complete the table below.

A FAVOR DEL PLAN	EN CONTRA DEL PLAN
1. *Se mejorarán las condiciones de las carreteras de Centroamérica.*	1. *La población indígena será explotada para poder construir las nuevas carreteras.*
2. _____ _____	2. _____ _____
3. _____ _____	3. _____ _____

Paso 2. Based on the recording and your own personal viewpoint, decide whether you agree with the following statements.
Answer: *Sí, estoy de acuerdo* or *No, no estoy de acuerdo.*

1. Las condiciones de los pobres mejorarán porque habrá más trabajo para ellos debido a todos los proyectos que se iniciarán para desarrollar la economía.

_____.

2. Las compañías internacionales y nacionales que financian los proyectos del Plan Puebla-Panamá tienen el derecho de utilizar los recursos naturales de los países centroamericanos.

_____

3. Los indígenas que viven en áreas donde hay muchos recursos naturales tienen el derecho de recibir beneficios económicos también.

_____

Paso 3. As you have heard, there is a growing movement toward unifying the different countries of Central America, especially through strong economic ties. Nevertheless, there are some that oppose the Puebla-Panama Plan, mainly due to a perceived lack of consideration on the part of the Plan toward the indigenous population's rights. Go to the *Impresiones* Web site at www.prenhall.com/impresiones and follow the links to *Globalization and Indigenous Populations*. Write below a brief description of the Web site and its main points in Spanish.

_____

_____

_____

_____

_____

_____
_____
_____
_____
_____
_____
_____
_____

Las impresiones de Guadalupe: Actividades para el video

12-15. ¡Es imposible que te gusten las películas de terror!

Paso 1. VIDEO In this episode, Guadalupe (**G**) and Camille (**C**) express different opinions about horror movies. Based on the video, circle the name of the person most likely to express the opinions below.

1. G C La trama de las películas de terror es casi siempre la misma.
2. G C Los guiones musicales son horrorosos.
3. G C Las partituras musicales son perfectas.
4. G C Los subtítulos me ayudan a distraerme y así no veo la sangre.
5. G C ¡Los efectos especiales me ponen los pelos de punta!
6. G C Me divierte muchísimo este tipo de películas.

Paso 2. What do you think about horror movies? With whom do you agree more, Guadalupe or Camille? Express your opinion by completing the phrases below.

No es cierto que las películas de Hitchcock. . . _____

_____

Es raro que los directores de cine modernos. . . _____

_____

Es cierto que las películas extranjeras de terror. . . _____

_____

Es increíble que la trama de la mayoría de las películas de terror. . . _____

_____

Es evidente que Guadalupe. . . _____

No es verdad que Camille. . . _____

12-16.   Lo que más me gusta de las películas de terror es que. . .

Paso 1. Complete the sentences below to indicate what you like or don't like about each of the following movie types.

1. Lo que (no) me gusta de las películas de terror es que. . . _____

_____

2. Lo que (no) me gusta de las películas de guerra es que. . . _____

_____

3. Lo que (no) me gusta de las películas costumbristas es que. . . _____

_____

4. Lo que (no) me gusta de las películas románticas es que. . . _____

_____

5. Lo que (no) me gusta de las comedias es que . . . _____

_____

Paso 2. Answer the questions about your movie preferences in Spanish.

1. ¿Cuál es tu película favorita? _____

2. ¿Qué pasa en esta película? Escribe de 3 a 5 frases para describir la trama.

_____

_____

_____

_____

3. ¿Por qué prefieres esta película y no otras?

_____

_____

12-17.   ¡Al cine hispano!

Paso 1. Go to a video store and rent a movie made in a Spanish-speaking country. (Most video stores have them.) Based upon the information on the video box only, complete the following statements about your reasons for selecting this movie.

1. Es seguro que esta película. . . _____

2. Es extraño que. . . _____

3. Lo interesante de esta película es que. . . . _____

4. Por otro lado, creo que lo malo es que. . . _____

Paso 2. Now watch the movie you chose without subtitles if possible. (If you're watching a DVD, you can choose "without subtitles" in the menu; if it's a video, you can cover the subtitles by taping a piece of paper to the bottom of your TV screen.) After watching the movie, complete the statements below with your own opinions about it.

1. Es obvio que esta película. . . _____

_____

2. Es una lástima que el director. . . _____

_____

3. Es increíble que. . . _____

_____

4. Lo impactante de esta película es que. . . . _____

_____

5. Por otro lado, lo negativo es que. . . _____

_____

Paso 3. ¿Cómo pueden las películas hechas por miembros de otra cultura ayudar a entender costumbres y puntos de vista diferentes? ¿Estas diferencias culturales son difíciles de comprender? ¿Por qué (no)?

_____

_____

_____

_____

_____

_____

_____

_____

_____

_____

_____

_____

La medicina y la salud

13-1. Las partes del cuerpo

Paso 1. It's not uncommon for children to put on pieces of clothing in a novel way when playing dress-up. Look at the picture and describe on what body part(s) the child is wearing the different articles of clothing.

MODELO: La niña se puso las botas *en los pies.*

1. Se puso la bufanda en _____ .

2. Se puso los pantalones cortos en _____ .

3. Se puso la falda en _____ .

4. Se puso las medias en _____ .

5. Se puso la camisa en _____ .

Paso 2. On what part of her body would an adult wear each of the items in Paso 1?

MODELO: Normalmente las botas se llevan *en los pies.*

1. Normalmente la bufanda se lleva en _____

2. Normalmente los pantalones se llevan en _____

3. Normalmente la falda se lleva en _____

4. Normalmente las medias se llevan en _____

5. Normalmente la camisa se lleva en _____

13-2. ¿Qué problema tienes?

Match each health complaint with the drawing that suggests an appropriate solution.

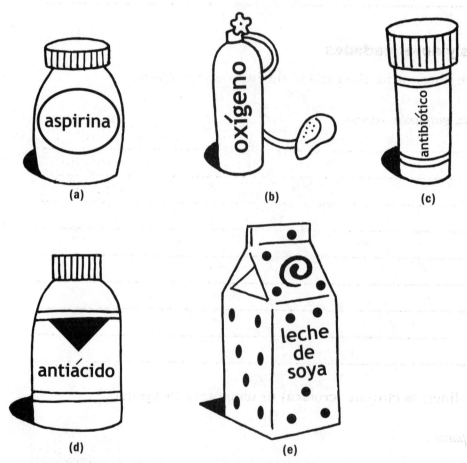

1. _____ Me falta el aire.

2. _____ Me cae mal la leche de vaca.

3. _____ Me duele la cabeza.

4. _____ Tengo fiebre.

5. _____ Me da náuseas por la mañana.

13-3. Malestares físicos y recomendaciones

You are on a road trip with two children, and you've left your medicine chest at home. Without any supplies, what recommendations can you give to each person to alleviate their complaints? Write 1–2 sentences for your recommendation.

1. No me gusta el movimiento del carro y tengo náuseas.

_____

2. Estoy mareado. ¿Cuándo vamos a almorzar?

_____

3. Hace mucho calor en este carro; me duele la cabeza.

_____

4. Me molesta la luz del sol.

_____

13-4. Síntomas y enfermedades

Paso 1. Next to each illness write the parts of the body that it affects.

MODELO: resfrío: *nariz, garganta, cabeza*

1. cirrosis: _____

2. melanoma: _____

3. ataque cardíaco: _____

4. hemofilia: _____

5. asma: _____

6. embolia: _____

7. laringitis: _____

8. artritis: _____

9. leucemia: _____

Paso 2. Label each illness as chronic (**crónica**) or temporary (**temporal**).

MODELO: resfrío: *temporal*

1. cirrosis: _____

2. melanoma: _____

3. ataque cardíaco: _____

4. hemofilia: _____

5. asma: _____

6. embolia: _____

7. laringitis: _____

8. artritis: _____

9. leucemia: _____

Paso 3. Write the illnesses that might show each symptom. Use the list of illnesses in Paso 2.

MODELO: tos: *resfrío, asma*

1. dificultad para respirar: _____

2. mareos: _____

3. dolor en el pecho: _____

4. manchas en la piel: _____

13-5. Remedios caseros

Paso 1. Match the traditional home remedies in Column A with the ailments in Column B they are meant to solve.

Columna A

1. _____ poner mantequilla en la piel
2. _____ tomar una chata de whisky
3. _____ comer una cucharada de azúcar
4. _____ respirar en una bolsa de papel
5. _____ chupar la piel para sacar el veneno
6. _____ tomar agua y dormir

Columna B

a. mareos

b. dolor de cabeza

c. hipo

d. quemadura (*burn*)

e. picadura de víbora

f. dolor de las encías o los dientes

Paso 2. AUDIO Listen as Alejandro and Carolina, two paramedics, talk about their experience with people using home remedies. As you listen, indicate whether the paramedics think each of the home remedies is effective (**eficaz=E**) or not (**ineficaz=I**).

1. _____ poner mantequilla en la piel
2. _____ tomar una chata de whisky
3. _____ comer una cuchara de azúcar
4. _____ respirar en una bolsa de papel
5. _____ chupar la piel para sacar el veneno
6. _____ tomar agua y dormir

Paso 3. AUDIO Listen to the conversation again and write down the problems for which the paramedics recommend the following treatments.

1. aspirina: _____

2. una crema y un vendaje: _____

3. paciencia: _____

4. respirar hondo, calmarse: _____

5. un antiveneno: _____

13-6. WWW Remedios caseros: Jugos y plantas

Many traditional remedies for various ailments have been passed down through generations. Visit the *Impresiones* Web site at **www.prenhall.com/impresiones** and follow the links to *Remedios caseros* to learn about some juices and plants that are believed to have beneficial properties. Complete the table below using the information from the Web site about **jugos** and **plantas.**

JUGOS:

REMEDIO PARA	INGREDIENTES DEL REMEDIO	PREPARACIÓN Y USO DEL REMEDIO
MODELO: _Acné_	_125 g. de zanahoria_ _50 g. de espinacas_ _50 g. de espárragos_	_Los ingredientes se licúan para hacer un jugo y se toman cuando se tiene el estómago vacío una vez al día._
Picaduras de insectos	(1) _____ _____ _____ _____	(2) _____ _____ _____ _____
(3) _____	300 g. de repollo 100 g. de apio	Los ingredientes se licúan para hacer un jugo y se toman cuando se tiene el estómago vacío una vez al día.

PLANTAS:

REMEDIO PARA	PLANTA	PREPARACIÓN Y USO DEL REMEDIO
(4) _____	hinojo	Se vierte agua hervida en una cucharadita de la planta molida. Se deja por 10 minutos, se filtra, y se toma tres veces al día.
Faringitis, bronquitis	(5) _____	Se prepara como un té. Dos cucharaditas de la planta molida hervida en 1/2 litro de agua. Se toma dos o tres veces al día.
Trastornos cardíacos	muérdago	(6) _____ _____ _____ _____

Intercambios comunicativos

13-7.   ¡Buena suerte!

Paso 1. AUDIO Listen to the following six excerpts from six different conversations and classify them according to the most likely communicative function they have. Choose only one function for each excerpt.

DESEO DE MEJORÍA	DESEO DE BUENA SUERTE	DESPEDIDA
1. _____	_____	_____
2. _____	_____	_____
3. _____	_____	_____
4. _____	_____	_____
5. _____	_____	_____
6. _____	_____	_____

Paso 2. AUDIO Listen to the six excerpts again but this time select the most likely description of the situation that corresponds to each one. Write the number of the audio excerpt next to each description below.

_____ Un/a amigo/a tuyo/a tiene una entrevista de trabajo.

_____ Tu mejor amigo/a se va de viaje a Costa Rica para estudiar durante un semestre.

_____ Un pariente tuyo muy cercano va al hospital para operarse.

_____ Un/a compañero/a de clase tuvo un accidente y se quebró una pierna.

_____ Tu vecino/a está con gripe.

_____ Es viernes y te despides de tu profesor(a) de español.

Paso 3. As you can tell from the previous excerpts, best wishes, wishes of good health, and even farewells are conveyed with more than one single phrase and also with more than one single language structure. Write what you would say in each of the previous situations.

_____

_____

_____

_____

_____

Enfoque cultural

13-8. Los estereotipos y el humor

Paso 1. AUDIO Listen as a student of Spanish talks with his Hispanic friends about stereotypes and humor. Complete the statements with the correct answer.

1. _____ Para un extranjero es. . . comprender el humor de otro idioma y otra cultura.
   a. difícil   b. facil   c. imposible

2. _____ Los esterotipos. . . aparecen en los chistes.
   a. nunca   b. también   c. no

3. _____ Por ejemplo, a veces se hace burla de. . .
   a. los campesinos y los pobres.
   b. los ricos y las estrellas de televisión.
   c. todos los tipos mencionados anteriormente.

4. _____ En Colombia, por desgracia, muchas veces se hace burla de. . .
   a. los antioqueños.   b. los pastusos.   c. los bogotanos.

5. _____ En Venezuela el sistema. . . es tan malo que es un tema frecuente de los chistes.
   a. bancario   b. universitario   c. telefónico

6. _____ Otro tipo frecuente es el chiste sobre. . .
   a. los médicos y los problemas de salud.
   b. los rectores y las universidades.
   c. los gerentes y los negocios.

Paso 2. AUDIO Listen to the second part of the conversation about stereotypes and humor. This time you will hear the actual jokes. Complete the sentences with a word from the list below.

luz	corbata	llamada

1. Ponen el teléfono en el piso para que no se les caiga la _____.

2. La esposa no puede dormir porque el esposo duerme con la boca abierta y la _____ le da en la cara.

3. El dentista le recomienda al paciente que, como tiene los dientes amarillos, debe llevar _____ marrón.

Paso 3. Explain in Spanish why it might be important to learn the humor of another language and culture.

_____

_____

_____

_____

_____

Gramática en contexto

I. The subjunctive in dependent clauses

Reminder:

When there is an impersonal expression that conveys a personal perspective other than certainty in the independent clause, the dependent clause uses the subjunctive.

Es importante que **llegue** a tiempo a la cita con el médico.

*It is important that he **arrive** on time for his appointment with the doctor.*

or *It's important for him **to arrive** on time for his appointment with the doctor.*

The dependent clause will also use the subjunctive if the independent clause uses subjective expressions (other than the impersonal expressions).

No creo que **llegue** a tiempo a la cita con el médico.

*I don't think that he **will arrive** on time for his medical appointment.*

Remember that if there's no change of subject from the independent to the dependent clause, you'll use an infinitive.

Necesito **llegar** a tiempo a la cita con el médico.

*I need **to arrive** on time for my appointment with the doctor.*

13-9.   Los estereotipos y la medicina

Paso 1. Mark the statements that reflect stereotypical beliefs in the United States about medical services in the Hispanic world.

1. _____ Dudo que haya servicios médicos adecuados en el mundo hispano.

2. _____ Los médicos en el mundo hispano reciben una preparación adecuada y actualizada en sus propias universidades. No es necesario que vayan a los Estados Unidos a estudiar medicina.

3. _____ Es mejor que te atienda un médico que estudió en los Estados Unidos cuando viajas por el mundo hispano.

4. _____ Es cierto que los médicos en el mundo hispano recetan más hierbas y remedios naturales que los médicos de los Estados Unidos.

5. _____ Durante una cita con el médico, los hispanos prefieren que el médico no les diga la verdadera gravedad de su enfermedad.

Paso 2. Fill in the table below with the following information: (a) verbs in Paso 1 that appear in the subjunctive, (b) independent/main verb phrase in the same sentence, and (c) reason why the subjunctive is used in the dependent clause.

VERBOS EN SUBJUNTIVO	VERBO INDEPENDIENTE	RAZÓN PARA EL USO DEL SUBJUNTIVO
MODELO: haya	Dudo	Dudo indica duda o negación de un hecho, y el sujeto de la cláusula independiente y de la dependiente es distinto.
1. _____	_____	_____
2. _____	_____	_____
3. _____	_____	_____

Paso 3. Write 5–7 sentences in Spanish explaining what you believe to be the root of the stereotypes you indicated in Paso 1.

_____

_____

_____

_____

_____

13-10.   Los médicos y las compañías de seguros

Paso 1. A doctor's job is to treat a patient to the best of his or her ability, whereas an insurance company's goal is to make money while providing medical services. These goals are in conflict. Indicate which party, **el médico (M),** or **la compañía de seguros (CS)** is more likely to have the following opinions. Mark **M/CS** if both would agree.

1. _____ Prefiere que el paciente visite al médico por cualquier problema de salud.

2. _____ Prefiere que el paciente se cite con el médico sólo en caso de problemas crónicos o graves.

3. _____ Es importante que el paciente reciba vacunas para prevenir enfermedades porque la prevención es menos costosa que el tratamiento de la enfermedad.

4. _____ Recomienda que el paciente vea a un especialista si el médico no tiene suficiente información para diagnosticar bien su problema.

5. _____ Insiste en que los pacientes coman bien, no fumen, y hagan ejercicio para mantener la salud.

6. _____ Considera los precios de las recetas médicas para que el paciente no pague más de lo necesario por sus medicamentos.

7. _____ Desea que se receten medicinas genéricas porque son más baratas para los pacientes y para la compañía.

Paso 2. What do you think are possible solutions to the problem of good health care vs. cost management discussed in Paso 1? Rank the ideas in the list below from best (1) to worst (4).

1. _____ Sugiero que aumenten las cuotas (*premiums*) de los seguros.

2. _____ Es necesario que el gobierno provea un nivel básico de seguro médico; luego los pacientes pueden pagar más si quieren tener más servicios.

3. _____ Prefiero pagar más impuestos federales. De esta forma el gobierno puede proveer un seguro médico de buena calidad para todos.

4. _____ Creo que las compañías de seguros deben ser no lucrativas (*nonprofit*). Entonces gastarían todos sus ingresos en el cuidado médico de los pacientes y no en la propaganda.

II. Future and conditional

Reminder: The future and the conditional of the verb **comer** are shown in the table below.

FUTURO	FUTURE	CONDICIONAL	CONDITIONAL
comer**é**	**-é**	comer**ía**	**-ía**
comer**ás**	**-ás**	comer**ías**	**-ías**
comer**á**	**-á**	comer**ía**	**-ía**
comer**emos**	**-emos**	comer**íamos**	**-íamos**
comer**éis**	**-éis**	comer**íais**	**-íais**
comer**án**	**-án**	comer**ían**	**-ían**

Some irregular stems include: **haber:** *habr-*; **hacer:** *har-*; **poder:** *podr-*; **poner:** *pondr-*; **querer:** *querr-*; **salir:** *saldr-*; **tener:** *tendr-*; **venir:** *vendr-*.

13-11. ¿Ya o todavía no?

Paso 1. Indicate whether the people mentioned have tried already to improve their health (**ya**), or whether it's something they are planning to do in the future (**todavía no**).

1. El año pasado decidí comer más frutas y vegetales, pero no lo hice. Necesito mejores recetas para poder preparar vegetales de una manera más sabrosa.

   ya _____ todavía no _____

2. Me hice socio de un gimnasio recientemente. Empecé una clase de aerobismo con una amiga.

   ya _____ todavía no _____

3. Mis hijos no duermen bien porque no tienen un horario regular, y el médico sugiere que sea un poco más normal. Desde ahora se acostarán a las nueve, se despertarán a las siete, y todos cenaremos juntos a las siete de la tarde.

   ya _____ todavía no _____

4. Mi esposo y yo compramos un libro de recetas saludables y durante los últimos seis meses hemos comido poca carne roja, muchas legumbres y no fumamos.

   ya _____ todavía no _____

5. Dado que a mi padre le diagnosticaron un melanoma, ahora evitará el sol y llevará un sombrero cuando esté afuera.

   ya _____ todavía no _____

Paso 2. What will you do or stop doing in the next year to take better care of yourself? Write three possibilities.

MODELO: *Saldré a caminar todos los días antes de ir a la universidad.*

1. _____

2. _____

3. _____

13-12.   ¿Imperfecto o condicional?

Choose between the imperfect and the conditional according to the context to complete the paragraph.

Cuando era joven (1. podía / podría) comer mucho sin engordar. (2. Leía / Leería) muchos libros y (3. hacía / haría) poco ejercicio. Ahora (4. quería / querría) vivir así, pero (5. podía / podría) engordar mucho.

III. Future and conditional: Functional uses

Reminder:

The future tense is used (1) to refer to an event that comes after an event in the present, or (2) to express the probability of an event.

The conditional tense is used (1) to refer to an event that happens after an event in the past, (2) to talk about hypothetical events, or (3) to soften requests and suggestions.

13-13.   ¿Futuro o condicional?

Paso 1. Choose between the future and the conditional to indicate the most logical response in each situation.

MARCOS: ¿Dónde está Pablo?

INÉS: ¿Son las dos? (1) Estará / Estaría en clase.

MARCOS: Tengo mucho trabajo; no creo poderlo terminar hoy y Pablo no está para ayudarme.

INÉS: No (2) deberás / deberías hablar tanto con tus amigos, así tendrías más tiempo para trabajar.

MARCOS: Ya lo sé. ¿Pero puedes ayudarme? Necesito que alguien vaya a recoger unos libros de la biblioteca sobre los dolores de cabeza crónicos.

INÉS: Sí, te (3) ayudaré / ayudaría después de mi clase. ¿Fuiste a ver al médico? Sé que has tenido estos dolores de cabeza por mucho tiempo.

MARCOS: (4) Iré / Iría a verlo, pero no tengo ni seguro ni dinero.

INÉS: Pero es un problema grave. Debes hacer algo.

MARCOS: Bueno. . . ¿Tú me (5) prestarás / prestarías dinero para la consulta?

INÉS: Sí, te lo prestaría, pero es que yo tampoco tengo. . .

Paso 2. Describe the use of the future or the conditional that explains your selection of the verb forms in Paso 1.

MODELO: 1. *Estará: future: to express the probability of an event.*

2. _____

3. _____

4. _____

5. _____

IV. *Se* with unplanned events

> **Reminder:**
> Unplanned events expressed with **se** have four parts:
> a. **se**
> b. the indirect object that refers to the person(s) affected by the event
> c. the verb that expresses the action (and agrees with the thing(s) affected)
> d. the thing(s) affected
> **Se me rompió el vaso.** *The glass broke (on me).*
> **Se me rompieron los vasos.** *The glasses broke (on me).*

13-14.   Eso pasa cuando. . .

Select the situation in which the following unplanned events are likely to happen to someone.

1. Se me caen los platos cuando. . .
   a. tengo las manos frías.
   b. tengo las manos mojadas.
2. Se les pierde la tarea a los estudiantes cuando. . .
   a. tienen muchos papeles para sus clases.
   b. tienen un examen.
3. Se nos queda el almuerzo en la casa cuando. . .
   a. no nos gusta la comida preparada.
   b. tenemos mucha prisa al salir en la mañana.

Integración comunicativa

13-15. Problemas de salud para un turista

Paso 1. AUDIO Listen to possible health problems that some visitors to Colombia, Venezuela, and Panama might encounter. Mark all of those that are mentioned.

1. _____ el dengue

2. _____ los problemas estomacales

3. _____ la difteria

4. _____ la diabetes

5. _____ la malaria

6. _____ el mal de altura

Paso 2. AUDIO Listen to the recording again to complete the health precautions to follow.

1. Si el extranjero piensa estar en las zonas de selva se le recomienda que use

    _____y que tome píldoras para la malaria.

2. Se sugiere abstenerse de _____ de los grifos.

3. Lo mejor es tomar agua _____.

4. Si compra medicinas en la droguería o la farmacia, debe verificar que el envase

    tenga la _____ de vencimiento.

Paso 3. AUDIO Listen again to match the following illnesses with some of their symptoms.

1. _____ el dengue   a. vómito, dolor de estómago

2. _____ el mal de altura   b. fiebre, dolor de cabeza

3. _____ los problemas estomacales   c. falta de aliento, vértigo

Paso 4. What recommendations would you give to someone who was experiencing the following problems? Write your recommendations in Spanish.

1. mal de altura: _____

    _____

2. problemas estomacales: _____

    _____

3. fiebre y dolor de garganta: _____

    _____

13-16.   Tres poetas importantes de Colombia, Venezuela y Panamá

Paso 1. AUDIO Listen to the description of three nationally—and internationally—recognized poets, one from each of the countries we are studying in this chapter. Then, complete the chart with the missing information. Please note that there may be more than one possible answer for the column **Poemario.**

NOMBRE	FECHA DE NACIMIENTO	PAÍS NATAL	POEMARIO
1. _____	1958	2. _____	*Baraja Inicial*
María Antonieta Flores	3. _____	Venezuela	4. _____
5. _____	1957	6. _____	*El cuarto Edén*

Paso 2. AUDIO Listen to the recording once more and indicate whether the following statements are true (**Cierto**) or false (**Falso**).

1. _____ Consuelo Tomás Fitzgerald es bocatoreña porque es de Bocas de Toro.

2. _____ Uno de los libros de poesía que ha publicado Consuelo Tomás se llama *Agonía del Rey.*

3. _____ El poemario *Índigo* de María Antonieta Flores se publicó en 1998.

4. _____ María Antonieta Flores ha sido incluída en una antología editada por Julio Ortega.

5. _____ Además de ser poeta y traductor de poesía, Juan Carlos Galeano es profesor en la Universidad del Estado de Kentucky.

6. _____ El poemario *Baraja Inicial* de Juan Carlos Galeano contiene poesía de una precisión reveladora.

Paso 3. Rewrite each false statement in Paso 2 to make it true.

1. _____

2. _____

3. _____

13-17.   La poesía de nuestros tres poetas

Paso 1. AUDIO Listen to "Mesa," a poem written by the Colombian poet Juan Carlos Galeano. Complete the poem with the missing words. Then, complete the activity that follows the poem.

Mesa[*]

Muchas veces la (1) _____ sueña con haber sido un animal.

Pero si hubiera sido un animal no sería una mesa.

Si hubiera sido un animal se habría echado a (2) _____ como los demás
cuando llegaron las motosierras a llevarse los (3) _____ que iban a ser mesas.

En la casa una (4) _____ viene todas las noches
y le pasa un trapo tibio por el lomo como si fuera un animal.

Con sus cuatro (5) _____ la mesa podría irse de la casa.
Pero piensa en las (6) _____ que la rodean y un animal no abandonaría a sus hijos.

Lo que más le gusta a la mesa es que la mujer le haga cosquillas
mientras recoge las migajas de (7) _____ que dejan los niños.

_____
[*]De *Amazonia*, Juan Carlos Galeano, Poesía Casa Silva, 2003.

The poet uses personification in this poem to bring to life a table. Describe in Spanish what you feel are the traits of this table. What kind of personality does it have? What age is it? What are its desires, its responsibilities? What does it enjoy? By personifying the table, what message do you feel is being conveyed by the poem?

_____

_____

_____

_____

_____

_____

_____

_____

_____

_____

Paso 2. `AUDIO` Some of the lines of María Antonieta Flores's poem "Blue devil" (from *Índigo*, 2001), printed below, are out of order. Listen to the poem and reorder the verses 1–9 correctly. Then, rewrite the poem in its correct form, and complete the activity that follows.

"Blue devil"   "Blue devil" (*corrected*)

_____ en el atlántico   _____

_____ el cuerpo   _____

_____ entreabiertos los labios   _____

_____ sonoro como bronce   _____

_____ un rayo ilumina tu heartache _____

_____ densa y obscura   _____

_____ te tiene apartada   _____

_____ índigo azul muy azul   _____

_____ tu sonrisa es una mueca   _____

Answer the following questions about "Blue devil":

1. ¿Qué tipos de imágenes se evocan en este poema? ¿Son imágenes felices, atractivas? ¿Cómo son?

   _____

   _____

   _____

2. ¿Cómo se siente la persona (la "tú" del poema) que está en el Atlántico?

   _____

   _____

   _____

3. ¿Qué es el *Blue devil* y qué sentimientos evoca esta expresión?

   _____

   _____

   _____

Paso 3. AUDIO Listen to Consuelo Tomás Fitzgerald's poem "De la propensión a los accidentes," from *Libro de las Propensiones* (Edición de la autora, Panamá, 2000), as it is read aloud. Then complete the activity that follows.

De la propensión a los accidentes

Me he estrellado contra el cielo esta mañana.

La palabra que no dije
se hizo cráter en el centro de mi boca.

Lo que quedó de mí podría recogerse con cuchara
una que los duendes (*goblins*) usan para tragarse auroras y presagios.

Les ha sido muy difícil identificarme.

El marfil (*ivory*) que sustentaba mi vértice en el mundo
es ahora una espiral de sueños en soltura.

Ilusiones borrosas astillan (*splinter*) mis pulmones
el cerebro está lleno de gorriones (*sparrows*) lastimados, pero vivos
y candiles encendidos para los ritos nobles.

Se me ha derramado la arena (*sand*) de los días
en castillos para nadie defendibles
y una mancha de señales emergentes

De tres neuronas salvadas del colapso
han salido carcajadas (*laughter*) y un ruido de tambores (*drums*).

Sólo así han sabido
de quién es ese cadáver tan bonito.

The poem evokes some interesting imagery related to the body of the person who has experienced the fatal accident. Try to capture the imagery created by the words of the poem with a drawing of your own. After making your drawing, write down in Spanish the ideas that come to your mind concerning these images. What do they signify to you? What feelings do they evoke?

_____

_____

_____

_____

_____

_____

_____

_____

_____

Name: _____   Date: _____

13-18. Análisis de la poesía

Paso 1. Below you'll find additional poems by our three poets. Choose one of them and analyze it in Spanish. You may choose among the following possible themes, or think of others.

1. "Nubes": Los recuerdos que tenemos de la niñez; los juegos que jugábamos de niños; el período colonial en Sudamérica y el tratamiento condescendiente de los indígenas.

2. "Canción de amor": Contraste entre el título del poema y su contenido; los sentimientos de una persona que es testigo de una guerra; contraste entre la naturaleza y las actividades de los seres humanos.

3. "De la propensión a la incredulidad": La sinceridad de los que hacen promesas; la necesidad de examinar las promesas; las ramificaciones de hacer y creer en promesas; la decepción que acompaña algunas promesas.

Nubes*

Mi padre se vino a vivir al Amazonas para enseñarles a los indios
a armar rompecabezas con las nubes.

Para ayudarle, todas las tardes mi hermano y yo
corremos tras las nubes desocupadas que pasan allá arriba.

Las nubes aparecen y desaparecen como si fueran pensamientos.

Cerca de nuestra casa muchos indios hacen cola
para armar rompecabezas con las nubes que les son más familiares.

Aquí unas nubes se parecen a los árboles, y otras les recuerdan los pirarucús.

Por allá los indios buscan una nube para completarle la cabeza a un armadillo.

"Con el agua de los ríos y los juegos de la ciudad", les escribe mi padre
a sus amigos, "nuetros indios se divierten y aprenden a pensar".

A mi hermano y a mí nos gustaría mejor que las nubes se volvieran merengues
para comérnoslas con leche a la hora de la cena.

*De *Amazonia,* Juan Carlos Galeano, Poesía Casa Silva, 2003.

Canción de amor*

usted está en una ciudad fría
y su gente tiene años muriendo
por causas de guerra

aquí el sol entra por la ventana
y han empezado a morir y a pelear

la gente ha olvidado la tolerancia
la vida es un extravío

la sombra de los árboles dibuja los pasos
aquellos que sólo quieren llegar a un refugio

pienso en la violencia que lo rodea
mientras la sangre está andando por mis calles

con una palabra o con una mirada

la barbarie nos aproxima
el tiempo nos aparta

*De *Limaduras,* María Antonieta Flores, 2002.

De la propensión a la incredulidad*

Prometieron el piano y la canción
para que la tarde confesara su razón más tierna.

Prometieron un beso tan dulce que se pegara al alma
para deshacer los nudos que entrelazó la pena.

Prometieron un abrazo tan perfecto
para sorprender la perfección misma en sus propios argumentos

Prometieron la muerte de las dudas
y densos delfines en el lecho para galopar caricias
que la propia novedad no ha conocido

Luego cerraron el catálogo
y la noche se hizo verbo.

Por mi parte,
nunca he creído en las promesas
y esta soledad que me acompaña
no es tan mala
como suelen decir
los eternos idólatras del ruido.

---

*De *Libro de las Propensiones,* Consuelo Tomás Fitzgerald (Edición de la autora, Panamá, 2000).

Análisis de _____

_____

_____

_____

_____

_____

_____

_____

_____

_____

_____

_____

_____

_____

_____

_____

_____

_____

_____

Name: _____   Date: _____

Las impresiones de Guadalupe: Actividades para el video

13-19. ¡Me gustaría ir a bailar!

Paso 1. [VIDEO] In this episode Guadalupe gets together with her friends before returning to Mexico. Before watching the video, read the expressions of wishes and requests that follow, and insert them in the dialogue in the most logical order.

1. Sí, yo también siento mucha pena de dejarlos.
2. Sí, me encantaría. Ojalá sí pueda.
3. Órale. Claro que sí. "Mi casa es su casa".
4. Les voy a escribir enseguida que llegue a Guadalajara.
5. Pues, vamos.

PABLO: Bueno, ahora sí, vamos a festejar tu último día en la radio y tu regreso a México.

GUADALUPE: _____

JORDI: Sí, y ojalá vengas pronto a visitarnos.

GUADALUPE: _____

CONNIE: Te extrañaremos mucho Lupe. ¡En tan poco tiempo te hemos tomado mucho cariño!

GUADALUPE: _____

CAMILLE: Escríbenos por e-mail, ¿sí? Vamos a estar esperando tus noticias.

GUADALUPE: _____

PABLO: Bueeeeeno, chicas, tratemos de no ponernos tristes. Queremos que Lupe se vaya contenta. Después de todo, si Lupe no viene. . . nosotros iremos a visitarla. . . ¿No es así, Lupe? ¡Ojalá que te acuerdes de nosotros si te vamos a visitar a México!

GUADALUPE: _____

Paso 2. What would Guadalupe most likely do to celebrate her last day at work? Mark the options she would like the most.

Creo que a Guadalupe. . .

1. _____ le gustaría ir a bailar a un lugar divertido.
2. _____ le gustaría comer en el restaurante donde fue a comer con Jordi.
3. _____ le gustaría irse temprano porque tiene que empacar sus cosas.
4. _____ le gustaría salir a caminar.

5. _____ le gustaría hacer lo que sus amigos recomienden.

6. _____ le gustaría ir a un bar a jugar al billar.

Paso 3. Compare your preferences for celebrating with those of Guadalupe by writing 3–5 sentences to answer the following questions. ¿Cómo te gustaría festejar tu último día de clase en la universidad? ¿Con quién te gustaría celebrar? ¿En qué se parecen o diferencian tus preferencias a las de Guadalupe?

Me gustaría . . . _____

_____

_____

_____

13-20. ¿Viajará Jordi a México?

Paso 1. Based on what you know about the characters in the video, answer the questions about what is likely to happen in the future.

MODELO:

Pregunta: ¿Irá Jordi a México a visitar a Guadalupe?

Respuesta: *Sí creo que va a ir a México para ver a Guadalupe.*

1. ¿Irá Pablo a México a visitar a Guadalupe?

_____

2. ¿Volverá Guadalupe a Estados Unidos a visitar a sus amigos?

_____

3. ¿Se reconciliará Guadalupe con su novio anterior?

_____

4. ¿Tendrá éxito Pablo en su nuevo programa de radio?

_____

5. ¿Recibirá Guadalupe una A por su presentación sobre Bolívar?

_____

Paso 2. What do you think will happen to you in the future? Write five questions about things that might happen to you after the end of this semester.

Modelo: ¿Recibiré una A en el curso de español?

1. _____

2. _____

3. _____

4. _____

5. _____

Name: _____ Date: _____

13-21. Aprendí muchísimo sobre mi propia cultura

Paso 1. In this episode Camille and Guadalupe talk about learning about one's own culture by studying other languages and cultures. Read the dialogue between Camille and Guadalupe, and then mark each of the statements (1–3) that Guadalupe could use as examples of her cultural experience.

CAMILLE: ¿Quién lo diría? Viniste aquí para aprender la cultura de este país, y al final terminaste aprendiendo tanto sobre la tuya y la de otros países hispanohablantes como la estadounidense. *Cool, huh?*

GUADALUPE: Creo que tienes razón: cuando uno aprende una lengua o una cultura nueva uno aprende muchísimo sobre si mismo y sobre su propia cultura.

1. _____ Aprendí que a pesar de algunas diferencias de vocabulario y pronunciación me puedo comunicar sin problemas con otras personas de países hispanohablantes.

2. _____ Descubrí que nuestra lengua, el español, refleja experiencias culturales y de interacción que son tan importantes como los elementos tradicionales de la lengua, como la gramática o la pronunciación.

3. _____ Aprendí que el mejor español es el que se habla en México.

Paso 2. ¿Y tú? ¿Qué aprendiste sobre tu propia cultura en tu clase de español? Escribe una lista de palabras u oraciones que resuman tu experiencia cultural.

_____

_____

_____

_____

_____

_____

_____

14 El medio ambiente y la calidad de vida

Vocabulario en contexto

14-1. La infraestructura física de una ciudad

Paso 1. Mark all descriptions that reflect your personal opinion about cities.

	ME GUSTAN LAS CIUDADES. . .	NO ME GUSTAN LAS CIUDADES. . .
cosmopolitas	_____	_____
ruidosas	_____	_____
tranquilas	_____	_____
con aceras anchas	_____	_____
con buenas señales de tráfico	_____	_____
con mucho tráfico	_____	_____
con muchas plazas y parques	_____	_____
con pocos edificios	_____	_____
con pocos semáforos	_____	_____
con transporte público barato	_____	_____
con zona histórica	_____	_____
sin estacionamiento gratis	_____	_____
sin polución	_____	_____

Paso 2. AUDIO Now listen to Liliana describe an ideal place to live. As you listen, write two things it should have, and two things she doesn't want it to have.

Liliana prefiere que el lugar donde vive. . .

MODELO: . . .(no) sea ruidoso.

1. _____

2. _____

3. _____

4. _____

Paso 3. Based upon your answers to Paso 1 and your personal opinion, explain at least two advantages and two disadvantages of living in Liliana's ideal location.

Ventajas:

1. _____

2. _____

Desventajas:

1. _____

2. _____

14-2.   Mi ciudad es mi casa

Paso 1. Residents of your city have made several proposals for budgetary priorities. Write a brief description of the problem that each proposal addresses.

MODELO: Sugiero que incrementemos el número de policías que trabajan de noche.

Problema: *Hay más crimen por la noche que durante el día.*

1. Sugiero que instalemos más focos de iluminación nocturna porque hay mucha gente mayor en nuestra ciudad.

   _____

2. Es importante que pongamos límites a la altura de los edificios; yo todavía quiero ver las montañas que nos rodean.

   _____

3. Creo que es necesario poner señales claras en las zonas escolares para que los niños puedan cruzar la calle sin problemas.

   _____

4. Con respecto al nuevo hospital en el centro, es urgente que se construyan accesos para disminuidos físicos en todas las aceras cercanas.

   _____

Paso 2. The city commission has listened to the proposals, and now wants the residents' input on several problems. Make a recommendation for solving each of the following problems.

MODELO: Hay mucho crimen por la noche.

   Sugiero que se incremente el número de policías que trabajan de noche y que se reduzcan los que trabajan de día.

1. Hay mucho tráfico en el centro a todas horas.

   _____

2. Ha aumentado mucho la polución en nuestra ciudad en los últimos cinco años.

   _____

3. No hay dónde estacionar en el centro.

   _____

4. Los vecinos de la zona céntrica se quejan del ruido del tráfico.

   _____

14-3. El mejor medio de transporte

Paso 1. Write the name of the city in the list that is usually associated with the types of transportation listed.

Nueva York	Beijing	Detroit	Ciudad de México	Roma

1. auto/coche/carro _____

2. metro/subte _____

3. bicicleta _____

4. moto _____

5. taxi _____

Paso 2. Write the type of transportation that responds to the characteristics listed below.

1. Es buena para el medio ambiente porque no contribuye a la polución.

   _____

2. Es costoso. _____

3. Le deja a uno pasar donde los carros no caben. _____

4. Es conveniente porque no hay que encontrar lugar para estacionar.

   _____

5. Es difícil para viajar en grupo. _____

6. Ofrece mucha independencia de movimiento. _____

7. No requiere gasolina. _____

14-4. Los automóviles y las reglas de tráfico

Paso 1. Look at the pictures and then write below each one the traffic rule that the driver violated.

MODELO: *El chofer no aminoró la velocidad en una zona de obras.* _____

1

_____

2

_____

3

_____

4

_____

5

_____

Paso 2. You are a teacher at the driving school, and all of the drivers in the pictures in Paso 1 are now in your class. They've told you what they did wrong, now tell them what they should do differently and why.

MODELO: *Es importante que Ud. ceda el paso al carro en la vía principal para evitar un accidente. El otro carro tiene el paso.*

1. _____

   _____

2. _____

   _____

3. _____

   _____

4. _____

   _____

5. _____

   _____

14-5. La convivencia con los vecinos

Paso 1. Mark whether each behavior facilitates (**F**) living with your neighbors, or makes it more difficult (**D**).

1. _____ El jardín de la casa está siempre cuidado.

2. _____ Las mascotas no salen del propio jardín.

3. _____ Mucha gente sube el volumen de la radio del carro después de medianoche.

4. _____ Se acumula constantemente basura enfrente de la casa.

5. _____ Se regala comida a los vecinos.

6. _____ Dejan que los niños jueguen en la calle sin supervisión.

Paso 2. Describe your own neighborhood situation in 5–7 sentences in Spanish. Are there any problems? Which? Which problems are avoided? What do people do to exacerbate or improve the situation?

_____

_____

_____

_____

_____

_____

14-6.   La biodiversidad global

Mark whether each behavior facilitates (**F**) or makes it more difficult (**D**) for humans and animals to share our planet.

1. _____ Se usan medios de transporte que consumen menos gasolina.

2. _____ Se incrementa la expansión industrial.

3. _____ Se construyen más carreteras.

4. _____ Se subvenciona la protección y el desarrollo de los parques.

5. _____ Se plantan árboles para limpiar el aire y dar sombra.

6. _____ Se aprueban leyes que abren los parques nacionales a la exploración comercial.

Intercambios comunicativos

14-7.   Sí, pero por otro lado. . .

Paso 1. `AUDIO` Listen to a conversation between Julián and Ricardo and decide if the following expresions are true (**Ciertas**) or false (**Falsas**) according to what they say.

1. _____. Julián y Ricardo están hablando sobre la entrevista de trabajo que tiene Ricardo la semana que viene.

2. _____. Parece que Julián y Ricardo tienen una conversación amistosa.

3. _____. Julián cree que la protección del medio ambiente no tiene necesariamente que dar pérdidas económicas.

4. _____. Ricardo opina que la industria turística no es una de las industrias que ayudan a la economía de un país.

5. _____. Ricardo cree que parte de las ganancias de la industria del turismo tiene que ser invertidas en la educación.

Paso 2. `AUDIO` Listen to the conversation again and write the name of the speaker (Julián or Ricardo) next to the expression that each one uses to signal his turn to speak.

_____ 1. Sí, pero por otro lado. . .

_____ 2. Es verdad, pero no te olvides que. . .

_____ 3. Pero Ricardo, . . .

_____ 4. Buenooooo, sí, . . . es cierto, sin embargoooo, creo que. . .

_____ 5. ¿Te parece? Yo creo que no. Mira, a mí me parece que. . .

_____ 6. Claro, estoy de acuerdo, . . .

_____ 7. Sí, sí, estamos de acuerdo, . . . en teoría, porque. . .

_____ 8. Uyyyyy, hablando de turismo ecológico, . . .

_____ 9. Ay, ¡qué tarde se me hizo! Disculpa, me tengo que ir.

Paso 3. Classify the expressions in Paso 2 according to the communicative function (listed below) that they have in a conversation.

Para responder al interlocutor: _____

Para tomar la palabra interrumpiendo (*interrupting*) al interlocutor: _____

Para cambiar de tema: _____

Para finalizar una conversación: _____

Paso 4. Do you think the conversation between Ricardo and Julian could be regarded as a normal conversational routine you could have with a friend in English? What if you interacted with a person of another gender? Write a short answer in Spanish to turn in to your instructor addressing the following issues: (1) major differences in conversational routines in English and Spanish, and between and among people of different gender, and (2) suggestions to improve conversational interactions with people who are used to different types of conversational behavior.

_____

_____

_____

_____

_____

_____

Enfoque cultural

14-8. La biodiversidad de Centroamérica

Paso 1. `AUDIO` Listen to a description of Costa Rica's rich landscape and animal life. Then, answer true (**Cierto**) or false (**Falso**) to the following statements.

1. _____ La chacalaca es un pájaro que vive en las selvas de Costa Rica.

2. _____ El pizote es un pariente cercano del puercoespín.

3. _____ Los monos no hacen mucho ruido en Costa Rica.

4. _____ Hay muchas zonas de biodiversidad protegidas por el gobierno.

5. _____ La Selva Bananito es una reserva natural que mantiene el gobierno.

6. _____ Los arrecifes de coral también son protegidos.

7. _____ La Selva Bananito tiene 680 hectáreas de vegetación.

Paso 2. Rewrite each false statement in Paso 1 to make it true.

1. _____

2. _____

3. _____

4. _____

Paso 3. `WWW` Go to the *Impresiones* Web site at **www.prenhall.com/impresiones** and find the link *Nicaragua*. There, investigate the biodiversity of that country and how Nicaragua is trying to protect its natural resources. Then, write a few sentences below in Spanish mentioning some of the interesting facts you found out. How do they compare with what you have just learned about Costa Rica?

_____

_____

_____

_____

_____

_____

_____

_____

I. Present subjunctive with nonexistent and indefinite antecedents

> **Reminder:**
>
> The subjunctive is used in adjective clauses when the existence of the object or idea being described is not certain.
>
> Quiero un apartamento que **tenga** una ventana grande en la cocina.
>
> *I want an apartment that **has** a large window in the kitchen.*
>
> (While it's likely that such an apartment exists somewhere, the speaker does not know of a specific one from personal experience.)

14-9. Los bienes raíces

Paso 1. AUDIO Imagine that you are the real estate agent who is listening to his/her client's requirements. Mark your client's preferences in the checklist below.

___ casa	___ salón grande	___ cerca de una reserva natural
___ apartamento	___ con estacionamiento	___ tiendas y mercados convenientes
___ 1–2 habitaciones	___ vecindario tranquilo	___ buenas escuelas
___ más de 2 habitaciones	___ vecindario cosmopolita	
___ cocina grande	___ cerca de museos	

Paso 2. The best real estate listing you've found for your client's preferences does not meet all her criteria. Explain to your client how this listing does and does not meet her wishes by filling in the blanks with the correct conjugated form of the verbs in parentheses. Choose carefully between the present indicative and the present subjunctive based upon the context.

Señora, este apartamento es el que mejor se _____

(1. ajustar) a sus preferencias. El edificio está en un vecindario que no

_____ (2. permitir) mucho tráfico o ruido; va a ser bastante

tranquilo. Los museos que _____ (3. estar) cerca son excelentes,

y los mercados _____ (4. ser) muy convenientes. Sin embargo,

no hay una reserva natural que _____ (5. quedar) cerca; hay

que manejar para llegar a la más cercana. Aunque Ud. quiere que haya un

centro cosmopolita cerca, este vecindario realmente no tiene un centro que

_____ (6. ofrecer) muchas de las atracciones de las ciudades más

grandes. No hay muchos restaurantes o tiendas, y no hay ningún teatro que

_____ (7. presentar) obras teatrales durante todo el año. Sin

embargo, tiene sus ventajas, y creo que Ud. y su hijo estarán contentos allí.

Paso 3. Now write 5–7 sentences to describe your own preferences for somewhere to live. Use expressions such as:

Quiero un apartamento/una casa que tenga. . .
Prefiero un vecindario que sea. . .
Me gusta un vecindario que ofrezca. . .
Busco un lugar que cueste. . .

_____
_____
_____
_____
_____
_____
_____

Paso 4. Using your answers to Paso 3, write four sentences to describe how realistic your preferences are based upon your budget and the city or region you currently live in.

MODELO: En Boston no hay un apartamento que tenga cuatro dormitorios y que cueste menos de $400 al mes.

1. _____
2. _____
3. _____
4. _____

II. Past subjunctive vs. present subjunctive forms

Reminder:
The past subjunctive is formed on the stem of the third person plural forms of the preterit.

Pint*ar* (-ar verb) ➔ **pintar*on*** (preterit 3rd person plural) ➔ **pintar-*a***

Ten*er* (-er verb) ➔ **tuvier*on*** (preterit 3rd person plural) ➔ **tuvier-*a***

The endings in the past subjunctive are the same for all three basic verb endings (**-ar**, **-er**, and **-ir**):

PRONOUNS	-AR	-ER	-IR
	(3rd person plural preterit)		
	(pintar-**on**	aprendier-**on**	escribier-**on**)
yo	pintar-**a**	aprendier-**a**	escribier-**a**
tú	pintar-**as**	aprendier-**as**	escribier-**as**
él/ella/Ud.	pintar-**a**	aprendier-**a**	escribier-**a**
nosotros/as	pintár-**amos**	aprendiér-**amos**	escribiér-**amos**
vosotros/as	pintár-**ais**	aprendiér-**ais**	escribiér-**ais**
ellos/ellas/Uds.	pintar-**an**	aprendier-**an**	escribier-**an**

14-10.   En realidad. . .

Paso 1. Pilar comes from a small town, but has lived in a large city for the last three years. Her recent experiences indicate that she had some naive preconceptions about big cities. Identify the statements that reflect Pilar's beliefs about big cities before (**Antes**) versus after (**Después**) living in a large city.

1. _____ No creía que fuera casi imposible encontrar un apartamento grande a un precio módico.

2. _____ Sé que no hay apartamento que sea barato y grande a la vez.

3. _____ Dudaba que la gente se integrara bien con gente de otros grupos étnicos.

4. _____ Dudo que la gente se integre fácilmente con gente de otros grupos étnicos.

5. _____ Hay gente que acepta otras razas y gente que no las acepta.

6. _____ Esperaba que en las grandes ciudades la gente fuera más liberal.

7. _____ Temía que alguien me robara.

8. _____ Nadie me robó, pero los robos son más comunes en las grandes ciudades.

Paso 2. Find all the verbs in Paso 1 that are in the present subjunctive. Why is the subjunctive used in each case? Write an explanation for each case below.

1. _____

2. _____

3. _____

Paso 3. Now, find all the verbs in Paso 1 that are in the past subjunctive. Why is the subjunctive used in each case? Write an explanation for each case below.

1. _____

2. _____

3. _____

14-11.   Agradable sorpresa

Jesús is talking about his trip to Costa Rica. Complete the paragraph below with the correct form of the past subjunctive of the verb in parenthesis.

Cuando me preparaba para ir a Costa Rica, leí muchos artículos científicos e información para turistas, pero nada me preparó para el entusiasmo que los costarricenses tienen por la conservación. Antes de irme, leí que no había otro lugar en el mundo que _____ (1. tener) tanta diversidad de animales y plantas. Varios artículos mencionaban que aún así, los científicos temían que otros animales y plantas _____ (2. estar) en peligro de extinción. Hasta los años 1970, a pocas personas les importaba que _____ (3. desaparecer) varias especies de animales y plantas, ya que no existían muchos grupos que _____ (4. esforzarse) por mantener la biodiversidad en el mundo. Ahora, Costa Rica tiene varias asociaciones y grupos nacionales para conservar los recursos naturales del país. Cuando llegué a San José y empecé a hablar con varias personas, me sorprendió que tantas personas _____ (5. interesarse) en el medio ambiente. De veras era importante en esa sociedad que los animales _____ (6. poder) sobrevivir el desarrollo económico e industrial. A la gente costarricense les fascinaba que los científicos y los médicos _____ (7. venir) a su país y _____ (8. descubrir) plantas que luego usarían para crear medicinas nuevas. Con razón los costarricenses están orgullosos de un país con tanta belleza natural: se han esforzado mucho para conservarla. Uno aún me preguntó: "¿No querrías que en tu país se _____ (9. hacer) más cosas para conservar la naturaleza?" Le contesté que sí, pero que era poco probable que yo _____ (10. poder) lograr un cambio tan grande en mi sociedad. Me dijo que yo _____ (11. evaluar) esta lógica porque todo cambio social empieza con un solo individuo.

III. The past subjunctive in hypothetical situations

Reminder:
The past subjunctive can be used to express information that is hypothetical.
Si **fuera** rica, viviría en Costa Rica. *If I were rich, I would live in Costa Rica.*
Me gustaría que **vivieras** allí conmigo. *I would like for you to live there with me.*

14-12. Si yo fuera poderoso. . .

Paso 1. Complete each sentence logically in either the affirmative or the negative with the past subjunctive of the verb phrases given.

MODELO: Yo volvería a votar por el presidente actual si. . . (proteger más el medio ambiente) *protegiera más el medio ambiente.*

1. Yo donaría más dinero a los grupos de conservación si yo. . . (ser pobre).

   _____

2. Yo sabría más sobre la biodiversidad si mis profesores. . . (enseñar el tema).

   _____

3. Yo entendería mejor la relación entre el desarrollo industrial y el medio ambiente si. . . (vivir en otro país).

   _____

4. En los Estados Unidos compraríamos productos menos dañinos al medio ambiente si. . . (saber que son de la misma calidad).

   _____

5. Yo estaría más a favor del desarrollo de los recursos naturales si las compañías. . . (hacer tanto daño con sus prácticas actuales).

   _____

Paso 2. Complete each sentence in the past subjunctive to indicate under what circumstances the following people would do the activities mentioned.

MODELO: Mi familia y yo nos mudaríamos a Costa Rica si. . . *yo tuviera un buen trabajo allí.*

1. Yo participaría en una gira ecológica de Costa Rica si tú. . .

   _____

2. Entonces podríamos formar una compañía que ofreciera tours si nosotros. . .

   _____

3. Podríamos disfrutar de tiempo libre entre los tours si nuestros futuros clientes. . .

   _____

4. A los clientes les gustarían más los tours si yo. . .

   _____

14-13. El pueblo y la ciudad

Paso 1. `AUDIO` Listen to the description of two places, Nueva Vida and Alajuela. Then, complete the statements below.

1. Nueva Vida está en _____ (Costa Rica/Nicaragua).

2. Alajuela es una capital _____ (nacional/provincial).

3. Nueva Vida es _____ (una ciudad/un pueblo).

4. Alajuela está a poca distancia en coche de _____ (Managua, San José).

5. Nueva Vida está en _____ (los suburbios/el campo).

Paso 2. `AUDIO` Listen to the recording once more and mark **N** (Nueva Vida) or **A** (Alajuela) for the following statements.

1. _____ Es el lugar de nacimiento del héroe nacional Juan Santamaría.

2. _____ Es una comunidad que se estableció después del huracán de 1998.

3. _____ Cada 11 de abril empieza una semana de celebraciones en honor de su héroe.

4. _____ Tiene una cooperativa donde las mujeres hacen ropa para vender.

Paso 3. What advantages and disadvantages do you see in living in a rural locale like Nueva Vida or a provincial town like Alajuela? Choose one of the locations and write your statements below.

MODELO: Vivir en Nueva Vida será difícil porque es una comunidad rural y tal vez no tenga muchas comodidades modernas.

_____

_____

_____

_____

_____

Name: _____   Date: _____

Comparaciones culturales

14-14. Las dos Nicaraguas

Paso 1. Read the following passage on Nicaragua. After reading each section of the passage, complete the activity that follows.

Mi Nicaragua

¡Hola! Mi nombre es Warner Anderson y soy indígena de la costa atlántica de Nicaragua. ¿Le sorprende mi nombre inglés? Es así porque esta cultura es parte de mi herencia cultural nicaragüense. Es decir, aunque nací en un país hispanohablante, mi primer idioma es y siempre ha sido el inglés.

A. Answer in Spanish the following question.

1. ¿Qué escribe el señor Anderson de su herencia nicaragüense que es sorprendente?

_____

Los ingleses colonizaron la costa atlántica de Nicaragua en el siglo diecisiete y formaron una fuerte alianza con los indios, los miskitos, y los africanos libres que encontraban refugio en la costa. Las tres culturas convivieron agradablemente bajo el pacto de luchar juntos contra los españoles para preservar la autonomía de las culturas costeñas.

B. Complete the following sentences with the appropriate word or phrase.

2. Los ingleses, los indios y los _____ vivieron juntos en la costa.

3. Los ingleses llegaron a la costa de Nicaragua en los años _____.

Lugares como Bluefields, Puerto Cabezas y Corn Island florecieron bajo la protección de las fuerzas británicas. Este grupo introdujo el idioma inglés, la religión protestante y ciertas costumbres educativas y sociales a la población costeña. Los niños jugaban, por ejemplo, al Palo de Mayo, o *Maypole*, una celebración inglesa. Los ingleses propagaron entre la cultura afrocaribeña el concepto de la educación avanzada y el empleo profesional en vez de una vida basada en la agricultura y la pesca. La región atlántica permaneció bajo la influencia inglesa hasta mediados del siglo diecinueve cuando fue anexada al cuadro nacional como Departamento de Zelaya.

C. Answer true (**Cierto**) or false (**Falso**) to the following statements. For each false statement, rewrite it below so that it reads true.

4. _____ Los ingleses fueron principalmente protestantes.

5. _____ Aunque hablaban el inglés, los costeños celebraban solamente las tradiciones indígenas de los indios miskitos.

6. _____

Paso 2. AUDIO Listen as Warner Anderson continues his description of Nicaragua. Then, choose the best response to the following statements.

1. _____ Los dos idiomas prevalecientes hoy en la costa atlántica de Nicaragua son. . .

   a. el español y el inglés.   b. el inglés y el miskito.   c. el español y el miskito.

2. _____ Cuando los sandinistas llegaron al poder en 1979, . . .

   a. se asimiló la cultura de habla inglesa.

   b. hubo un éxodo de la cultura de habla inglesa.

   c. empezaron a enseñar el inglés en las escuelas secundarias.

3. _____ La costa atlántica posee bellísimas playas y paisajes,

   a. pero no tiene temporada turística.

   b. y el gobierno central le presta mucha atención.

   c. pero sigue siendo subdesarrollada y negada por el gobierno central.

4. _____ El señor Anderson espera que. . .

   a. un día las culturas de las regiones autónomas sean reconocidas por sus calidades únicas.

   b. pueda un día regresar a su país para jubilarse allí.

   c. un día el inglés sea el idioma predominante de la costa atlántica.

Paso 3. What difficulties do you imagine, or do you know firsthand, exist when peoples of different cultural heritage live in close proximity? What are some ways in which these difficulties can be overcome? Write down in Spanish your thoughts on the topic.

MODELO: *Me imagino que el primer problema es el problema de cómo comunicarse, porque muchas veces hablarán idiomas diferentes. Una solución es enseñar los dos idiomas y emplear los dos para todas las actividades diarias. Claro, la situación se complica mucho cuando hay más de dos idiomas que se hablan en la región.*

_____

_____

_____

_____

_____

_____

_____

_____

_____

_____

_____

_____

Las impresiones de Guadalupe: Actividades para el video

14-15.   Y vos, ¿qué pensás?

Paso 1. `VIDEO` In this episode of the video, Pablo takes a call during his radio program. Both he and the caller use the form **vos.** Underline the words in the following excerpt of their conversation that exemplify the use of **vos.**

1. PABLO: Muchas gracias, Ángel. Es lo menos que puedo hacer. Pero decíme, ¿cuál es tu pregunta?

2. ÁNGEL: Bueno, déjame contarte. . . estoy bastante preocupado porque el parque que está al lado de nuestra universidad está pasando por una crisis ambiental. . . . Vos ya hablaste de este problema pero, ¿es que nadie más se ha enterado?

3. PABLO: Estoy de acuerdo con vos, es increíble que los medios de comunicación de mayor alcance no presten más atención a este problema. Por ejemplo, . . .

4. ÁNGEL: Pablo, es que no lo puedo creer. No siento que la comunidad exprese preocupación por este problema tan grave.

5. PABLO: Sí, tenés razón, pero por otro lado, la alcaldía ya sabe de este problema. . . .

6. ÁNGEL: Disculpa que te interrumpa Pablo, pero, ¿incluye ese reporte un análisis del agua del lago en el parque? . . . ¿qué querés que te diga?

Paso 2. Rewrite the words you identified in Paso 1 using the **tú** forms typical of other varieties of Spanish.

1. _____
2. _____
3. _____
4. _____
5. _____
6. _____

14-16. El medio ambiente

Paso 1. Indicate the environmental problems that Pablo and his caller discuss during this episode of the video.

1. _____ los animales en peligro de extinción

2. _____ la basura

3. _____ la contaminación del agua

4. _____ la contaminación del aire

5. _____ la industrialización de las reservas naturales

6. _____ la sobreexpansión de las ciudades

7. _____ la sobrepoblación mundial

Paso 2. Watch the video again and write a sentence describing the caller's and Pablo's opinion about one of the problems mentioned during the segment. Then describe the two possible solutions to one of the problems that Pablo mentions.

1. Ángel: _____

   _____

2. Pablo: _____

   _____

3. soluciones: _____

   _____

14-17. Pablo, el radiolocutor

Paso 1. Mark the statements that accurately reflect the content of Pablo's broadcast.

1. _____ Pablo saluda a sus oyentes y les hace un resumen del tema del programa.

2. _____ Pablo está de acuerdo con algunas opiniones del radioescucha, Ángel.

3. _____ Al radioescucha, Ángel, no le gusta el programa de Pablo.

4. _____ A Pablo le molestan las interrupciones del radioescucha.

5. _____ Pablo agradece a los oyentes y a Guadalupe al principio del programa.

6. _____ El programa va a transmitirse por Internet en un mes.

Paso 2. Answer the following questions based on this episode of the video.

1. ¿A quiénes les agradece Pablo al final de su programa?

   _____

2. ¿Por qué les agradece?

   _____

3. ¿Qué le desea Pablo a Guadalupe al final de su programa? ¿Por qué?

   _____

Paso 3. In 1–2 sentences, compare a radio program that you listen to with Pablo's program in regard to the following areas:

1. participación de los oyentes: _____

   _____

2. temas que se tratan: _____

   _____

3. personalización de mensajes: _____

   _____